# RENAISSANCE OF CHINESE CIVILIZATION

## 中国文化产业
## 实战经验**智典**

Operation Guide of
Chinese Cultural Industry
in Practical Experience

张普然　著

复兴文明

XI'AN REVIVAL OF
CHINESE CIVILIZATION
CULTURAL TOURISM GROUP CO.LTD

陕西师范大学出版总社

图书代号　SK19N0384

**图书在版编目（CIP）数据**

复兴文明：中国文化产业实战经验智典 / 张普然著 . —西安：
陕西师范大学出版总社有限公司，2019.4
ISBN 978-7-5695-0378-4

Ⅰ.①复…　Ⅱ.①张…　Ⅲ.①文化产业—产业发展—
研究—中国　Ⅳ.①G124

中国版本图书馆CIP数据核字（2018）第 252697 号

**复兴文明：中国文化产业实战经验智典**

Fuxing Wenming: Zhongguo Wenhua Chanye Shizhan Jingyan Zhidian

张普然　著

| | | |
|---|---|---|
| 出 版 人 | 刘东风 | |
| 责任编辑 | 徐小亮 | |
| 责任校对 | 刘　定 | |
| 封面设计 | 西安复兴文明文化旅游（集团）有限公司 | |
| 出版发行 | 陕西师范大学出版总社 | |
| | （西安市长安南路 199 号　邮编 710062） | |
| 网　　址 | http://www.snupg.com | |
| 印　　刷 | 陕西思维印务有限公司 | |
| 开　　本 | 787mm×1092mm　1/16 | |
| 印　　张 | 32.75 | |
| 插　　页 | 2 | |
| 字　　数 | 380 千 | |
| 版　　次 | 2019 年 4 月第 1 版 | |
| 印　　次 | 2019 年 4 月第 1 次印刷 | |
| 书　　号 | ISBN 978-7-5695-0378-4 | |
| 定　　价 | 168.00 元 | |

读者购书、书店添货或发现印刷装订问题，影响阅读，请与营销部联系、调换。
电话：（029）85307864　传真：（029）85303879

文化是一个国家、一个民族的灵魂。文化兴国运兴，文化强民族强。没有高度的文化自信，没有文化的繁荣兴盛，就没有中华民族伟大复兴。

　　　　　　　　　　　　——习近平

中华文明坐拥上下五千年的文化资源，面对当今世界经济的变革浪潮以及如火如荼的全球文化娱乐市场，中国文化产业从业者该如何将中华文化的优质资源转化为国内外广大消费者喜闻乐见的文化产品，讲好中国故事，促进中国文化产业的兴盛繁荣，进而推动中华民族的复兴伟业？

　　上述严肃问题的答案，就在《复兴文明——中国文化产业实战经验智典》这本书中。

　　本书作者张普然先生是一位从事历史文化产业十余年的资深专业人士，业内著名的"智造者"。他的这部新作就是立足于自己的丰富实践经验，专门讲述中国文化产业及文明复兴的发展模型。

　　从项目、平台、资本、人才四个方面出发，作者明确主张：用"智慧"创造文化产业项目、取得政府及资金支持，最终达到上市的宏图伟业，每一位文化产业从业者都应该意识到，文化产业的每一步运行，都不仅仅是靠努力，天时、地利、人和缺一不可，文化产业运作更多的是讲究技巧与方法。为此，提出了"智"式十二章："智"造文化精品项目、"智"盈文化财富盛宴、"智"识文化品牌塑造、"智"取文化扶持政策、"智"集文化融资渠道、"智"谋企业经营战略、"智"通文化全 IP 产业、"智"融 PPP 资源对接、"智"赢文化土地资源、"智"策文化营销创意、"智"拥互联网＋文化、"智"达上市宏图伟业，从而做好文化产业项目，做大做强文化企业，繁荣中国的文化产业架构。

　　全书结构简明完整，内容不蔓不枝，每个部分既有精辟的阐述，又辅之以具体的国内外成功及失败的实例说明，堪称一部中国大力发展文化产业的攻略性实战宝典。

扫码观看　扫码听书

张普然传记
Zhang Puran Biography

　　2015 年 11 月 24 日，中国首部大型编年体史诗动画纪录片《帝陵》在央视 10 套《探索·发现》全球首映，此片一经播出，引发国人对大汉文明的浓厚兴趣，全新的表现手法让业界同行哗然，耳目一新的表现形式，标志着一种全新的影视载体类型的诞生。同时作品从创意构架之初就以文化产业模式打造，通过纪录片切入，构架出一条完整的汉文化产业链。本作品在内容故事、表现手段、运作模式都有独特首创。

　　这部纪录片形式新颖，通过手工制作泥塑角色模型和微缩场景模型，结合中国传统壁画的表现风格，通过自主研发的专利技术"数字多空间要素定点跟踪融合匹配"拍摄模式，集泥塑动画、壁画动画、地图动画、三维动画和数字实景拍摄为一体的融合新技术，为影视纪录片模式创新揭开了新的一页。

　　业界认为，《帝陵》意义重大，为中国历史文化创新与传承，找到了从文化资源到文化产业转化的"金钥匙"，为中国从文化资源大国向文化产业强国迈出了坚实的一步。

　　说《帝陵》在中国纪录片界是一个新的突破，树立了一个新的标杆一点都不为过，那么有谁知道作品的背后，为此片的研发成功，有一个人历时五年奔走万里，带着 400 多人的团队，融资千万元，他辛勤、努力、耕耘、积累了十多年得此成果，这个人把复兴华夏文明当作自己的使命，把不可能变成了可能，被业界誉为"历史文化的传承者，文化产业的智造者"，这个人就是《帝陵》的总策划、总导演——张普然。

张普然老师现任中国复兴文明文化产业（集团）有限公司董事长，西安复兴文明文化旅游（集团）有限公司董事长，甘肃复兴文明骆驼城文化产业有限公司董事长，辽宁复兴文明文化旅游开发有限公司董事长，国家发改委文化遗产数字化国家地方联合工程研究中心副主任，中国人民大学特聘教授，西北大学历史文化产业研究院副院长，美国国际文化科学院院士，中国文明促进会会长，中国文明文化产业研究院院长，中国文化软实力研究会副秘书长，中国武则天研究会研究员，CCTV-10《探索·发现》大型编年体史诗动画纪录片《帝陵》总导演总策划，中央财政部、文化部专项项目大型光影全息展演《丝路花雨》总策划总导演，大型新媒体创意展演国际纪录片《丝路大遗址》总制片总策划总导演等。

张普然老师多年参与国家各部委、省市厅局相关部门的多项重大项目，并担任负责人，是国家科技部科技支撑计划"文化资源数字化关键技术及应用示范"项目、"研究城市文化资源数字化展示技术研发"项目、"城市数字文化资源及应用示范建设"项目、"地区文化资源数字化应用示范"项目、"西安文化资源数字化与旅游电子商务协同服务平台"项目、陕西省科技厅科技统筹创新工程"数字内容版权保护、集成、存储、分发及传输技术研发应用与新业态发展——微时间"项目、国家科技支撑计划"盛唐文化全息虚拟成像协同实景展示系统技术集成及应用"项目、国家新闻出版总署"原动力"中国原创动画出版扶持计划项目、甘肃省科技厅重大专项"复现大遗址"项目、西安市科技计划"实景物体＋真人演员＋数字三维三度空间要素数字定点跟踪匹配融汇技术在新数字影视传媒产业化应用"项目、国家旅游总局"数字新媒体智慧旅游服务平台"项目、文化部创新工程"数字色彩标准化研究"项目、陕西省科技厅"大型全景唐墓壁画数字化技术研发及应用"项目、中央文化产业发展专项资金"《丝路花雨》实景与数字空间扩展演艺系统及应用示范"、科技部科技支撑计划项目"丝绸之路特色文化旅游移动服务技术研发与应用示范"、中央文化产业发展专项资金项目（"互联网+中华文明"部分）"面向11座西汉帝陵及陵邑数字展示与文物旅游服务示范"、国家重点研发计划"现代服务业共性关键技术研发及应用示范"项目"民族民间文化资源传承与开发利用技术集成与应用示范"、陕西省科技厅重点研发计划项目"丝绸之路大型史诗全息数字展演实景与数字空间扩展演艺系统及应用示范"等众多项目的负责人与重要主持人之一。

早在 2003 年，张普然老师就被评为美国 AVID 国际影视动画顶级认证师，2005 年独立创作的上古文明作品《逐鹿定华夏》荣获美国迪士尼国际原创动画奖和中国动画最高奖金龙奖，同年国家公派出国领奖并进行文化产业访问交流。作品《独角戏》《树的记忆》《唐太宗》《抚仙湖》等影视作品均获国内外电影节大奖，由其总策划和总导演的大型编年体史诗动画纪录片《帝陵》荣获 2013 年第二届中国西部（国际）电影节最佳动画奖，入选 2013 年第三届中国纪录片学院奖音乐音响奖单元、2013 年新闻出版总署"原动力"中国原创动漫出版扶持计划项目（陕西省仅此一项入选），荣获 2015 年中共陕西省委宣传部重大文化精品工程奖、2015 年中共西安市委宣传部年度优秀文艺作品奖，荣获 2016 年国家新闻出版广电总局推荐第一批优秀国产纪录片，荣获 2016 年四川金熊猫国际纪录片节国际节目。2016 年荣获美国国际文化科学院突出贡献奖，荣获澳洲国家画院最高新媒体艺术贡献奖，作品《国脉——汉文明探源工程》荣获美国纽约出版社文化产业类畅销书奖，荣获美国纽约出版社最具影响力行业类图书。

张普然老师作为文化产业总策划和总规划师，帮助国内众多国家级 5A/4A 旅游景区运筹帷幄，构架顶层商业模式和运营体系，为汉长安城丝绸之路博览园、河南省登封市天地之中文化园、安徽蒙城幸福文化产业集群地、安徽蒙城龙泉寺——东方那烂陀策划项目、安徽老集村民俗体验项目策划、辽宁省北票市中华文明园项目、辽宁省开原市全域文化旅游总体策划项目、辽宁省朝阳市全域文化旅游总体策划项目、黄河部落民俗文化园、平凉仙侠民俗园、张掖焉支山民族融合园、北凉故都骆驼城遗址、芒砀山汉文化旅游区、中国工农红军西路军纪念馆、边塞重镇峡口古城、周文明主题公园、函谷关道文化主题景区、鸿门宴历史文化主题景区、马蹄寺文化旅游景区、裕固族风情园走廊景区、玉水园旅游景区、大佛寺旅游景区等近百个文化旅游项目，付出了文化产业文明复兴的智慧。

其中河南省登封市世界文化遗产"天地之中文化园"项目、安徽省亳州市"中国左岸幸福文化产业园"项目、甘肃省肃南县"全域旅游总体规划"项目是集团 2016 年初的重点项目，三个项目分别以"人类命运共同体""中国幸福地""中国首批全域旅游示范区"为工作主题，三个项目操盘总投资 100 多亿元人民币，都是三省"十三五"计划重点文化产业项目！

张普然老师提出中国文化文明产业核心理念："要从创新中传承，不宜传承中创新"，并结合核心理念提出了中国文化文明发展的商业模式"历史成为资源、文化带动产业、科技提升服务、旅游复兴文明"，同时针对每个文化产业项目提出行之有效的文化产业五行学说"谋、术、孵、策、形"的运作体系，全力打造"传承中华文化 复兴华夏文明"的文化产业平台。始终践行习近平总书记提出的"中国梦"和"世界梦"伟大发展战略，引领实现"中华民族的伟大复兴"和世界人民的"人类命运共同体"的千秋伟业。

扫码观看　扫码听书

集团简介

Group Introduction

**传承中华文化　复兴华夏文明**

中国复兴文明文化产业（集团）有限公司始终以复兴华夏文明为使命，以中华民族伟大复兴为目标，是一家以"产、学、研＋金融"为核心模式的文化产业全产业开发、顶层操盘集团。

集团跨越多地，目前已在香港、北京、陕西西安、四川成都、安徽亳州、甘肃张掖、辽宁沈阳等城市落户。主要从事文商旅项目策划、规划、融资、投资、建设、运营为一体的全产业链整体操盘，大型数字全息展演，文化资源产业化、数字化创新展示工程，文明级大型影视作品策划、投资、拍摄、发行，整体文化产业工程类产品研发、图书出版及相关文化创意产品开发等业务，积极打造"中国最大的全产业链文明产业平台"。

集团快速发展十余年来，发展业务根植于丰厚悠久的中华文化。集团以文化产业发展及需求为导向，下设西安复兴文明文化旅游（集团）有限公司、甘肃复兴文明骆驼城文化产业有限公司、辽宁复兴文明文化旅游开发有限公司。创建中国文化产业研究院，包括文旅、文创、文产三大职能分院。集团联合中国人民大学创建"创意设计模式工作室"，联合西北大学共建"历史文化产业研究院"。为大力促进中国传统文化的传播与交流，深入开展中国文明文化软实力的研究，集团汇聚社会各界文化专家学者，共同组建中国文明促进会。集团受邀于中国文化软实力研究会和陕西文化软实力研究会，成为其理事成员单位。

凭借以上全产业链的服务运作模式和对历史文化的潜心钻研，集团落实习近平总书记"要系统梳理传统文化资源，让收藏在禁宫里的文物、陈列在广阔大地上的遗产、书写在古籍里的文字都活起来！"的重要讲话，真正做到了"在文化中创新，在创新中传承"，让悠久的中华文明得到伟大复兴！

中华文明从无到有，从小到大，由弱变强，由强入盛，经历了令人叹为观止的宏观进化，创造了丰富的历史文化资源。如何挖掘、开发和利用好我们丰富的历史文化资源，既是文化产业从业者面对的问题，也是我们的历史使命。

张普然，复兴文明的缔造者，"中国梦"的践行者！十余年风雨征程，探索出了"历史成为资源、文化带动产业、科技提升服务、旅游复兴文明"全新文化（文明）产业开发模式，同时针对项目的产业特点，提出行之有效的文化产业五行学说——"谋、术、孵、策、形"的运作体系。

通过 PPP、融资租赁、入股代建、公募基金会、政府设基金、风投直投等多种模式贯通资本，构建起强大的"产、学、研＋金融"综合型文商旅项目全产业链开发集团。

集团针对不同地区的文化特色，从文明提炼、顶层战略、项目策划、产品布局到融资投资、建设开发、商业运营，实现地区专属文商旅项目顶层全局操盘、统一运作、全盘落地，切实解决项目文化产业建设发展模式、资金、运作等各项难题。

集团自成立至今已成功规划国内多项国家级 5A/4A 旅游景区项目，从文化中萃取文明，从文明中发展产业，以全产业链顶层操盘点亮中华大地文明脉动熊熊之火。

辽宁：北黄海温泉小镇文旅项目、开原市全域文化旅游总体策划项目、朝阳市文商旅整体策划项目；北京：汉宫·汉文化体验馆项目；福建：莆田千秋妈祖文化产业集群、莆田广华寺佛教文化产业集群项目；安徽：蒙城中国幸福产业集群地、老集村乡愁民俗文化旅游产业集群地；河南：天地之中文化园项目、永城芒砀山汉文化景区项目、汝州市南天门文旅策划项目；陕西：世界文化遗产汉长安城遗址项目、鸿门宴大遗址景区项目、凤翔县秦雍城大遗址项目、庆山寺临潼丝路非遗临潼博物院项目、唐城墙遗址丝路长安历史文化交流中心项目、西安市西咸新区规划成果展览馆项目、中国·秦汉文明产业集群区；甘肃：山丹县峡口古城边塞文化旅游体验式景区、焉支山民族融合文化旅游景区、白银市黄河部落民俗展演文化旅游景区、平凉市印象崆峒仙侠民俗园文化旅游体验景区、高台县骆驼城古遗址保护利用项目、高台县西路军纪念馆红色旅游项目、肃南县全域旅游发展纲要；四川：遂宁市圣平岛观音文化旅游产业项目、广元市盛唐武周时代旅游产业基地项目；新疆：伊宁县区域文化旅游片区总体规划项目、若羌县和温泉县等县市文化产业项目、中国·新疆维吾尔自治区西域文明文化产业平台。

　　近百个文化旅游项目如星星之火正壮大成为文化产业文明复兴的燎原之势！

序 Preface

扫码听书

中华文明有至少五千年悠久历史，具有极为丰富文化资源，但这一优势在文化产业高速发展的今天并未得到充分发挥，无论在体量或是质量上，都离预期目标有较大差距；尤其是在文化软实力方面，我们与国际一流水准相去甚远。究其原因，固然与我国文化产业起步较晚有关系，更深层次可能还是因为我国文化产业从业者在行业体系、技术研究和创新思维方面存在明显欠缺。

《复兴文明——中国文化产业实战经验智典》这本书有效弥补了这一行业缺陷。该书是张普然在从事文化产业十余年的工作经验基础上，收集、整理、汇总、提炼形成的具有完整理论体系又有实际指导意义的文化产业开发实践教材。它通过智式十二章内容，从项目构建、政策扶持到融资渠道、落地实施等全面解析了文化产业开发的整个流程，其间佐以作者自己长年积累的经验，再加上几十个国内外的文化产业开发实战案例，给读者奉上了一份文化产业开发大餐！它标示着普然对于文化产业理解与洞察又精进到了一个更高的境界。新世纪以来，我国文化产业蓬勃发展，呈现出百花齐放的状态，文化产业从业者呈几何级数增长，但是能真正将文化产业这件事说清楚的人，极少，普然正是这极少数能把文化产业说清楚的人之一。他对文化产业庖丁解牛式的解析能力，让人叹为观止，文章有筋骨，胸中有沟壑，开卷有益，不外如是。

十余年艰苦钻研，见证了普然的历史使命感和责任感，也正是因为这份担当和求索，让他在文化产业从业者中名列前茅。值此写序之际，衷心祝愿普然和复兴文明团队不断取得新的更大成绩！

中国人民大学文艺复兴研究院院长

## 文化与文化产业

习近平总书记在中国共产党第十九次全国代表大会上的报告中指出，要"坚定文化自信，推动社会主义文化繁荣兴盛"，"文化是一个国家、一个民族的灵魂。文化兴国运兴，文化强民族强。没有高度的文化自信，没有文化的繁荣兴盛，就没有中华民族伟大复兴。要坚持中国特色社会主义文化发展道路，激发全民族文化创新创造活力，建设社会主义文化强国。中国特色社会主义文化，源自于中华民族五千多年文明历史所孕育的中华优秀传统文化，熔铸于党领导人民在革命、建设、改革中创造的革命文化和社会主义先进文化，植根于中国特色社会主义伟大实践。发展中国特色社会主义文化，就是以马克思主义为指导，坚守中华文化立场，立足当代中国现实，结合当今时代条件，发展面向现代化、面向世界、面向未来的，民族的科学的大众的社会主义文化，推动社会主义精神文明和物质文明协调发展。要坚持为人民服务、为社会主义服务，坚持百花齐放、百家争鸣，坚持创造性转化、创新性发展，不断铸就中华文化新辉煌。"

文化是一个十分难以界定的概念。由于本身的无形性，再加上它的时间跨度大、涉及范围广，长期以来，理论界关于"文化"一词的含义层出不穷。

英国著名人类学家爱德华·伯内特·泰勒（Edward Burnett Tylor，1832—1917）在《原始文化》（1871，*Primitive Culture*）中说："所谓文化和文明乃是包括知识、信仰、艺术、道德、法律、习俗，以及包括作为社会成员的个人而获得的其他任何能力、习惯在内的一种综合体。"

20 世纪美国文化学家克鲁勃和克拉克洪在《文化：概念和定义的批判性回顾》一书中认为："文化是包括各种外显或内隐的行为模式。通过符号的运用使人们习得并传授，并构成了人类群体的显著成就，文化的基本核心是历史上经过选择的价值体系；文化既是人类活动的产物，又是限制人类进一步活动的因素。"

《现代汉语词典》给的解释是："人类在社会历史发展过程中所创造的物质财富和精神财富的总和，特指精神财富，如文学、艺术、教育、科学等。"

《中国大百科全书·社会学》的定义为："广义的文化是指人类创造的一切物质产品和精神产品的总和。狭义的文化专指语言、文学、艺术及一切意识形态在内的精神产品。"

在中国，"文化"一词，古已有之。"文"的本义，是万事万物的信息交错产生的现象、纹路。《说文解字》称："文，错画也，象交文。"其引申为包括文字符号在内的所有人类社会的现象，以及文物典章、礼仪制度等等。"化"本义为变化、转化，所谓道家的"万物化生"，其引申义则为改造、教化、培育等。中国古代的"文化"概念具体是指文治教化。汉刘向《说苑·指武》："凡武之兴，为不服也，文化不改，然后加诛。"晋束皙《补亡诗·由仪》："文化内辑，武功外悠。"前蜀杜光庭《贺鹤鸣化枯树再生表》："修文化而服遐荒，耀武威而平九有。"元耶律楚材《太阳十六题》诗之七："垂衣端拱愧佳兵，文化优游致太平。"

确切地说，文化是凝结在物质之中又游离于物质之外的，能够被传承的国家的或民族的历史、地理、风土人情、传统习俗、生活方式、文学艺术、行为规范、思维方式、价值观念等，是人类进行交流的普遍认可的一种能够传承的意识形态。

以上关于文化的定义几乎都从社会文化学角度进行分析，而且几乎都是互联网时代与市场经济尚未出现或还不成熟的时期提出的。随着时代的发展，文化不断被赋予新的含义，承载内容、传播形式、表现手段等都发生了一系列新的变化。但是万变不离其宗，我认为，文化的本质性的东西永远都不会变的。

而在文化产业中，文化的定义更偏重于文化资源，即具有一定经济价值与文化价值的价值载体。它可以是无形的神话故事、习俗节日等，也可以是有形的历史遗址、工艺美术等。

关于文化的重要性，我们不再赘述。四大文明古国仅存中国，中国具有丰厚的历史文化资源，中华文明在几千年的发展中形成了具有独特民族特色和悠久文化渊源并且能够薪火相传的传统文化。面对各种各样、千姿百态的文化资源，如何有效地开发利用好祖先留给我们的丰富文化宝藏，将文化资源转换成经济效益，集合我国社会主义市场经济的现状，促进国家经济的发展，提升国家文化软实力，实现中华民族的伟大复兴，是当今中国文化产业工作者的头等大事。这既是机遇也是挑战。

近年来，文化产业成为广受关注的概念，越来越多的人投身于文化产业的上中下游运作中，文化产业的发展也越来越受到行业内外的广泛关注，逐渐形成了大发展大繁荣的局面。归其原因，可以从以下四个方面解释：

第一，在于政府政策扶持。随着我国经济的发展、改革开放步伐的进一步加大，深入贯彻科学发展观，转变经济发展方式、调整产业结构势在必行，而发展文化产业是一个重要并且必经的途径。我国文化产业正是在国家的宏观调控下蓬勃发展起来的，同时文化产业未来的发展与走向也离不开国家的宏观调控。

第二，在于市场需求的变化。随着国民经济的增长，居民收入日益增长，居民生活方式发生了翻天覆地的变化，伴随着消费观念的多元化，消费者对于文化产品与服务的需求越来越多，供不应求的文化市场也就有了层出不穷的文化产品与文化服务。而发展文化产业的根本目的，也正是不断满足人民群众日益增长的精神文化需求。

第三，对于文化产业从业者而言，政府的政策扶持与财政支持激发了广大文化产业创业者的入行激情，广大艺术创作者、文艺爱好者也迫切想要在百花齐放、百家争鸣的文化市场中崭露头角。随着第一、第二产业的弊端与不足日益暴露，许多企业也亟须调整产业结构，寻找更大的平台与盈利模式，而文化产业带来的巨大利润回报也刺激着越来越多的企业家加入文化产业体系。

第四，从国际上来看，世界多极化在曲折中发展，综合国力竞争日趋激烈，在许多发达国家，文化产业已经成为支柱产业。而随着全球化进程的不断加深，文化霸权主义占领发展中国家的文化市场，不仅从中获取了巨大的经济利益，而且还不断输入本国的价值观念与生活方式。各国要抵御外来文化的侵蚀，就要增强自身文化软实力，提升综合国力，力争在世界竞争之林中立于不败之地。

到底何谓文化产业？它的内涵和外延是什么？如何对其进行产业分类？同样的，难以界定的文化概念产生了更加难以界定的文化产业概念。

文化产业这一术语产生于 20 世纪初。最初出现在霍克海默和阿多诺合著的《启蒙辩证法》一书之中。它的英语名称为 Culture Industry，可以译为文化工业，也可以译为文化产业。事实上，世界各国对文化产业并没有一个统一的说法。在美国，更偏向于说版权产业，是针对具有知识产权的文化产品进行界定的；在日本，文化产业的范围更加广泛一些，还包括了休闲娱乐、旅游等行业，他们称之为内容产业，更强调内容的精神属性。

联合国教科文组织对文化产业的定义是：按照工业标准生产、再生产、储存以及分配文化产品和服务的一系列活动。

2003 年 9 月，中国文化部制定下发的《文化部关于支持和促进文化产业发展的若干意见》，将文化产业界定为："从事文化产品生产和提供文化服务的经营性行业。文化产业是与文化事业相对应的概念，两者都是社会主义文化建设的重要组成部分。文化产业是社会生产力发展的必然产物，是随着我国社会主义市场经济的逐步完善和现代生产方式的不断进步而发展起来的新兴产业。"2004 年，国家统计局对"文化及相关产业"的界定是：为社会公众提供文化娱乐产品和服务的活动，以及与这些活动有关联的活动的集合。所以，中国对文化产业的界定是文化娱乐的集合，区别于国家具有意识形态性的文化事业。

### 文化产业的现状与不足

2017 年 10 月末，国家统计局公布了 2017 年前三季度全国规模以上文化及相关产业企业营业收入情况。数据显示，2017 年前三季度，上述企业实现营业收入 67618 亿元，比上年同期增长 11.4%，增速提高 4.4 个百分点，依然保持较快增长。文化产业规模增长迅速，已迈入高速发展通道。而在"十三五"规划建议中提到，在 2020 年实现文化产业的市场规模达到 10000 亿元。毫无疑问，文化产业将迎来发展的黄金时期。由中国社会科学院文化研究中心组织编写的《文化蓝皮书：中国文化产业发展报告（2015~2016）》由社会科学文献出版社出版发行。

根据发展报告及文化产业运行现状，我们总结出现阶段我国文化产业呈现的特点如下：

第一，文化产业走向"常态化"。随着中国经济步入"新常态"阶段，从高速增长转为中高速增长，经济结构优化升级，从要素驱动、投资驱动转向创新驱动。与此同时，自2013年以来，文化产业增速放缓，文化产业不再只追求数量与速度，相关从业人员开始更加重视文化产品的质量。产业结构不断调整，文化消费也成为常态化消费，成为日常消费的一部分。现在看来，文化产业作为国民经济的一个重要部门，多年以来的"非常态"发展已经结束，正在逐渐回归常态发展。

第二，文化产业正越来越融入实体经济。文化产业正在从传统形态的文化产业发展成新兴文化产业，文化产业上游越来越强调内容创意，下游越来越重视服务，文化产业外延不断得到扩充。文化产业与实体经济的关联度越来越高，文化消费越来越落实在实体消费中，将文化的精神含义物化并且变现将成为文化产业发展的主流，文化的传播与接受不再只停留在意识层面，这与发达国家文化产业呈现出了相似的景象。

第三，消费者文化消费意愿增强。面对不同的消费方式、消费渠道甚至全新的消费商品和服务，消费者的文化消费领域得到了极大的扩展。以网络文学为例，中国网络文学已成为移动互联网核心内容和中国最大的UGC（用户原创内容）文化产品，2016年阅文集团用户规模突破三亿，用户愿意付费比例达到28.9%，随着全社会版权意识的增强与居民收入的提升，越来越多的消费者开始接受并且愿意为文化产品买单。

第四，区域发展不平衡。蓝皮书在第三次全国经济普查的基础上，对我国文化产业的区域结构展开分析，北京、山东、广东、江浙地区无论是文化企业、法人单位数，还是年末就业人数，都排在全国前列。由此可见，文化产业在我国东部沿海地区的发展尤为突出，无论是国内还是省内，产业集中度与文化产品产出能力也存在较大差异。2014 年，陕西文化产业增加值为 646.11 亿元，占全省 GDP 比重为 3.65%，陕西文化产业增加值总量居全国第 16 位，其占 GDP 比重居全国第 12 位，随着"一带一路"战略部署的逐步推进，中西部地区文化产业发展还有很广阔的前景与舞台。

第五，"互联网＋"时代的到来。2016 年前三季度，以"互联网＋"为主要形式的文化信息传输服务业营业收入 3917 亿元，增长 30.8%，随着移动网络的发展，网络游戏、网络文学、网络视频、网络音乐都已经有巨大的市场空间和用户规模，手机成为人们必不可少的娱乐工具。同时，我国网民进行网上支付的比例已经提至 64.9%，这也就意味着互联网文化企业终于可以打破盈利的最后关卡，而网络音乐、网络文学、网络游戏等文化娱乐 APP 的付费行为，也逐渐在用户群体中形成习惯。互联网文化产业已经经过"跑马圈地"和"占山为王"阶段，即将步入"仓箱可期"的好光景。

随着我国经济新常态的发展，文化产业的发展也进入新的阶段，文化产业在新阶段中遇到的困境也逐渐暴露出来。

首先，动力不足问题。从我国的实际发展状况看，文化产业新常态增长的现状与文化体制改革的相关政策有着密切的关系，因此很大程度上是基于政府提供的"外生动力"。随着改革告一段落和政府职能的转变，政策效应必将递减，产业发展动力必将从政府转向市场。如何寻找新动力，如何激发"内生动力"，如何进行新旧动力接轨，如何转变观念、创新思维，为文化产业发展提供长久持续的新动力，迫在眉睫。

其次，有"高原"缺"高峰"。2014 年 10 月，习近平总书记在京主持召开文艺工作座谈会并发表重要讲话。他强调，改革开放以来，我国文艺创作迎来了新的春天，产生了大量脍炙人口的优秀作

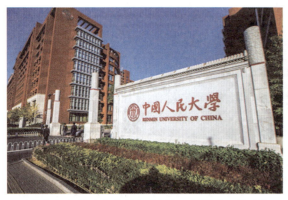

联合中国人民大学创建"创意设计模式工作室"

联合西北大学共建 "历史文化产业研究院"

甘肃复兴文明骆驼城文化产业有限公司

四川宋词演义影视传媒有限公司

骆驼城考古遗址公园项目

牛河梁国家考古遗址公园项目

品。同时，也不能否认，在文艺创作方面，也存在着有数量缺质量、有"高原"缺"高峰"的现象，存在着抄袭模仿、千篇一律的问题，存在着机械化生产、快餐式消费的问题。以电影产业为例，旺季、黄金期一来，很多影片无论质量如何都一哄而上，高质量的上乘作品却得不到广泛的排片量，而且在众多影片中显得乏善可陈。近年来，烂尾的文化产业项目也屡见不鲜，如何提高业内人的思想文化修养，培养工匠精神，也是文化产业亟须解决的问题。

最后，各个阶段仍然存在不足。现阶段，虽然文化产业得到了井喷式发展，但文化产业在人才资源、投融资模式、产业链黏性、知识产权、国际竞争等问题上仍然有很多不足的地方，文化产业发展还处于模仿与探索的阶段，我们不仅缺乏文化创意创业的专业人才，也缺乏人才培养与认证制度；由于产业的高风险性，小型企业很难通过市场进行融资；文化产业上中下游出现产业链断裂的现象也层出不穷；知识产权法律体系也仍在完善，文化产业知识产权意识普遍薄弱；无法顺利"走出去"，也无法全面抵挡其他文化产业大国"走进来"……

我们可以看到，文化产业的前途是光明的，道路是曲折的。新的阶段，文化产业不再拘泥于传统动力，而是致力于通过持久不断的创新为产业发展提供动力，文化产业将越来越重视专业型人才的培养，不断完善版权保护机制，着力拓宽投融资渠道，努力培育产业链条，这也势必为创新经济领域供给侧结构性改革提供"破冰之力"。未来，文化产业将从内涵与外延两方面发力，文化产业商业模式不断创新，文化产品更加重视精品产出，产业化与品牌化越来越显著，最终实现发达国家那样使文化产业成为支柱产业。

如今，面对政府有利的政策方针、不断变化的市场需求和深厚的文化资源，面对文化产业步入新常态发展阶段，将文化产业做大

平凉仙侠民俗园

张掖焉支山民族融合园

安徽老集村民俗体验项目

做强，获得最多的经济效益与最高的社会效益，从而推动国民经济的发展、提升国家软实力、实现中华民族的伟大复兴，是每一位文化产业工作者不可推卸的责任。

### 集团与本书

中国复兴文明文化产业（集团）有限公司是一家以复兴华夏文明为使命，以中华民族伟大复兴为目标，拥有丰富文化商业旅游操盘实战经验，融合策划、规划、融资、投资、建设、运营为一体，以"产、学、研 + 基金"为核心模式的综合型文商旅项目全产业链开发集团。

集团跨越多地，目前已在香港、北京、陕西西安、四川成都、安徽亳州、甘肃张掖、辽宁沈阳等城市落户，从事文商旅项目整体操盘、城市文化全产业链构建、文明（历史）遗址开发、旅游景区建设、区域文化资源开发、城市文化交流与推广、文化投资、基金组建、文化产业融资等业务，积极打造"中国最大的全产业链文明产业平台"。

集团快速发展十余年来，发展业务根植于丰厚悠久的中华文化。集团以文化产业发展及需求为导向，下设民生伟业（北京）科技文化有限公司、西安复兴文明文化旅游（集团）有限公司、甘肃复兴文明骆驼城文化产业有限公司、四川宋词演义影视传媒有限公司、西安市雁塔区普然策划咨询工作室、安徽商都文化旅游有限公司、辽宁复兴文明文化旅游开发有限公司。创建中国文化产业研究院，包括文旅、文创、文产三大职能分院。集团联合中国人民大学创建"创意设计模式工作室"，联合西北大学共建"历史文化产业研究院"。为大力促进中国传统文化的传播与交流，深入开展中国文明文化软实力的研究，集团汇聚社会各界文化专家学者，共同组建了中国文明促进会。

集团受邀于中国文化软实力研究会和陕西文化软实力研究会，成为其理事成员单位。凭借以上全产业链的服务运作模式和对历史文化的潜心钻研，集团落实习近平总书记"要系统梳理传统文化资源，让收藏在禁宫里的文物、陈列在广阔大地上的遗产、书写在古籍里的文字都活起来！"的重要讲话，真正做到了"在文化中创新，在创新中传承"，让悠久的中华文明得到伟大复兴！

集团自成立至今已成功规划国内多项国家级 5A/4A 旅游景区项目，运筹帷幄构架顶层商业模式和运营体系。

本书要给大家讲的内容，就是我从事多年文化产业工作以来总结的实用性的实战经验。在这里，我将手把手指导广大文化产业从业者、转型改革创业者、文化金融投资者、政府招商项目者处理最为关心的十二个难题：怎么解决智造项目难题、怎么解决盈利模式难题、怎么解决塑造产品难题、怎么解决申请扶持难题、怎么解决融资渠道难题、怎么解决高效经营难题、怎么解决 IP 全产业难题、怎么解决利用 PPP 难题、怎么解决廉价拿地难题、怎么解决产品销售难题、怎么解决"互联网＋"难题、怎么解决整合上市难题。

本书主要阐述了四个方面的内容，从项目、平台、资本、人才四个方面出发，主张用"智慧"创造文化产业项目、取得政府及资金支持，最终达到上市的宏图伟业。为此，我提出了"智"式十二章："智"造文化精品项目、"智"盈文化财富盛宴、"智"识文化品牌塑造、"智"取文化扶持政策、"智"集文化融资渠道、"智"谋企业经营战略、"智"通文化全 IP 产业、"智"融 PPP 资源对接、"智"赢文化土地资源、"智"策文化营销创意、"智"拥互联网＋文化、"智"达上市宏图伟业。

如果说，在我们的上一本书《复兴文明——中国文化产业实战经验鉴典》中提出了一系列世界观的问题，那么在《复兴文明——

中国文化产业实战经验智典》中，我们更多的是指导并展示一些方法论的东西。此书不仅是为了阐述我关于文化产业的思想理念，也是为了让更多的文化产业从业者能够从中获得启示，一起为文化产业的蓬勃发展尽一份力，共同创造文化产业的美好明天。

目录

1

# CHAPTER
## 第一章

文化产业

## "智"造文化精品项目

WISE CREATING OF MAGNIFICENT
PROJECT IN CULTURAL INDUSTRY

扫码听书

　　文化产业项目是文化产业的重要内容，它是文化产业得以运行的中心环节，可以说，没有项目就没有一切其他文化产业的各个环节。一个好的文化产业项目所创造的经济效益与社会效益是不可估量的，好的文化产业项目不仅能够吸引资金、扩展融资渠道，而且能够自带势能、自创价值；相反，稀松平常、毫无亮点的文化产业项目不仅无法使投资者和政府驻足，也无法收获丰厚的效益，稍有失误，赔了夫人又折兵。因此，好的项目是文化产业企业得以生存的前提条件。

**"智"造文化精品项目　转变你的思维方式**

　　随着我国文化产业发展的日渐成熟，传统的文化产业思维模式已经不再适应高速发展的社会需求，越来越多的文化产业从业者不断寻求新的思维模式与出路。一方面，由于国家经济发展方式的转变，文化产业的发展方式也在潜移默化地变化着，新思路是社会经济发展的必然选择；另一方面，新的思路带来新的项目，新的项目带来新的增长点，文化产业本身就是一个时变时新的产业，新思路也是文化产业发展的必然要求。

　　在这里，我总结了文化产业中常见的三种思维模式：大众思维、专家思维、庄家思维。

　　首先，大众思维是文化产业中最为传统的思维，也是文化产业发展最初的思维模式。大众思维是指借助本身文化资源创造文化产业项目的思维。这种思维只看到物质本身，并且只根据自己所看到的内容进行开发，不赋予文化产业项目更多的文化内涵与技术支持，最为常见的是我国传统的旅游开发，比如我们现在这里有一座山，这座山有相当好的自然风光，于是当地旅游开发部门或者商人就挂牌进行门票销售，而不进行深度挖掘与产业链的构建。这种"靠山

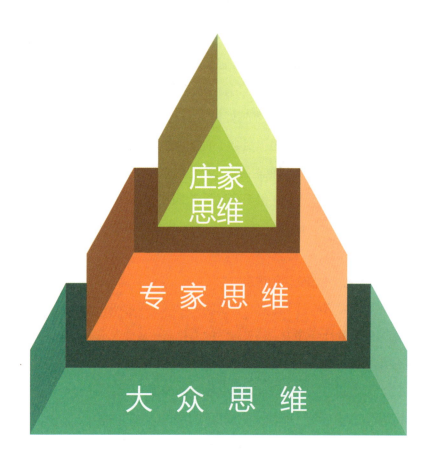

文化产业中常见的三种思维模式图

吃山，靠水吃水"的思维模式就是大众思维的突出体现。大众思维模式在当今文化产业发展中已经不再时兴，虽然这种思维找到了可以开发利用的文化资源，却没有真正将文化资源开发利用达到最大化。

其次是专家思维。专家思维是文化产业思维中的第二个阶段，也是大众思维的一次实质性转变。随着文化产业的发展，文化产业专业型人才出现，这些专业型人才一般都具有一定的技术和技能，他们看待文化资源更多的是出自自身的专业性，专家思维也就随之出现。他们一般都通过自己的专业技能对文化资源加工再生产，从而产生相应的文化产品与服务。同样的，比如我们现在还是有这么一座风光优美的山，现在做音乐的人来了，他便为这座山写了一首歌；做影视的人来了，他便为这座山拍了一部电影；做文学创作的人来了，他便为这座山写了一首诗……专家思维是文化产业中最为普遍的思维。

最后是庄家思维。庄家思维是当今文化产业发展的最高等思维模式，是文化产业项目从无到有所必需的思维。刘邦曰："吾文不如萧何，武不如韩信，谋不如张良，然能成事者，善用人也！"刘邦身上没有突出的优势，并不是我们刚才讲的"专家"，但他成了大汉天子，他将原因归结于善于用人。萧何精通钱粮人事，韩信用兵如神，张良擅长高瞻远瞩的战略，陈平有勇有谋，刘邦集结了这些人才，知人善任、合理把控，最终齐心协力实现了刘邦的统一大业。其实我们把刘邦的思想延展开来，就会发现他搭建了一个平台，让每一个像萧何、韩信、张良、陈平这样的"专家"施展了自己的能力，每一个"专家"在刘邦所搭建的平台上获得了自己最想获得的东西，这样反过来，所有人也都为刘邦所用了。刘邦这一思维就是典型的庄家思维。

张普然老师全国各地经验分享

　　庄家思维通过重新整合平台上的所有资源使资源得到最大化的利用，又为市场需求者提供更优质的服务，实现了资源配置的最优化。在庄家思维里，每一个"专家"都是平台的一部分，每一个"专家"都可以通过平台实现产品和服务的生产和供给，每一个"专家"都能在这个平台上相互协助、不断契合。还是我们现在拥有的这座山，庄家思维就想办法搭建一个平台使各个"专家"汇集在一起，为他们寻找市场与合作，使每一个"专家"都能在这个平台上发挥自己最大的力量，并形成一定的产业链，比如做音乐的可以将自己的音乐作品放在影视剧，影视剧又能在景区的大屏幕中播放，等等。这是一种比较安全的商业模式，它使文化资源的获取、开发、共享、创新和应用在一系列切实有效的机制中灵活运作，最终打破区域、行政、行业的壁垒，实现资源的互利互惠。

　　如今，文化产业不再是 1 + 1 = 2 那么简单、传统了，它必将是一个规范又充满活力的新组合，在这个组合里，我们可以不断变换基数，不断调整资源结构，寻找 1 + 1 > 2 的各种出路和设想。于是，我们就会发现，不同的结构组合将会产生不同的势能，达到让人意想不到的效果。

扫码听书

第一节
如何从无到有

我们以三国的历史为例，曹操出身宦官之家，孙权有兄父打下的江东六郡为基础，相比于这两个人，刘备只有"刘皇叔"这个身份可以算是一份身家背景。小说《三国演义》里说"帝排世谱，则玄德乃帝之叔也"，也就是说，刘备是当时献帝的叔叔。下面，我们不妨细究一下"刘皇叔"的由来：中山靖王刘胜是汉景帝之子，他一生有一百二十多个儿子，经过百年繁衍，到东汉末年，只怕天下的刘姓人有相当比例都是中山靖王的苗裔，也就是天下的刘姓之人都有可能跟中山靖王攀上亲戚。而刘备正是靠"中山靖王之后"的名义从织席贩履的小辈一跃成为汉室宗亲，打到了献帝身边，让"刘皇叔"这个身份更加名正言顺，这就更有利于刘备打着"匡扶汉室"的旗号招徕人才、煽动民意，借"汉室宗亲"之势实现自己的统一大业。刘备这种借势的思维也就是庄家思维，庄家思维模式的产生，可以使一个文化产业项目"从无到有"，将文化产业上中下游的产品汇集到一起，并形成一套完备的产业链，最终获得丰厚的利润回报。

※ **分析案例 《功夫熊猫》的成功给中国的启迪**

2016 年 2 月，中美合拍动画片《功夫熊猫 3》内地票房突破10 亿元，超越《西游记之大圣归来》，成为国内票房过 10 亿元的首部动画电影，登顶内地动画电影冠军。《功夫熊猫》自 2008 年 6 月全球上映以来，在全世界掀起了中国功夫的热潮，并取得了优异的票房成绩。充满"中国元素"的《功夫熊猫》给世界带来了一场功夫旋风。水墨山水背景、庙会、面条包子、功夫、针灸、杂技、书

中国功夫

国宝熊猫

电影《功夫》

河南嵩山少林寺

四川大熊猫栖息地

法等中国文化元素在电影中表现得淋漓尽致。"相信自己,人人都能成为大侠"的"禅"式自我领悟,使这部充满"中国符号"、来自中国文化元素的美国式励志电影上映后,让中国观众深受感动,同时又开始反省:为什么美国人用中国的东西拍出了中国人拍不出来的电影?

被赋予英雄主义的熊猫阿宝有着西方人的夸张表情和冷幽默,却用着李小龙、成龙与周星驰式的中国功夫,影片中大量应用的中国元素与典型好莱坞故事模式交相呼应。这种中西融合的组合反倒令观众印象深刻,使得一个老套的成长类故事有了新的口碑爆点,成功打破了文化和价值观的壁垒。

"功夫"与"熊猫"是我国文化符号的重要代表,都具有一定的民族特色和个性特征,是世界通用的两张"中国名片"。而在我国,文化产业对"功夫""熊猫"的资源大部分还停留在大众思维的模式。比如作为我国十大国粹之一的功夫可以说是近年来最具有中国标签的一大形式,特别是在影视作品中,中国功夫得到了很大的传播与演绎,不仅仅体现在中国武侠电影中,有很多国外电影创作者也钟情于中国的功夫文化。但是除此之外,"功夫"这一文化资源与实体经济的关联最大程度上还是运用到了旅游产业的建设上,例如河南嵩山少林寺的开发与建设,就是简单的大众思维。同样的,"熊猫"作为我国国宝,敦厚可爱,憨态可掬,可开发性极强,但在文化产业中所占的比重也微乎其微。就目前来看,四川大熊猫栖息地是熊猫这一文化符号转化为商业价值的典型案例,国内关于"熊猫"这一文化形象的开发还远远不够。无论是嵩山少林寺还是四川大熊猫栖息地,我们对这两张"中国名片"的应用与传播还有很大的空间,相比于《功夫熊猫》的成功,我们还有很长的一段路要走,我们大部分文化产业从业者的思维模式仍然停留在大众思维上,广大文化

《功夫熊猫》电影

功夫熊猫手办

《功夫熊猫：传奇对决》游戏画面

产业从业者亟需转变思维观念。

《功夫熊猫》电影的产生就是文化产业对于"功夫"与"熊猫"这两个文化资源的专家思维，动画、影视工作者跳脱出固有的资源本身，将其再生产，演变成一种新的艺术形式。《功夫熊猫》借鉴了中国功夫中的精髓，大量运用传统文化中的音乐、美术、宗教等元素，将中国功夫、传统艺术、人文内涵等融会贯通于一个熊猫形象中，"以我为主，为我所用"，运用中国元素打开中国市场，取得了丰厚的经济效益与较好的社会口碑。

《功夫熊猫》是美国梦工厂的又一流水线作品，在梦工厂成立的二十多年中，梦工厂工作室已经拥有超过 30 部过亿元电影，可以说，梦工厂就是一个整合的大平台，是庄家思维的典型体现。在全世界范围内，能够把动漫产业做成一个完整的产业链，无论是从前期调研到动画的制作还是后期产品的延伸，并且产生了巨大的利润价值，这样的文化企业屈指可数。《功夫熊猫》形象玩偶、游戏、服装等等衍生品的产生，使得从 2008 年《功夫熊猫》上映至今，都能通过知识产权获得持久的经济效益和社会舆论。《功夫熊猫》创意思维的产生来源于中国文化，动画制作也未必都是美国人，衍生品的生产也少不了中国的廉价劳动力，而受益最大的却是美国梦工厂，这是值得每一位文化产业工作者思考的问题。

作为一种实现优质供给和有效供给的思维模式，庄家思维是当今文化产业最为推崇的思维模式。思维体系的创新势必能够带来文化产业各个阶段的创新，从而激发文化产业的内生动力，升级文化产业的硬件、重装文化产业的软件，优化产业机构、完善市场竞争机制，实现信息的高速交流共享与社会的公平正义，以永无止境的创新促进社会经济的不断完善与变革。

扫码听书

## 第二节 如何从小到大

　　思维方式的转变就是文化产业"从无到有"的过程，这是当今文化产业发展的前提条件，转变了思维方式，文化产业要做大做强，未来还有很多步要走。如果我们把文化产业项目当作一棵摇钱树，那么思维的播种后，如何"从小到大"，让文化产业项目发展壮大起来，是接下来我们要做的事情。

　　※ 分析案例　孔庙：如何打造世界级文化旅游地标？

　　山东省曲阜市是一座 890 多平方公里的小城，却蕴藏着巨大的历史文化宝藏。特别是作为儒家学派创始人孔子的故乡，山东曲阜久负盛名。它是国家级历史文化名城，这里历史悠久、文化丰厚，这里人文荟萃、英才辈出，孔庙、孔府、孔林更是被列入联合国《世界遗产名录》，被评为国家 AAAAA 级旅游景区。

　　曲阜拥有得天独厚的历史文化资源，光曲阜市就拥有 500 多处地上地下文物古迹，但是一直以来，由于各个部门没有强烈的市场观念，曲阜的文化旅游项目停留在"观光游"上，也就是我们上一节所讲的"大众思维"。由于文物古迹之间没有整体规划，大多处于保存和保护当中，游客也只是拍照、留念而已，这些旅游项目没有深度开发，对游客的吸引力并不强。如何将这些具有开发价值的文化遗产转化为大众喜爱并能够引起民众共鸣的文化产品与服务成了曲阜市旅游行业工作的重中之重。

　　近年来，在济宁市委、市政府的正确领导下，曲阜旅游产业抢抓用好文化大发展重大机遇，致力于打造东方圣城。几年间，曲阜市文化产业不仅做好儒家优秀传统文化的传承弘扬，更探索出一条

孔庙

孔林

儒家文化同当地经济社会融合创新发展的特色之路。

曲阜市政府重视传统文化与时代精神相结合，以科学发展观为指导，在传统文化传承复兴中实现传统和现代的融合，从儒家文化中提取"爱诚孝仁"，建设"彬彬有礼道德城市"，并以其为根基启动百姓儒学工程，实现了孔子学堂在405个村的全覆盖。通过"一村一座儒学书屋、一村一台儒学新剧、一家一箴儒学家训"，促成了"村村讲儒学，户户颂和风"的新景象。如今来自全国各地的游客来到曲阜，可以感受到这里仁爱真诚的民风文化。

同时，致力于文化旅游业的开发，依托厚重的历史文化资源，曲阜加快实施"文旅强市"战略，确立了以"一城（明故城）一心（三孔：孔府、孔林、孔庙）一带（尼山、九仙山、石门山等旅游产业带）一圈（以曲阜市为核心，实现周边地区联动）"为核心的全域旅游发展新思路，打造出以文化旅游为品牌、以旅游活动为载体、以文化项目为支撑、以研学旅游为动力，"依托文化发展旅游，借助旅游传承文化"的发展格局。

2013年曲阜推出"背《论语》免费游三孔"活动，受到了全国乃至世界各地儒学爱好者的追捧，曲阜市文物局副局长韩凤举说："虽然只是背诵了几句论语，但涓涓细流也可汇成大河，这条大河就是弘扬儒家文化，让更多的人接触、了解、喜欢优秀传统文化。"近年来，曲阜市举办了各种各样的活动和特色节庆来带动文化产业特别是旅游业的发展，提升了"圣地人家"品牌的知名度和影响力。

文化产业渐渐成为曲阜市最具发展优势和潜力的产业，曲阜市文化产业构成了文化教育培训、文化旅游产业、孔子品牌出版印刷业、古建产业日渐完善的文化业态。2016年，曲阜文化旅游产业实现增加值31亿元，占GDP比重达7.3%。在这里，文化繁荣发展愿景已经绘就。

张普然老师项目地考察与指导

　　面对"曲阜优秀传统文化传承发展示范区"建设的重大机遇，下一步，曲阜将充分发挥儒家优秀传统文化优势，坚持"创造性转化、创新性发展"，围绕十大重点文化产业招商引资项目，致力于将曲阜打造成集古建筑设计、建材、研发培训、展示销售为一体的文化产业发展平台，力争到 2021 年，建成世界知名文化休闲度假胜地，实现年接待游客人次和文旅产业增加值"两个翻番"，打造文化繁荣的新曲阜。

扫码听书

第三节
如何枝繁叶茂

伴随着文化产业项目从无到有、从小到大，如果说好的文化产业项目是一棵大树，从无到有是播种的过程，从小到大是生根发芽的过程，那么接下来便是这棵树枝繁叶茂的过程，一棵树不仅仅要生根发芽，还要成为一个参天大树，天时、地利、人和缺一不可，文化产业项目一样如此。下面，我们来说一下文化产业项目如何做到枝繁叶茂。

※ 分析案例　总收入 130 亿元的横店是怎么做的？

横店影视城位于浙江省金华市东阳市横店镇，最初是 1996 年为配合著名导演谢晋拍摄《鸦片战争》所建，到现在为止已经发展成为集影视、旅游、度假、休闲、观光为一体的大型综合性旅游区，以其独特的场景风貌和景区文化，被评为国家 AAAAA 级旅游景区，被美国《好莱坞》杂志称为"中国好莱坞"。

美国国家公共电台曾以一篇名为《"中国好莱坞"成为中国发展缩影》的报道对横店影视城进行了详尽的介绍。该报道称，横店影视城已经发展成世界上最大的影视城之一，它至少比美国八大影视公司中的两个加起来还要大。横店影视城从一个小村镇演变为一个创造了巨大价值的文化产业项目，逐渐枝繁叶茂，离不开以下几点：

订单带来的规模大扩张

1996 年《鸦片战争》在横店开拍，按 1:1 实景布局、投资 4000 万元、占地 320 亩、各式建筑达 160 余处的广州街区建设成功。第二年，导演陈凯歌带着《荆轲刺秦王》向横店集团总公司社团经济局主席徐文荣提出，希望能在横店影视城建造一座"秦王

横店影视城

《甲午战争》电影

宫"。从此以后，横店开始慢慢吸引剧组和导演的目光。随着剧组与导演关于拍摄场景的需求不断变化，明清宫苑、秦王宫、清明上河图、梦幻谷、屏岩洞府、红军长征博览城等各具特色的影视拍摄基地逐步建成。横店影视城成为一个规模宏大、风格多样的影视拍摄基地。

随着拍摄场景的不断扩大，横店影视城占地面积也在日益增大，现已成为浙江省最大的人工景区和亚洲最大的影视拍摄基地。同时，规模的不断扩张也吸引了更多影视制作者的目光，丰富的外景基地和完备的基础设施建设，使得横店影视城能够满足不同题材影视剧的拍摄需要。

免费带来的影视产业链

横店影视城创建之初，相比全国其他影视基地，在行内的地位并不占优势。为了打开市场，横店影视城另辟蹊径，走了一条新的道路——不仅向横店影视基地拍摄的剧组提供免费租用场景的特大优惠，同时还为剧组提供齐全的配套服务。

此举一出，立刻就有大量的剧组与导演来到横店影视城。众多剧组聚集于此，享受横店影视城带来的便捷又优惠的服务。"拿着剧本来，带着片子走"是横店影视城的宗旨，2004 年横店成为全国第一个国家级影视产业实验区。至今，在横店落户的影视公司越来越多，2016 年实验区入区企业实现营业收入 180.90 亿元，入区工作室累计达到 458 家，吸引了华谊、光线、保利等知名影视机构，形成了从投资到剧本创作，再到拍摄、后期制作等相对完整的产业链。

旅游带来的消费全增长

横店影视城作为影视拍摄基地却不靠剧组的租金赚钱，横店影视城影视旅游杂志社总编辑曾毓琳表示，影视拍摄并非横店的生存之道。"如果单靠影视拍摄的相关收入，那根本活不下去。横店影视

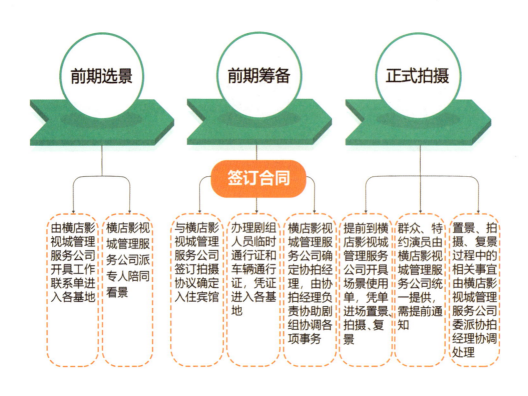

横店影视城配套服务流程

横店影视城接待服务流程图

城的收入大部分在剧组消费上。"横店影视城常年聚集着众多电影、电视剧剧组，由于影视剧的制作周期长、人员范围广，剧组的日常消费极大地刺激了周边相关行业的发展，形成了以横店影视城为中心的商圈。

除了剧组消费，横店影视城的收入很大一部分来自旅游消费。横店影视城作为近几年苏杭一线重要的旅游路线之一，主动与各大旅行社合作，让横店成为享誉全国的一大旅游景点。影视旅游作为一种新兴的旅游方式，给了广大热爱影视、追求体验型消费的消费者广阔的空间，他们竞相走进影视拍摄基地体验影视带来的独特感受。在影视旅游方面，无论是资源还是地理，横店影视城都有着得天独厚的优势，可以说是国内影视旅游的巨头。此外，横店每年举办各式各样的特色节庆与活动，不断增强与游客的交流，向世界展示横店旅游的独特魅力。随着横店影视城的逐步壮大，其旅游内容更加丰富、更加合理，成为浙江乃至全国最具潜力的旅游景区之一。

2016 年，横店影视城全年共接待中外游客 1600 万人次，同比增长 5%。剧组接待数量也创下历史新纪录，其中电影 95 个、电视剧 132 个，而演员工会直接为剧组输送演员达 50 多万人次。由横店影视城主导制定的《影视拍摄基地服务规范》，更是被国家标准化管理委员会列为国家标准，并于 2017 年 3 月在全国范围内推广。

到 2020 年，横店将建成国家级文化体制综合配套改革的文化新区、国家级文化与科技融合的文化示范新区、世界级规模的影视产业集群、影视和博览型旅游目的地、宜业宜居宜游的创新社区，总收入力争突破 130 亿元，基本形成现代影视产业链。未来，让我们引颈期盼。

横店影视城秦王宫

横店影视城屏岩洞府

横店影视城明清宫苑

扫码听书

### 第四节 如何全产业化

一棵大树枝繁叶茂起来已经相当不容易了，但是如何成为一棵常青树，而不是昙花一现，就成了接下来的问题。例如一个好的文化产业项目做大以后，必须要有完备的产业链，不断提供利润价值，创新盈利模式，才能在文化产业激烈竞争中获得持久稳定的经济效益，否则只能是挣一时的钱，无法成为"名利双收""名垂千古"的精品项目。围绕着弘扬和传承中华汉文明这一文化大 IP 的魅力，中国复兴文明文化产业（集团）有限公司（以下简称"复兴文明集团"）整体规划了宏大的"国脉——汉文明探源工程"项目。我们期待通过一系列的创新思路与活动，最终能成就一套有效的汉文明传承模式。

### ※ 分析案例　从梦想到现实，汉文化产业全过程

大型史诗巨作"国脉——汉文明探源工程"将汉文明探源与汉文化进行了全方位的展示与呈现，从图书、影像、音乐、文化旅游等方面具象化全面艺术地展现在众人面前，蕴藏极大的文化价值和商业价值。复兴文明集团一直以来都致力于中华文明的伟大复兴，"国脉——汉文明探源工程"的产出，就是我们实现"复兴中国梦"中的一大步，实现这个梦，我们经历了三步：

梦的火种

"江南的才子，北方的将，陕西的黄土埋皇上。"关中自古帝王州！五千年文明，作为十三朝古都，西安历经三千六百多年，前后79 位帝王长眠于地下，帝陵数量和密集度为全国之最。但由于种种原因，这些资源优势并没有形成产业优势。

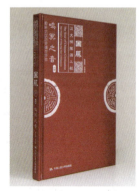

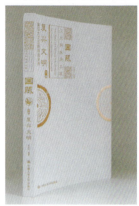
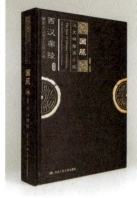

"国脉——汉文明探源工程"相关图书、DVD、CD

汉文明发展所面对的困境长期以来也困扰着包括我在内的以复兴中华文明为己任的文化产业从业者。最终，我找到了一个突破口——动画纪录片。《帝陵》以全新的技术复现一个时代的风貌，采用三维动画、立体建模、实景写实等多种表现形式相结合的手法，完成上千个人物塑造、上百个场景制作、外景实地拍摄，三维制作、后期成片、产业延伸等一系列的工作，一点一滴，脚踏实地，将一个已经远去两千多年的古代王朝的故事重新讲述给今天的人们，让人们在享受视觉大餐的同时了解当年汉文明的相关风貌。

梦在征程

《帝陵》纪录片于 2015 年 11 月在央视首映，以《帝陵》为中心的产业链条不断孵化，逐步形成了"国脉——汉文明探源工程"项目的产业化。

在图书音像方面，"国脉——汉文明探源工程"系列丛书分上下两册详细讲述了西汉王朝的故事和《帝陵》纪录片的艺术技巧；CD《冥鸣之音》三部曲《汉兴》《汉盛》《汉衰》完整收录了《帝陵》一片中的原创音乐；DVD《帝陵》套装完整收录《帝陵》共 11 集高清正片，及第 12 集影片花絮；汉长安城数字复原工程通过先进的技术向人们展示了汉长安城的原貌。

除此之外，汉代人物模型制作、汉代室内微景观场景制作、汉服设计等为艺术产业特别是工艺美术和服装设计行业提供了新的发展路径；汉学大讲堂、汉礼活动的举办使汉代传统文化潜移默化地影响了人们生活的方方面面；汉酒产品的设计和汉宫六宴的研究为餐饮产业注入了新的内容；景区汉代设计规划、基础设施建设让景区更加充满文化内涵；从文创产品设计到地产规划让项目的产业链更加完善……"国脉——汉文明探源工程"项目的产业链以纪录片《帝陵》为起点，扩散到图书音像、旅游、艺术、地产、教育等各个

汉文创刘邦斩蛇酒

芒砀山导视标识

行业，形成了一个较为完整的产业链，实现了线上线下的产业联动。

梦聚众人

围绕着弘扬和传承中华汉文明这一文化 IP 的魅力，复兴文明集团整体规划了宏大的"国脉——汉文明探源工程"项目及其衍生产品开发的重大意义。首先，它找到了历史文物与现代高科技融合的金钥匙，为陕西文化、旅游资源的深度开发，由文化文物大省向文化产业强省迈进辟出一条蹊径。其次，厚重的文化资源和旅游资源与数字技术融合之后，可以大大拓宽产业面，延长产业链，可持续发展子项目繁多，商业前景非常广阔。

一路上，有太多人的支持、信任与指导，领导关怀、员工协力、专家指导，整个创作团队的不懈努力，同一个梦想让众人凝集，让一切难题烟消云散。

一棵树从生根发芽到能够让众人聚在树下乘凉，要经历风吹日晒、历久弥新，文化产业项目产业化的形成也不是一朝一夕，需要各行各业保驾护航、共同努力。要想把一棵树变成摇钱树，把文化产业项目变成丰厚利润的源泉，文化产业项目就必须实现产业化发展，这不仅是国家经济对文化产业的要求，也是文化产业自身发展的必然选择。

仅在南墙中部有一处门址

在经历了秦末天下大乱

CCTV-10《探索·发现》纪录片《帝陵》

**小结**

扫码听书

**※ 说明案例 马太效应：穷人与富人的思维差距**

《新约·马太福音》有个故事：天国主人要外出，临走前把家产分给三个具有不同才干的仆人。一个给了五千，一个给了两千，一个给了一千。那领五千的，随即拿去做买卖，另外赚了五千。那领两千的，也照样另赚了两千。但那领一千的，去掘开地，把主人的银子埋藏了。

主人回来后，将拿五千的仆人大加夸赞了一番，安排他干了管家，把拿两千的仆人也表扬了，却对拿一千的仆人加以苛责，还将他的一千银子分给了另外两个人。他们有生产的得到了更多，那没生产的人最后连本都没有了。

因为凡有的，还要加给他，叫他有余。没有的，连他所有的，也要夺过来。 这就是马太效应。

任何群体、个体、地区，一旦在某一方面获得成功或进步，产生积累优势，就有了更多的机会获得更大的成功和进步，从而产生更多的优势积累，运用在经济领域，就是贫者愈贫、富者愈富的理念。以内容平台为例，在微信、微博公众平台等去中心化平台上，微信、微博大号越来越大，粉丝数量与日俱增，大号的传播效果与品牌效应也越来越明显，其利用粉丝影响力，在微信、微博平台上甚至能够制造话题、引导舆论，使得马太效应进一步升级。

当代文化产业企业家面对自己手中掌握的资源，不能故步自封、踟蹰不前，守着自己的资源却不知变通、不愿分享的文化企业最终会被市场淘汰。要打开自己的思维，逐步树立庄家思维，主动赋予文化产品新的定义与内容，不断创新文化产业项目的内容、传播渠道、盈利模式，以适应不断变幻的文化市场，利用好自己手中的文化、地理、人脉等资源，创造精品文化产业项目，将各方资源融会贯通，实现资源配置的最优化，在文化产业行业中拔得头筹，使文化产业项目从无到有、从小到大、枝繁叶茂并且形成产业化，成为文化市场中的常青树。

一个好创意点可以支撑一个文化产业项目的运作，对文化产业从业者、转型改革创业者、文化金融投资者、政府项目者来说，转变思维方式是当今文化产业发展的前提，一个文化产业项目的成功能够成就一个人的事业、一个企业的效益，甚至成就一个城市的发展，从而使社会各界从中获益。

# CHAPTER
## 第二章

文化产业
## "智"盈文化财富盛宴

WISE  PROFITING OF PROPERTY FEAST
IN CULTURAL INDUSTRY

扫码听书

　　盈利模式又称商业模式，是管理学的重要研究对象之一。顾名思义，盈利模式的重点在于"利润"，主要是指企业的收入结构、成本结构以及相应的目标利润等。

　　盈利模式是通过对企业经营要素的管理，寻找盈利机会，从而找到适合企业的生产方式、生产目标、营销方式的系统方法。还有观点认为，它是企业与相关利益者对利益的一种分配、整合、运营机制及商业架构。简单地说，盈利模式就是企业盈利的渠道或模式。我们可以看到，目前具有一定切实可行、创意思维的盈利模式的企业，在市场中获得的利润都是相当可观的。

**"智"盈文化财富盛宴　塑造你的发散性思维**

　　像第一章一样，我们首先要转变盈利模式的思维方式，文化产业经营者要想获利，首先要突破思维定式，拥有发散思维，从而找到灵感点，让思维的火花进一步迸发，打破因循守旧的商业模式与理念，寻求更好更快盈利的商业模式。

　　发散思维最早由美国心理学家吉尔福特 (1897—1987) 提出，他将聚合思维与发散思维相对应，并把曾在智力概念中被忽略的创造性思维与发散思维联系起来。他认为发散思维具有流畅性、变通性和独创性三个维度，是创造性思维的核心。

　　从定义出发，我们先讲一下与发散思维相对立的聚合思维。聚合思维在于在有限个选项中选出一个最佳选项，按照吉尔福特的意思，这个过程并不需要过多的创造性；对应地，发散思维则是跳出这几个选项，寻找更多的可能性，并在这个过程中产生有创意的想法。我们举个例子，例如我们在买杯子的时候，一家店里只有两种：一种又贵又沉，另一种又小又劣质。我们面对这两个选择时，考虑再三也无法做出选择，或者做出了选择，但并不是自己最想要的那

张普然老师全国座谈研讨会

个杯子，这就是聚合思维。但如果我们换个思考方式，放弃这家店，去另外一个店看看，说不定就会有新的发现，从而获得真正自己想要的，这就是发散思维。

总的来说，发散思维是指思路从某一中心向不同层次、不同方向辐射，从而引出新的信息的思维方式。发散思维又称"辐射思维""放射思维""多向思维""扩散思维"或"求异思维"。与吉尔福特一样，不少心理学家认为，发散思维是创造性思维的最主要的特点，是测定是否具有创造力的主要标志之一。发散思维表现为思维视野广阔，思维呈现出多维发散状。可以通过从不同方面思考同一问题，如"一题多解""一事多写""一物多用"等。

盈利模式的创造需要在不确定的市场条件下达到收益目标，从而解决不同环节的问题，因此，需要进行发散思维。从不同的方面、不同的环节、不同的角度、不同的层次去思考问题，从而求得解决问题的第二方案、第三方案甚至更多的方案。当我们的思路不是沿着一条胡同，而是几个方向去行走时，思维就进入辐射状态，形成纵横驰骋的放射状的发散思维。发散思维的形式有立体思维、平面思维、逆向思维、侧向思维、横向思维、多路思维等，在这里我们不再详述。

那么，盈利模式如何树立起自己的发散思维？下面我们详细地进行一次一般方法的发散思维训练：以材料、功能、结构、形态、组合、因果六个方面为"发散点"，进行一个集中性的多端、灵活、新颖的发散思维训练。

※ **说明案例　发散训练：矿泉水是怎样营销的？**
假如我们是一家矿泉水公司，现在为我们的一款矿泉水做营销策划。

矿泉水的用途?
矿泉水瓶的用途?

除了矿泉水还有
什么可以解渴?

矿泉水的历史
是什么?
从哪里来的?

矿泉水瓶可以
是什么形状的?

矿泉水可以与
什么组合?

矿泉水的颜色、
味道等

材料　功能　结构　形态　组合　因果　矿泉水

以矿泉水为例的发散思维训练

　　从材料出发，我们尽可能多地写出或者说出矿泉水的各种用途：水可以解渴、洗脸刷牙、冲洗污渍，塑料瓶可以养花、做成喷壶、重新装水；

　　从功能出发，既然水可以解渴，我们不妨寻找更多可以解渴的办法：喝水，望梅止渴，喝饮料，吃冷饮；

　　从结构出发，矿泉水的瓶子可以是什么形状的？我们可以在纸上画出各种各样的结构来；

　　从形态出发，矿泉水可以是什么形态的？例如颜色、味道、气味、明暗等，例如柠檬味的矿泉水、黑色的矿泉水等；

　　从矿泉水本身出发，以此为发散点，尽可能多地设想与另一物质或者非物质的东西结合成具有新价值（或附加值）的新事物的各种可能性：例如将水与"炎热"这一天气做联系，那我们就会得出将矿泉水销往天气炎热的地方可能销量更佳；

　　从因果出发，以矿泉水为例，我们可以推测矿泉水饮用后的结果（富含矿物质，提高抵抗力），也可以回溯矿泉水的历史（世界上第一瓶矿泉水）……

　　在这里，我举了一个简单的关于矿泉水的例子。我们可以将以上六个方面作为激发发散思维的方式。以上种种，我们都提倡想到的点越多越好，因为点子越多，那么多重创新与高连接性的盈利模式也就会应运而生。

　　树立发散思维的方法还有假设推测法与集体发散思维。一般来说，假设推理所涉及的都是未曾发生的事，都要经过验证才能实现；而集体发散思维就是我们常说的"头脑风暴"，这也可以与我们上面讲的一般方法的六个方面相结合，集体发散思维与一般方法有重合的方面。

　　当然，发散思维离不开系统思维。发散思维不是没有目标的离散思维，必须能够围绕盈利目标实现思维意识的整合和统一。因此，需要在发散思维的基础上，进行系统思维整合。而且，由于盈利模式具有效益性、系统性和可行性的本质属性与要求，发散思维必须受制于系统思维。

扫码听书

第一节
如何设计商业模式

### 2.1.1 商业模式的八大要素

八大要素，即商业模式在设计中要考虑到的八个方面的内容。企业应该从价值意义、目标受众、销售渠道、关系处理、核心竞争力、合作伙伴、成本结构、盈利结构八个要素出发，设计能够长期盈利的商业模式。

（1）价值意义

首先，就企业自身来说，企业要准确定位自己的产品和服务能够为消费者提供怎样的实用价值或者精神价值。这决定着企业自身定位、产品定价等问题。

（2）目标受众

目标受众，即企业的产品与服务要卖给什么人，从性别、年龄、职业、地域等方面加以划分，找准目标受众才能找到盈利的契机，目标受众的细分同时能够带来市场定位的细分。

（3）销售渠道

销售渠道，即企业的商品或服务要通过什么渠道卖给消费者。不同的产品有不同的销售渠道，这里涉及市场开拓与分销策略，例如苏宁易购就是线上网店与线下实体店共同销售的，消费者也可以通过线上支付进行线下商店自提。

（4）关系处理

关系处理，即企业要如何处理与消费者之间的关系。在以消费者为中心的互联网时代，企业要格外重视与消费者的关系。我们前

张普然老师项目地考察与指导

面讲到的关系营销策略就是其中一种具有实用价值的关系处理方式。

（5）核心竞争力

核心竞争力，即企业的商业模式在市场竞争中有哪些优势。对外有市场、渠道等优势，对内有人才、主营业务等优势，企业的核心竞争力能够在 SOWT 分析中得到理性而清晰的总结。

（6）合作伙伴

企业的商业模式在各个环节都少不了合作，从供应商到经销商、广告商等，好的合作伙伴不仅能够提高商业模式的盈利效率，还能帮助企业规避风险，实现利益共享、风险共担。

（7）成本结构

成本结构，即一个商业模式在运作中所需要的成本费用结构。企业在设计商业模式时要搞清楚哪项是花钱最多的，做到清晰预算、准确核算。成本结构是商业模式中的关键，以很多投资公司为例，成本结构出现了偏差，很容易影响其他项目的投资，最终出现财务问题。

（8）盈利结构

盈利结构，即企业各个业务给企业带来了多少利润。商业模式的盈利结构可以直接影响企业的产业结构调整。需要注意的是，主营业务不代表是主要盈利板块，例如我们前面讲的 360 免费模式，主营业务并不承担盈利的目的。

### 2.1.2 商业模式的五大标准

一个商业模式设计出来以后，如何判断它是否可行并且能够盈利？一个成功的商业模式要具备下面五个标准。

（1）商业模式要有连接性

企业从产品开发到销售、营销、盈利、服务等，应该具有一定

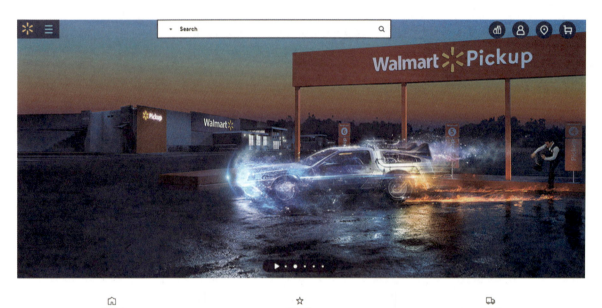

 Free Grocery Pickup
Available in most areas.
Get Started

 Trending on Walmart.com

Free 2-day shipping
on millions of items
On orders of $35 or more.
See How

沃尔玛官网

的连接性。这里不仅仅是指商业模式流程上的连接和畅通，也是各个环节中关于企业、产品、服务的文化内涵的一致性。

（2）目标市场定位要准确

很多企业有一套很好的商业模式，却找不到自己在市场中的定位，无法与目标受众确定良好的关系，盲目扩大目标市场和缩小目标市场都是不可取的。

（3）经济效益要是第一位

企业要注意盈亏的平衡点，你的企业商业模式再完美、再充满创意，但是赚不到钱，或者入不敷出，都不能看作一个成功的商业模式。

（4）商业模式要有独特优势

成功的商业模式必须是具备一定的独特性而存在于市场之中的。以电商产业为例，"和而不同"让淘宝、苏宁易购、京东商城等平台得到很好的区分。一个优势显著的商业模式，既可以拥有市场竞争的核心竞争力，又很难被模仿。

（5）商业模式要打造产业链

商业模式走向产业化是商业发展的一大趋势，打造产业链条下的不同的产品与服务，实现多元获利，才能保证企业的长期稳定发展。

一个成功并且完整的商业模式在设计时或多或少都能够涵盖以上八个要素并且达到以上的五个标准。商业模式的每个要素、每个环节都至关重要，一个可行的、有竞争优势的商业模式不仅能够吸引投资者为其投资，产生的商业价值也是不可估量的。

※ **分析案例　沃尔玛：如何成为全球零售营业额最大的企业？**

沃尔玛百货有限公司，即沃尔玛公司，是一家美国世界性连锁企业，主要业务是零售业，是营业额全球最大的公司，也是世界上

厦门沃尔玛超市

雇员最多的企业。沃尔玛连续四年在美国《财富》杂志世界 500 强
企业中居首位。沃尔玛在全球 27 个国家开设了超过 10000 家门店，
事实上，沃尔玛的年销售额相当于全美所有百货公司的总和，而且
至今仍保持着强劲的发展势头。

沃尔玛作为一个从美国中部小镇发家的零售企业，经过几十年
的奋斗成为全球最大的零售企业之一，其发展速度和规模都是让人
瞠目结舌的。总结沃尔玛的盈利方式，我们可以看到沃尔玛超市正
是我们上面讲的"长尾模式"，一站式的购物场所和丰富的商品类别
满足了消费者的众多需求。沃尔玛的盈利模式主要有以下三个方面
的表现：

首先，薄利多销是沃尔玛盈利模式的重要特点之一，沃尔玛提
出"帮顾客节省每一分钱"的宗旨，实现了价格最便宜的承诺。传
统零售行业的价格战一般仅仅是通过降低商品标价、组合营销等手
段来实现的，而沃尔玛是通过降低采购费与物流成本形成低价商品
的上架，从源头上控制了资金的支出，相比于其他零售企业，沃尔
玛这一方式本身就已经盈利了。

沃尔玛的低价是建立在低成本之上的。在商品供应上，沃尔玛
为了能够争取到最低的价格，取消了中间商的环节，直接与供应商
联络，与供应商形成了友好的合作关系。沃尔玛不仅仅是原地等待
供应商供货，还直接参与一些大型供应商的生产计划，共同探讨和
制定产品的供货周期，甚至帮助供应商进行产品质量检测等。在运
输成本上，沃尔玛建立了自己的物流配送系统，在美国拥有自己的
商业卫星，实现了全球联网，通过网络使配送中心、供应商以及每
一个销售点都能形成在线作业，在短短数小时内就可以完成这个配
送流程，不仅使商品配送更加快速便捷，还极大地降低了运输成本。
沃尔玛还是"进场费"的坚决反对者。沃尔玛在美国市场对商品进

山姆会员商店（Sam's Club）

场的准则就是只要质量过关，有相关赠品就能够进入卖场，这样，不仅取得了与供应商的长期合作，也让供应商的商品价格略低于其他卖场超市。

低价策略是沃尔玛超市成功的重要途径。沃尔玛掌握着高效的信息系统与现代化的物流配送系统，低成本产生了低价商品，低价并不意味着低利润，让其能够长期保持"天天低价"的品牌定位。

其次，品牌塑造与市场细分让沃尔玛拥有众多忠实顾客。在沃尔玛的各个环节运营中，企业制度和文化对沃尔玛的持续成功发挥了重要的作用。沃尔玛公司秉持着"服务顾客、尊重个人、追求卓越、诚信行事"四项基本信仰，从而更具有竞争力。

为了贯彻顾客第一的理念，沃尔玛在管理中提出了三个原则：日落原则，即今日事今日毕，对于顾客的需求和反馈能在当天满足的绝不拖延到其他时间；比满意更满意原则，即服务要超出顾客的预期，给顾客带来意料之外的消费满足；"10 英尺原则"，即如果顾客出现在工作人员的视线里是 10 英尺距离以内的，工作人员必须主动向前询问提供帮助。顾客第一服务理念让消费者与企业的关系更加密切，进而带动了消费者的长期稳定消费。另外，沃尔玛在公益活动上大量的长期投入也大大提高了品牌好感度，成功塑造了品牌在广大消费者心目中的卓越形象。

沃尔玛针对不同的目标消费者，采取不同的零售经营形式，分别占领高档、低档市场。例如，针对中层及中下层消费者的沃尔玛平价购物广场，只针对会员提供各项优惠及服务的山姆会员商店以及深受上层消费者欢迎的沃尔玛综合百货商店等。目前，山姆会员商店已在中国开设了 14 家。山姆会员商店区别于"长尾模式"，只精选同类商品中最佳品质或者最畅销品牌，包括生鲜食品、干货、家电、家居、服装等品类，既帮助会员免除挑选商品的烦恼，也可

南京山姆会员商店

以为会员节省时间和金钱。沃尔玛创始人山姆·沃尔顿曾说："所有同事都是在为购买我们商品的顾客工作。事实上，顾客能够解雇我们公司的每一个人。他们只需到其他地方去花钱，就可做到这一点。衡量我们成功与否的重要的标准就是看我们让顾客——'我们的老板'满意的程度。让我们都来支持盛情服务的方式，每天都让我们的顾客百分之百地满意而归。"

最后，账期盈利也是沃尔玛的重要利润来源。零售业实际上追求的是钱生钱的资本利息。现代零售业不再是一手交钱一手交货的传统模式，而是商家先拿货，一定时间后再给厂商付款（这段时间称账期天数），而商家要确保用多长时间才能在向供货商付款时保证这些货已经卖出，也就是账期天数要保证大于库存天数，所以资金周转率对于零售行业相当重要。

由于高效的物流渠道和巨大的订单销量，沃尔玛的库存率较低，库存天数也比普通超市略少。举个例子，我国的零售商的库存天数一般需要 20 多天，沃尔玛在 17 天左右，而沃尔玛的账期天数能达到 62 天，那就是说它的自由资金在银行停留的时间比普通零售商要长，为 62-17 = 45 天，假如沃尔玛每天的销售额为 60 亿元人民币，那么 45×60 = 2700 亿元，也就是说沃尔玛可以拥有 2700 亿元的资金贮备量，这样庞大的资金贮备又能够支撑沃尔玛办理小额贷款等金融业务。账期盈利占据了沃尔玛盈利总额的相当一部分，高效的资金周转是企业经营管理的重要体现。

除以上三个突出的盈利特点外，商业地产、数据提供、独家代理、进出口平台的建设也是沃尔玛盈利的重要来源。作为有着五十多年历史的零售企业，沃尔玛并没有因循守旧，而是重视电子商务的发展和科技的运用，不断满足消费者的需求，为人们创造更好的生活。

万达文化产业集团

**※ 分析案例　万达：房地产企业如何转变文化产业企业？**

　　万达文化产业集团是万达集团于 2012 年成立的文化产业类集团，涉及电影放映制作、电影科技娱乐、连锁文化娱乐、报刊传媒、中国字画收藏等多个行业。万达文化产业集团自成立以来就以强劲的势头进入文化产业的各个领域。 2017 年上半年，万达电影实现营业收入 66.15 亿元，同比上升 15.6％，实现净利润 8.87 亿元，万达影业再度摘得 A 股影视类公司的盈利桂冠。文化产业将成为万达集团发展和扶持的重要方向之一。

　　万达文化产业集团包括以下几部分的内容：

　　万达影视是全球收入最大的电影企业，包括影视制作、发行、放映、影院建设等。目前万达在全球拥有 1352 家影城、14347 块屏幕，2016 年占全球 12％票房市场份额。

　　万达主题娱乐公司是中国最大的主题娱乐企业，在中国经营管理着 5 个超大型旅游项目，特大型的集文化、娱乐、商业、旅游于一体的万达城将在中国越来越多。

　　万达宝贝王公司是世界最大的儿童娱乐连锁企业，拥有宝贝王乐园和宝贝王早教俱乐部两大品牌，形成 以 IP 为核心的儿童娱乐消费全产业链。目前已在全国开业 115 家店。

　　万达体育是世界最大的体育公司之一，成为国际足联、国际篮联等十多个体育组织的独家合作伙伴，在全球众多国家运营足球、冰雪、自行车、篮球等二十多项体育运动。

　　另外，万达控股的圣汐游艇公司能独立完成豪华游艇的全部设计与建造，被誉为海上劳斯莱斯，是英国皇室专用游艇品牌；万达专注收藏中国近现代一流名家字画，二十多年已收藏百位大师千幅馆藏级作品，市值超百亿元，多次代表国家参加对外交流活动。

　　众所周知，本身是做房地产的，自从 2006 年正式进入文化产

万达影城

万达宝贝王

西双版纳万达主题乐园

无锡万达城

台州万达广场

业以来，万达集团为了企业转型升级、确立新的竞争优势，开始逐渐加大对文化产业的重视与投入，缔造了万达文化帝国。万达集团的业务范围从房地产到文化产业，也就是我们上面说的跨界模式中的行业跨界。如万达集团董事长王健林所言，万达文化产业有以下几个特点：

多种要素组合：万达的文化产业运作更像是一套组合拳。无论是旅游还是电影，万达旨在融合多方元素，要素组合越多，规模越大，威力越强。例如万达文化旅游项目集成科技、文化、旅游、商业要素，实现文化、旅游、商业的三位一体。如武汉中央文化区，是万达集团投资 500 亿元人民币打造的文化旅游项目，包含十个文化项目，其中有全球首个电影科技乐园和汉秀两个重大文化项目，商业步行街、万达广场的建立使楚河汉街成为城市历史文化和经济效益相辅相成的文化工程。

突出中国元素：万达把文化旅游作为文化产业主要发展方向，重视传统文化的培育，让每一个项目有自己的灵魂。比如西双版纳主题公园设计了热带雨林、茶马古道、蝴蝶王国、水上乐园等几个园区，都具有浓郁的地方特色。万达还要求所有主题公园都要有几个全球独一无二的大件游乐设备。在万达文旅的众多项目中，我们都可以看到传统文化的影子，万达将科技融入文化，使传统文化更好地呈现在观众面前。

自主知识产权：万达文化产业项目十分重视自主知识产权的培育和发展，如果自己做不了，就要求委托设计并买断知识产权。例如武汉中央文化区的汉秀节目，汉秀的移动 LED 在解放军总装备部机械院的支持下，经过无数次修改、试验，终于获得成功，不仅实现了多角度、多方向自由移动组合的拍摄，也是万达文旅的一项重大知识产权。

武汉万达汉秀剧场

武汉万达电影科技乐园

云南万达主题乐园傣秀剧场

云南万达主题乐园蝴蝶王国园区

万达水上乐园

完整产业链：万达文化产业致力于在每个行业都做成一条完善的产业链。以万达影视为例，万达影视传媒公司不仅仅能够进行影视作品的开发与制作，还能进行后期的宣传与发行，能够建立全方位的营销渠道，是中国影视公司中具有一定影响力的公司。

除以上的几个特点外，万达文化产业还有高科技含量、整合全球资源等特点，万达跨界模式之所以能够做大做强，离不开万达文化产业在运营中的这些特点。2017年上半年，万达文化集团收入308亿元，是各个行业创新内容、发展模式、相互配合的结果，万达为成为世界一流文化企业而努力奋斗着。王健林说："所有行业都有天花板，唯独文化产业是没有的。"

随着市场经济的激烈竞争和互联网时代的到来，商业模式不再是固定不变的，每个企业的商业模式都在随着市场与科技的变化而不断探索和改进，试图把新的商业模式引入生产体系，以新的有效方式、盈利模式获得企业的长足发展。下面，我们简单介绍一下我国目前比较流行的几种商业模式。

扫码听书

第二节
如何设计 O2O 模式

O2O（Online To Offline）营销模式又称离线商务模式，是指线上营销线上购买带动线下经营与消费。O2O 通过打折、评价、服务预订等方式，把线下商店的消息推送给线上用户，从而将他们转换为自己的线下消费者。

※ **分析案例　滴滴出行：靠什么成为全球估值最高的初创公司？**

以滴滴出行为例，随着滴滴出行与快递打车和 Uber 的合并，我国国内出行类 APP 目前已经形成了滴滴出行一家独大的局面，加之阿里巴巴、腾讯的投资加注，滴滴出行前景广阔。消费者可以通过滴滴出行 APP、微信钱包、支付宝、高德地图等移动客户端上找到适合自己出行的方式，然后寻找司机与车辆并且到达指定地点，最后实现网上交易。目前，滴滴出行的业务涵盖了出租车、专车、顺风车、巴士、代驾等，几乎包含了所有的公路出行方式。在最近几年的网络新贵中，滴滴出行自 2012 年成立，2013、2014 年打开市场，消灭对手，2015 年顺利完成商业合并、扩张业务对接平台，而后试水商业化，整个过程推进速度和对商业节奏的把握，都是相当亮眼的。

滴滴在中国 400 余座城市为近 3 亿用户提供出租车召车、专车、快车、顺风车、代驾、试驾、巴士和企业级等全面出行服务。多个第三方数据显示，滴滴拥有 87% 以上的中国专车市场份额和 99% 以上的网约出租车市场份额。2015 年，滴滴平台成为全球仅次于淘

滴滴出行

饿了吗

美团外卖

携程

宝的第二大在线交易平台。作为全球最大的移动出行平台，一方面，滴滴提供了多种出行方式，改变了消费者的出行方式，不仅缓解了城市打车难的问题，也缓解了城市交通压力，真正促进了居民绿色、低碳、环保生活的实现；另一方面，出行消费带动了司机的收入，滴滴司机这一新兴职业出现，拉动了就业率。2015 年，滴滴入选达沃斯全球成长型公司，2017 年 4 月，滴滴出行宣布完成新一轮超过 55 亿美元融资，千亿估值让滴滴出行成为继 Uber 之后全球估值最高的互联网初创公司。滴滴出行虽然在司机管理、一线城市户籍限制、交通安全保障、消费者付费等方面还面临着很多难题，但是已经将 O2O 模式运用得炉火纯青。我们期待它为行业内外带来更大的惊喜。

此外，还有以携程网、去哪儿网为代表的旅游业，以美团、大众点评为代表的基础消费业，以饿了么、美团外卖为代表的外卖行业也都是 O2O 模式的代表。O2O 模式是我国目前互联网公司的重要模式之一。在 O2O 模式里，线上宣传使得线下产品的知名度得到了更好的曝光，消费者通过线下的亲身感受服务也让线上的操作更加方便快捷，O2O 模式的互动性拉近了商家和买家之间的距离，预约、评价等方式使消费者更了解商家，也使得商家通过更加便捷的途径来优化改善自己的产品和服务，使双方的需求得到满足。

扫码听书

第三节
如何设计社群模式

　　随着互联网时代的发展，人与人之间的交流也越来越方便快速，有共同爱好的人聚集到一起，也就形成了社群。简单地说，社群也就是我们几年前所提的"粉丝群"，与粉丝群不同的是，社群所追求的不再是一个大众视野下的明星，而是一个 IP，它可能是一个代购、一个动漫人物、一个时尚品牌、一个网络大 V 等等。

　　社群首先是一个社会范畴，其次是一个商业范畴。以微信朋友圈为例，这是我们日常生活中常见的社群，社群的第一层含义，是以某一个人为中心而形成的群体，人们在这里实现信息互通与情感交流，这时候微信朋友圈仅仅是一个社交工具，社交范围大部分为熟人社交。但当我们成为一个代购、一个品牌宣传者后，社群经济就产生了。以微商为例，微商通过发布朋友圈、建立微信群等方式为自己出售的产品做宣传，社交范围也逐步扩大到陌生人，从而获得一定的社群收益。这就是社群的商业范畴，也是典型的社群盈利模式。

　　※ 分析案例 《罗辑思维》：靠什么成为自媒体首富？
　　"自媒首富"罗振宇一手创立的《罗辑思维》自媒体，是一个读书分享类的语音节目，该平台每天定时向粉丝语音推荐一本书，粉丝通过转发、分享公众号的活动、文章，使平台实现了负成本连接，粉丝群体也成为国内影响力较大的互联网知识群体，2015 年《罗辑思维》完成 B 轮融资，估值 13.2 亿元人民币。后来罗振宇与网络红

《罗辑思维》创始人罗振宇

罗辑思维跨年演讲《时间的朋友》

人 papi 酱合作卖出了 2200 万元的贴片广告费吸引了众人的视线。目前,《罗辑思维》正在为成长焦虑的人群提供解决方案,罗振宇作为"罗辑思维"社群的意见领袖,通过充满思考性的话题引起粉丝的共鸣,重视粉丝的参与性、实行会员制度。随着知识社群的口碑传播和垂直运营,《罗辑思维》不再是简单地推荐书单,还有课程、商城商品、衍生图书甚至衍生食品的销售。当然,消费者对于《罗辑思维》的相关消费不再是单纯的商品用途消费,更是一种精神消费、社群消费。虽然有人认为《罗辑思维》是披着鸡汤外衣的粉丝营销,但不可否认《罗辑思维》的成功对自媒体的社群运营具有一定的启示性。

事实上,微信、微博等平台早已不再是单纯的聊天、社交的工具,社群媒体渗透到生活的方方面面,正在慢慢颠覆商业模式与消费者行为。随着市场分化的进一步加深,目标用户的分众化日趋明显,消费者的社群化将成为常态,企业要做的是打造属于自己的社群,并随时发布聚焦性的内容,与社群成员进行互动,保持社群的稳定性。

扫码听书

# 第四节
## 如何设计共享模式

共享模式，顾名思义，是通过租赁的方式让消费者拥有商品的使用权而不是占有权，使闲置资源获得最大化的利用。共享经济在"互联网＋"下孕育而生，因其高效的资源利用率和较低的价格获得了消费者和市场的认可，影响着人们的方方面面。从不被认可到被大众所接受，共享模式这种"乌托邦式"的商业模式正在慢慢改变着消费者的消费习惯和产品获取方式。

### ※ 分析案例　ofo 单车：靠什么成为中国共享单车第一？

在我国，共享模式中最火爆的莫过于共享单车行业。近日，易观发布了 2017 年 6 月中国共享单车市场统计报告。报告显示，2017 年 6 月，ofo 共享单车、摩拜单车分别以 51.9％和 45.2％的比率占据着中国共享单车 APP 活跃用户的覆盖率。可以看到，我国共享单车行业已经到了洗牌中期，ofo 与摩拜占据了几乎全部的话语权，挤压着其他共享单车企业。目前，多家权威数据机构证实，ofo 已稳居第一。

以 ofo 为例，消费者可以通过微信、支付宝和 ofo 官方 APP 解锁周边的小黄车，并通过线上支付的方式使用小黄车，小黄车遍布校园与各大城市，以其便捷的交易方式和自身轻盈方便的特点获得了消费者的青睐。同时，众多明星为其助力，纷纷在各大平台上展示他们骑小黄车的照片，让小黄车不仅成为一种出行方式，还成为现代年轻人的一种潮流趋势。同时，共享模式带来的资源浪费是

共享单车

必不可少的。城市出现大量单车"垃圾堆"，乱放乱停的现象屡禁不止，还有一定数量的单车被"私藏"，这些问题不仅给企业、消费者、社会造成了困扰，也违背了共享单车的初衷。这些都是未来 ofo 亟须解决的问题。

如今我国已经出现了五花八门的共享模式，例如共享洗衣机、共享 KTV、共享移动电源等。共享模式不仅可以方便人们的生活，改变人们的消费习惯，还可以节约资源，转变经济发展方式，实现经济的可持续发展。目前，我国绝大部分共享模式的商业运营仍然不成熟，共享模式还需要经过时代和消费者的检验，要做到规模化、制度化和可监控性，才能又好又快发展。

扫码听书

## 第五节 如何设计跨界模式

现如今，"跨界"在商业模式中不再是全新的词汇，"跨界"的含义也越来越广泛，不仅企业内部正在实现各个产品的交汇融合，各大行业巨头也纷纷跨界，颠覆传统的盈利模式，寻求跨界的品牌衍生，重构商业模式。在这里，我们把跨界模式分为以下几种：产品跨界、渠道跨界、传播跨界、合作跨界、业务跨界。

产品跨界就是企业推出与自己产品相关度不高的另一款产品作为市场开拓，或者是指企业不仅仅有自己的一款产品，而是有多个产品上下联动，不同产品相互作用，形成企业自身的品牌形象。产品跨界相当普遍，"旺仔大礼包"就是旺旺集团产品跨界联合的一种形式，将零食、饮料、品牌玩具等融合在一起，不仅是一种促销形式，也是宣传企业品牌的一种方式。

渠道跨界主要是指销售渠道的跨界。例如美团外卖、饿了么等外卖网站时兴后，饭店的销售不再是单纯的顾客到店消费，顾客可以通过网络订餐和线上支付实现消费行为，从而拓宽了传统餐饮业的销售渠道。

传播跨界主要是指产品在营销宣传时不再利用传统、单一的广告形式，而是整合多种营销手段，达到高效营销。传播跨界已经成为企业营销的固有模式，我们上面说到的O2O模式在一定程度上也算是传播跨界的一种。例如现在很多商家在开业、周年庆之际都会在互联网上宣传自己的促销活动与活动内容等，一方面扩大了信息传播范围，另一方面为商家制造了一定的社会舆论。

合作跨界是指不同行业的企业通过某一种形式进行合作。不同业态的融合是目前跨界模式中比较常见的，合作跨界能够实现企业的双赢，获得 1 + 1 > 2 的效果。例如滴滴出行联合"同道大叔"（知名星座大 V ) 打造了趣味星座主题快车，一个是出行类 APP，一个是星座类大 V，两个看似不可能的 IP 跨界合作，给消费者带来了双重消费体验。

业务跨界是企业不局限于自身所处的领域，将视野放在其他行业，实现盈利模式的"多条腿走路"，像阿里巴巴本来是互联网企业早早就试水了房地产行业，万达作为地产企业成立了万达文化产业集团，等等。业务跨界模式如果做好了可以让企业一战成名，成为企业实现自身蜕变的机会，但是如果企业没有清醒的自我定位，看到什么领域市场大赚钱快就盲目扑过去，不但会扰乱行业秩序，也会导致进入自身并不熟悉的行业后力不从心，无力支撑。

扫码听书

# 第六节 如何设计免费模式

免费模式即消费者在使用产品的时候是不掏钱的，企业为消费者提供的产品或服务并不承载盈利的作用。这种盈利模式有以下几种运营方式：第一种是先做一个免费的主力产品进入市场聚集用户、吸引粉丝，然后再通过流量变现，让消费者消费其他关联产品；第二种是限时限量免费类，指商家提供的产品或服务在一定时间段内是免费的，或者是商家为消费者提供一定数量的免费商品，常见的像电商网站上的一分钱抢购；第三种是免费产品或服务本身承载的只是广告营销作用，例如超市里试饮、免费品尝等活动，这时的免费商品更多的是宣传产品的作用。

### ※ 分析案例　360：靠什么打破市场垄断的局面？

以 360 公司为例，360 公司是我们上面说的第一种免费模式，其核心产品 360 安全卫士和 360 杀毒自从进入市场以来就打着"永久免费"的旗号，一经推出就打破了已有市场的垄断局面，并迅速占领了国内安全软件市场。虽然占领市场的是两款免费产品，但是360 安全卫士与 360 杀毒所肩负的重要任务是把 360 安全浏览器、360 极速浏览器、360 桌面等其他产品推荐给用户。这样，360 其他产品迅速在免费安全软件的带动下收获了一大批用户，终端基础越来越雄厚，广告收益也就随之增长。

近日，艾梅咨询权威发布《2017Q1 中国移动应用商店季度监测报告》，报告显示，360 手机助手以 42.6% 的比例持续占据 2017年第一季度中国第三方移动应用商店活跃用户的第一名。360 的免费模式不同于传统的免费营销模式，传统的免费产品或是有短短的试用期，或是充斥着大量的广告，从长期看来，并不能为消费者带来服务价值，而 360 十分重视用户体验与产品口碑，主营业务的免费与便捷性，是其培养消费者忠诚度与用户依赖性的最大渠道，是其实现广告及增值服务收益的前提，也为其产业链发展提供了平台。

"世上没有免费的午餐。"企业无论通过上面哪种免费模式打开市场的方式本身就是对自身人力、物力、财力的损耗，免费模式的首要目的是吸引消费者，产生关注度和可观的订单数量，要保证免费模式背后的经济效益，否则，一味地推行免费产品而没有切实可行的模式运营，只会入不敷出。

扫码听书

第七节
如何设计全返模式

　　全返模式俗称"返利模式"，是消费者消费后商家或者某个平台返还给消费者一定产品或者金钱的模式。在日常生活中，常见的全返模式例如移动、联通公司的充话费活动，"充话费送手机""充多少送多少"，看似消费者从中获得了特别大的优惠，但送的手机只能用指定的电话网络，送的话费也会被分散到未来几个月甚至几年的月租里，这样成功绑定了用户，实现了消费者与企业的长期黏性关系。

　　此外，互联网上的全返模式有返利网、米折等网站，主要是指消费者通过该网站进入淘宝、天猫、京东等各大购物商城购物，消费后可以获得这些网站的现金、积分奖励，最终提现的过程。返利模式为电商引流用户，再从电商返还的利润中按比例抽取给消费者，一方面为电商吸引顾客，另一方面为消费者提供了优惠。全返模式是一种促销的消费方式，切中了消费者追求廉价商品的心态，成为打价格战的商家的一种重要模式。

　　目前，由于电商本身利润单薄，能给返利网站的佣金本身就不高，我国互联网全返模式还存在着良莠不齐、信息不对称、消费者权益得不到保护等现象，行业巨头还未出现。实体经济中全返模式也有虚假宣传的嫌疑，很多商家玩文字游戏，让消费者对全返模式存在一定的疑虑与抵触心理。像免费模式一样，"世上没有免费的午餐"，商家不仅要自觉避免虚假宣传，还要参透全返模式背后的商业价值，避免入不敷出。全返模式还需要寻找适应时代与消费者需求的运营方式，创新模式内容，增强用户黏性。

扫码听书

第八节
如何设计长尾模式

根据维基百科，长尾概念由杂志主编克里斯·安德森提出，用来
描述诸如亚马逊之类网站的商业和经济模式。这个概念描述了媒体
行业从面向大量用户销售少数拳头产品（关键性产品），到销售庞大
数量的利基产品（普通产品）的转变。虽然销售的为大量利基产品，
但企业总体营销额仍然不会少于传统的面向大量用户销售少数拳头
产品。

### ※ 分析案例　ZARA 品牌靠什么超过同类品牌？

以西班牙快时尚品牌 ZARA 为例，这家一站式时尚品牌在全球
88 个市场开设了超过 2000 家门店，2016 年 ZARA 在英国的销售
额已经突破了 6 亿英镑，ZARA 母公司 inditex 在 2016 年交出了净
利润上涨 10% 的成绩单，稳超 H&M 等快时尚品牌，而且未来将会
持续上涨。

"快时尚"的三大特点是指时间快（主要指从上新到销售的时
间）、价格低廉、紧跟时代潮流。这三大特点中，重要的就是"快
速"。一方面，ZARA 不断强化进货与销货的渠道，实现高效的零售
渠道，加快整个供应链的流通速度，据了解，每周 ZARA 各店长直
接向西班牙总部下单，总部在 48 小时内将货物送到门店；另一方
面，ZARA 重视对时尚潮流的把控与反应速度，及时捕捉潮流元素
并且快速设计，锁定追求时尚的普通年轻人，抢占低价潮流市场，
有时甚至会出现大牌奢侈品还未上架，ZARA 已经将其中的时尚元
素融入自己的服装并开始出售了。ZARA 每年推出上万款服装，即

ZARA 店铺及卖场陈列

使是畅销款，ZARA 也有限供给。通过制造消费者的饥饿感的方式，
ZARA 拥有了一大批忠实粉丝。低价、潮流、多样的 ZARA 服装深
受消费者的喜爱，使其在同类快时尚品牌中获得了较大的利润。

　　长尾式商业模式的核心是多样少量，它需要低库存成本和强大
的商业平台。随着消费者"求异"心理的深化，越来越多的人不喜
欢与别人撞衫，"多样少量"也将是未来服装行业乃至其他行业发展
的趋势。由于长尾模式追求的是无限小众的价格总和，那么就要依
托于精准快速的数据化分析和顾客信息反馈，ZARA 低库存率、高
汰换率的长尾模式值得我国很多企业学习。

　　以上只是我总结的一些现如今比较流行的商业模式。此外，每
个行业都有自己的盈利方式，文化产业的各个行业也有自己的不同
的商业模式。商业模式不是固定不变的，它随着时代的变化和企业
自身的发展需要而不断调整，不仅旧的商业模式会被赋予新的内容，
新的商业模式也会层出不穷，在这里我们不再详述。

张普然老师项目地考察与指导

**小结**

扫码听书

现代管理学之父彼得·德鲁克说："当今企业之间的竞争，不是产品之间的竞争，而是商业模式之间的竞争。"商业模式对于企业的发展越来越重要，甚至可以说是关系着企业的生死存亡、兴衰成败。商业模式就是企业经营方法的变革，企业通过改变收入模式、升级内部结构、调整产业模式、实现技术升级来实现商业模式的变革。

商业模式的运作不仅受制于外部的经济环境、消费者需求、企业发展阶段，也要求企业内部的经营、执行、资源整合等高效协调运作。设计者必须深刻了解企业自身和外部环境的具体情况，为企业设计出一条适合当前发展的盈利模式，并且随着时代和消费的变化不断赋予盈利模式新的内涵与适应时代发展的运作方法，为企业的发展做长远打算。

虽然商业模式的选择与创新很重要，但挑战也很大，商业模式是无形的，并且是会随着外部环境的改变而不断改变的，它远不如产品塑造那么具体，而且也是一个相对较新的概念。目前，围绕商业模式的讨论缺乏统一性和准确性，造成了很多认识上的误区。企业在选择商业模式时，也要注意谨慎行事。

# CHAPTER
## 第三章

文化产业
## "智"识文化品牌塑造

WISE UNDERSTANDING OF BRAND
BUILDING IN CULTURAL INDUSTRY

扫码听书

　　回到我们前面所讲的马太效应，某个行业或产业的产品或服务，品牌知名度越大，品牌的价值越高，其忠实的消费者就越多，势必其占有的市场份额就越大。反之，某个行业或产业的产品或服务，品牌知名度越小，品牌的价值越低，其忠实的消费者就越少，势必其占有的市场份额就越小，最终将导致利润减少、被市场淘汰，其让位的市场将会被品牌知名度高的产品或服务代替。这就是品牌资本的马太效应，也是在品牌资本领域内普遍存在的市场现象：强者恒强，弱者恒弱，或者说，赢家通吃。

　　那么，品牌到底是什么呢？"品"，代表着品质、品位、品尝；"牌"，意味着牌子、标签。那么，"品牌"则是带有一定品质、品位的标签、牌子。品牌的英文是 brand，意思是烙印，引申下来，也就是能够让消费者印象深刻的形象。

　　狭义上的品牌是一些有形的存在，例如公司的名称、产品或服务的商标、口号等，是各种具有一定物质形态并且区别于其他竞争者外在形象的内容。广义上的品牌则不仅仅是一种识别标志，还是一种具有品牌个性的精神象征、价值理念、企业文化等等。

　　**"智"识文化品牌塑造　创造你的品牌信仰**

　　品牌，是企业精神风貌的象征。品牌与它背后的企业有着紧密的联系，一个品牌的定位很可能就是企业自身形象的定位，因此，创造与企业精神风貌相似或相同的品牌是一个企业传播自己的企业理念、塑造社会影响力、推销产品服务必需且必备的。文化产业涉及范围十分广泛，在世界文化产业领域，有很多成熟的文化产业品牌，例如影视行业的好莱坞、横店影视城，动漫行业的迪士尼、漫威，旅游行业的张家界、平遥古城、乌镇，演艺行业的《云南印象》《印象刘三姐》，音乐行业的华纳、滚石，体育行业的 NBA、

成熟的文化产业品牌

爱马仕（Hermes）商店

路易威登（Louis Vuitton）店铺陈列

CBA……虽然无论是世界还是中国，响当当的文化产业品牌已经数不胜数，但是在我国，更多的文化企业并没有形成自己的品牌。

美国学者福莱姆在《符号的战争：全球广告、娱乐与媒介研究》一书中首次提出了"符号的战争"这个概念，不但提出了文化产业符号的本质，而且敏锐地看到了文化产业中各个企业品牌的战争。一个企业的精神风貌是可以通过品牌体现出来的，例如路易威登（Louis Vuitton）、香奈儿（Chanel）、爱马仕（Hermes）等国际大牌，首先给人们的第一个印象便是"奢侈品"，就是时尚、昂贵、来自欧洲等标签，所以无论是这些牌子旗下的任何子品牌、分支产品，都给人这样的印象。这就是品牌效应，我们未必能接触到他们的企业或者全部产品，但是他们所创造出来的品牌却远远影响到了我们，他们所传达的企业理念与精神风貌早已深深烙在了消费者的意识中。

品牌，是产品质量和信誉的保证。一个品牌有一定的知名度后，要想留住忠实顾客，必须要提升自身的产品质量与信誉。品牌推出之初，消费者出于好奇，会有冲动消费的行为，但是要想让消费者再次购买产品或者进行口碑推广，品牌就离不开良好的产品质量。例如"海尔"，1985年海尔首席执行官张瑞敏突击检查仓库发现76台不合格产品，立即当众砸毁，不仅砸醒了海尔人的质量意识，更是得到消费者的一片叫好，如今，人们提到"海尔"家电，就是优质的产品和高效的服务。

品牌与信誉度相辅相成，好的信誉度能够促进品牌的推广，同时，品牌也制约着产品输出的质量，使企业在生产与创新的过程中根据品牌定位而运行，明确的品牌意识能够规避企业走向违背市场与消费者的另一端。另外，良好的品牌也让消费者对产品质量与企业信誉充满信心，品牌意味着企业较高的质量与良好的信誉，从而

可口可乐宣传海报

百事可乐宣传海报

提升消费者对品牌的忠实度。

品牌，为企业长期盈利保驾护航。品牌一旦深入人心，就意味着信任、利润和长久。在经过品牌的推广与质量的检验后，消费者才能逐渐对品牌建立信任，而消费者一旦跟品牌产生信任关系，对该品牌的消费也将会逐步增长，这样，企业的收入也将会持续增长。一个品牌从培育到宣传再到深入人心持续盈利，不是一朝一夕，而是一个漫长的过程。

可口可乐和百事可乐早已在世界闻名遐迩，但仍然常年在市场投放广告，除维系与市场的关系不被消费者遗忘外，也是不断深化品牌形象、获取企业绵延不绝的利益的必然选择。一个响当当的品牌形象并不是一成不变的，随着市场与社会的变化，企业也在不停地赋予品牌新的内涵，使之更加符合时代潮流。如何通过品牌体现企业的精神风貌，使之成为产品质量和信誉的载体，为企业长期盈利保驾护航，是接下来我们要解决的问题。

扫码听书

CIS 是企业品牌策划所必备的思想行为体系，是英文 Corporate Identity System 的缩写，翻译过来也就是企业形象识别系统。CI 即企业个性，也就是企业通过一定的渠道和方式向公众展示自己，使公众获得一个关于企业的标准化的、差异化的印象与认识，这种印象，也就是所谓的品牌形象。CI 不仅仅是企业的一种精神体现，也是企业在面对市场竞争时的一种差异化策略。CIS 能够帮助企业系统性地向大众传播企业的形象，从而获得消费者的感情认同，然后通过产品消费培养消费者的忠实度，实现长期盈利。

CI 一般分为三个方面，即企业的理念识别——Mind Identity（MI）、行为识别——Behavior Identity（BI）和视觉识别——Visual Identity（VI）。

### 3.1.1 企业理念识别（MI）

企业理念识别，顾名思义，是企业理念的传播。企业理念识别是企业形象识别系统的精神内核，一般来说，行为识别与视觉识别必须围绕理念识别而进行。企业理念识别是企业文化的概括表现，它是在企业审视自身与市场环境后，用以规范企业日常的行为和管理，并且指导企业发展方向的理念性存在。

※ **说明案例　什么理念让麦当劳成为快餐领军者？**
麦当劳的理念就是 QSCV。其中，Q（Quality）是指质量、品质，保持对原料要求的高标准，永远让顾客享受品质最好、味道最纯正的食品，从而建立起高度的信用。S（Service）是指服务，包

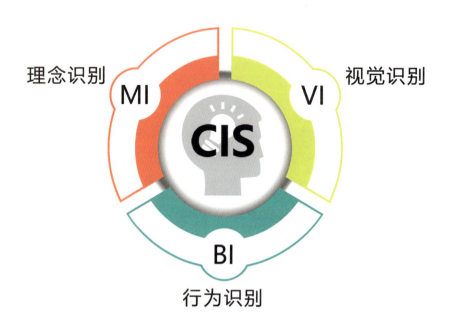

理念识别　MI　CIS　VI　视觉识别

BI

行为识别

CIS（企业形象识别系统）

麦当劳

括店铺的舒适感、营业时间的方便性和销售人员的服务态度等。C（Cleanliness）是指卫生、清洁，员工上岗操作前要严格控制自己的卫生，工作中均需不停地做清洁工作。V（Value）是指价值，意即提供最有价值的高品质的物品给顾客。经过科学配比，营养丰富并且价格合理的食品 + 清洁的环境 + 快捷的服务，结合起来，就叫"物有所值"。面对现代人高品质的需要水准、多样化的喜好，Value，就是要创造和附加新的价值。麦当劳 QSCV 理念成为快餐行业当中企业理念识别的典型，长期以来，麦当劳凭借其优质的品牌理念，打造了鲜明的品牌形象，拥有着大量的品牌粉丝，使其在快餐行业中立于不败之地。

### 3.1.2　企业行为识别（BI）

企业行为识别是指企业在外部运营与外部运作时所采取的一种行为准则。行为识别是企业形象识别系统中的"做法"，是对企业对内、对外一系列行为的具体指导方式，是企业理念诉诸计划的行为模式，包括管理培训、行为规范、公共关系、营销活动等行为。通过实际行动塑造企业的形象，产生一定的行业、社会影响力。企业行为识别主要分为企业内部行为与企业外部行为。

企业内部行为主要是针对企业员工行为而言，通过对员工进行企业宗旨理念的灌输和教育，从而引导员工与企业理念的行为一致。小米公司通过企业文化建设、企业内部环境和人文的营造，不断改革员工培训机制和激励奖惩机制，拓宽内部沟通渠道，重视创新、人本、学习、服务等理念，使小米公司不再是一个终身雇佣的组织，而是一个有序紧张、充满活力的团队。这样，企业不仅能够吸引人才，也能够使员工自觉不自觉地向外界展示企业形象。

企业外部行为主要是指企业通过行为活动影响社会公众对其品

米粉节活动

复兴文明集团标志

牌的认知，使企业形象深入消费者心目中。主要表现在开拓市场调查、善于收集顾客回馈、举行社会公益文化活动、利用公共关系传达理念、通过营销活动宣传品牌等，利用消费者可见的手段对企业进行形象塑造

**※ 说明案例　小米：靠什么吸引粉丝？**

小米公司设置了小米之家、微博、米聊等咨询途径，又有快速省心的售后服务，小米官网有长期的企业团购、以旧换新等活动，米粉卡、米聊、米币、米粉俱乐部的活动时刻给客户带来超值的体验。这一系列外部行为使得小米公司形成了自己独特的企业形象，小米"为发烧而生"的产品理念深入人心，吸引了一大批发烧友。

### 3.1.3　企业视觉识别（VI）

企业视觉识别是企业所独有的一整套识别标志，也就是我们上面所讲的狭义上的品牌概念。它是企业理念的外在的、形象化的表现，其重点在于企业形象的"可视性"。目前，就大部分企业而言，企业视觉识别系统就是企业形象的全部信息载体。

企业视觉识别系统的全部要素分为基本要素和应用要素。其中，基本要素主要是指企业名字的标志、字体、颜色与企业的吉祥物及企业商标等。一般来说，要求各个基本要素之间有关联，有相同或者相似的形象内涵。而应用要素即基本要素确定组合之后，将其运用于企业的各种硬件设施，例如企业的建筑、内部环境、办公用品、工作服、交通工具等。例如我们复兴文明集团的标志，是由代表红山文化的"中国第一龙"玉猪龙和代表古代遗址的汉宫组成，这个标志与我们复兴文明集团的主要业务与价值追求是一致的，标志再加上旁边的中英文就是视觉识别中的基本要素，而我们把它放在公

锦绣中华主题乐园

成都欢乐谷

七大欢乐谷

司办公室中，放在公司产品、工作服上，放在公司的宣传活动中，就是所谓的应用要素。

※ **分析案例　什么样的主题公园更受欢迎？**

主题公园是现代旅游资源在旅游资源开发过程中产生的新型旅游产物，是根据某个特定的主题，采用现代科学技术，集诸多娱乐活动、休闲要素和服务接待设施于一体的现代旅游项目。1955 年美国迪士尼把银幕上的卡通形象物化成一个游乐园，世界上第一个主题乐园——美国洛杉矶的迪士尼主题乐园诞生了。

在我国，深圳华侨城集团是主题公园发展的开山鼻祖和行业领袖，欢乐谷是其在国内首创的参与体验型主题公园，也是中国第一个自主创新的主题公园连锁品牌。至今，欢乐谷在我国七座城市入驻，它承袭华侨城独有的创想文化内核，集成世界领先的高科技游乐设施、品质精湛的演技节目和深具魅力的文化体验，用"动感、时尚、激情"的品牌个性与丰富内涵，向现代都市人提供愉悦身心的多元化旅游休闲方式与都市娱乐产品。欢乐谷的业绩和它成功的品牌运营是分不开的。

鲜明的品牌形象与定位

从全球来看，迪士尼和环球影城以其旗下的电影题材为主题的主题公园在市场上占据了相当比重。这种主题公园一般都是依托某一部或某一系列的电影而形成一个主题园区，这一类的主题公园在全球范围内已经日益成熟并且逐渐壮大。在国内，世界之窗、锦绣中华等游乐园早已占据了一定的市场份额，要想成为明星项目，必须找到自身的亮点，抓住游客的眼球，逐渐打开市场。

欢乐谷刚刚进入市场，就意识到电影类主题公园市场已经做到了接近无懈可击的地步，深圳欢乐谷一期开始，即将其品牌形象定

上海欢乐谷

北京欢乐谷

位为"动感、时尚、欢乐、梦幻",三期开放后,提出都市娱乐中心的品牌定位,旨在为都市人提供与全世界节奏同步的最时尚、最现代的娱乐方式。这一品牌定位极其精准地与迪士尼区别开来。迪士尼紧抓人们的童年记忆,而欢乐谷抓住了都市人群终日繁忙奔波之余的放松需求。

如果迪士尼乐园的标签是童年与梦幻,那么欢乐谷的标签就是青春与欢乐。上海欢乐谷占地 65 万平方米,拥有阳光城、欢乐时光、上海滩、香格里拉、欢乐海洋、金矿镇和飓风港七大主题园区,从世界各国引进先进的游乐器材,高度重视科技感与娱乐感,是年轻人、家庭出游的一大选择。另外,上海欢乐谷全年推出各种节庆,例如新春滑稽节、踏青季、万圣欢乐节等丰富多彩的活动,丰富了品牌形象,保证了其品牌形象与顾客长期、直接的接触。

多元的文化融合与发展

北京欢乐谷在建设过程中,始终强调将中外优秀的文化成果与现代旅游产品相结合,着眼于从历史文化中寻找主题经营的灵感,同时融入了新的时代特征,体现了对欢乐的追求,个别园区还将中国特色与现代科技相融合,既使消费者获得了前所未有的体验,还传播了中华文化,达到了很好的效果。在北京欢乐谷中,既体现了欧洲文明之源希腊文明,也体现了神秘的玛雅文明、亚特兰蒂斯文明,还体现了中国的香格里拉文明,并创造性地表现了昆虫世界的文明,这些巨大差异的文化背景,都源于"智慧创造情形"的理念,给冷冰冰的游乐器材赋予了某种特定的文化内涵,让游客的玩乐更具有意义。

上海欢乐谷属于华侨城集团旗下的上海华侨城,目前上海华侨城的主营收入为"旅游 + 地产"的模式,此模式推动了华侨城可持续的发展与盈利。华侨城开创的"旅游 + 地产"的典型商业模式同样

欢乐谷欢乐海洋

武汉欢乐谷官方微博

影响了上海欢乐谷，"主题公园＋主题地产"的综合开发策略使上海欢乐谷形成了从上游创意策划到下游实体服务的整体布局。一方面，华侨城开发的主题公园有稳定的现金流入，这为房地产产业发展提供有力支持；另一方面，华侨城房地产快速盈利的特性又有利于主题公园产品的及时更新换代，促进了主题公园良性循环发展，从而形成旅游业与房地产相得益彰、良性互助的态势。

特色的产业衍生与运作

除了地产收入，目前欢乐谷的附属产品经营主要就是旅游纪念品的收入。在欢乐谷的入口处有销售特许商品的商店销售欢乐谷的吉祥物欢欢、乐乐、谷谷的卡通毛绒玩具，印有吉祥物图案的各种特许商品。在园区内还有专门的特色小店销售工艺品、旅游纪念品等。

一个成功的主题公园所创造的不仅仅是一个景区，更是一个著名的品牌，是围绕这一品牌所引发的产品系列。目前，欢乐谷的盈利方式主要是以门票收入为主，在此基础上要挖掘自身资源，积极拓展其他渠道提高收益。未来，欢乐谷打造品牌产业链的路还很漫长。

2020年，中国将成为世界第一大旅游目的地，每年吸引1.4亿之多的国际游客，占全球国际游客总量的8.6％。在全球范围内，主题公园在整个旅游市场的份额占有相当可观的比例。虽然我国主题公园产业处于喜忧参半的局面，但只要能够打造出自己的品牌，精心设计、不断改革，主题公园的前景依然广阔。

扫码听书

第二节
如何传播品牌

我们通过 CIS 塑造了文化产业品牌，接下来就是如何传播品牌形象。一个丰富有力的品牌形象需要同样有力度、有宽度的传播渠道，只有将品牌形象进行最大化的宣传，充分利用各种资源不断创新宣传方式，才能最大限度地获得品牌带来的效果，从而吸引消费者和全社会的注意力，产生一定的利润回报与舆论效应。就目前中国的宣传渠道来说，以旅游产业为例，我总结了品牌营销规划的线上与线下的 11 个"1"工程。

一个官方网站。开设官方网站，除对景区进行介绍外，也进行旅游产品的销售。例如前面我们举例的欢乐谷，不仅有连锁官方网站，而且七个地区的欢乐谷都有自己独立的官方网站。在连锁官方网站上，暖色而明亮的设计让顾客立刻就感受到了青春与欢乐，顾客可以获得全部欢乐谷全区的新闻动态和景区历史简介，同时，还可以从连锁官方网站上买到华侨城集团旗下所有旅游景区的门票。

一个官方微博。以用户量最大的新浪微博、应用最便利的腾讯微博为平台，建立网络自媒体，进行更丰富的信息推广。这些自媒体的应用包括微博活动、微博直播、微博访谈、微博事件策划等等。同样拿欢乐谷为例，七大地区的欢乐谷全部有自己的官方微博，累计共 79 万粉丝，其中武汉欢乐谷微博粉丝最多，为 19 万，其微博主要内容为发布微博福利、发起景区活动节庆、招聘工作人员、宣传景区新项目等，另外，运营博主随时与粉丝互动、在热门微博下评论、及时反馈相关信息，也是十分"吸粉"的行为。

一个淘宝旗舰店。开设淘宝 TMALL 旗舰店，与官方网站链接，进行旅游产品的销售。具体操作：首页进行产品介绍 + 套餐简介；

广州塔景区旗舰店印象广州塔

里面的图片要有风景大图，找专业摄像人员进行大图拍摄，进行相关视频的录制；商品包括旅游线路、旅游纪念商品、消费场所预定等等。广州塔景区、桂林独秀峰王城景区、苏州木渎古镇景区等景区均在飞猪（天猫旅游）有自己产品的专营店。以广州塔景区为例，其店铺分为人气门票（游乐票、观光票、套票等）、推荐纪念品（纪念币、书签、手表、茶具等）、游塔指南（全方位攻略）、印象广州塔（广州塔简介）四部分，其店铺的"描述相符、服务态度、发货速度"均高于同行业，在众多景区旗舰店中也是销量较好的。

一个 APP 客户端。针对现下流行的手机系统安卓、塞班、苹果系统开发手机 APP。现如今，虽然手机应用日益广泛，手机 APP 应用层出不穷，但广大文化产业项目或者文化产业企业都没有自己的成熟 APP 运营，众多景区的 APP 运营并没有较高的下载量与关注度。广大文化产业项目依然依托于其他手机 APP 而存在，例如旅游项目存在于飞猪、去哪儿网、携程、穷游锦囊等，影视项目存在于娱票儿、淘票票、豆瓣等。旅游产业应该学会与各大旅行类 APP 合作，使产业项目在 APP 主页、搜索栏、搜索前排等各个方面"出镜"，加深广大 APP 使用者对景区的印象。

一个官方微信平台。相比于一个 APP 客户端，官方微信平台的运营不仅省钱省力，而且更易于让顾客接受。以西安兵马俑为例，景区内设有大量指示牌让人可以关注其微信公众账号"秦始皇帝陵博物馆"，其中包括专享服务、互动体验、用户中心三大板块，在微信平台上，游客可以购票、预约、观赏、导航，同时，微信平台还定时更新一些相关新闻、讲解历史。另外，微信小程序也将成为企业宣传品牌的新途径。

一个呼叫中心。拥有强劲的客户关系管理能力、自动业务导航能力、交互式协作能力，并可通过基于各业务带包技能特点的路由

微电影《苏州情书》首映礼

图书 ＞旅游/地图 ＞城市自助旅游指南 ＞国内 ＞丽江的柔软时光（第3版）

当当自营 **丽江的柔软时光（第3版）**

双十一返场 5折点击这里＞＞

作者：大番茄传媒机构 编著　出版社：云南人民出版社　出版时间：2012年08月

★★★★★ 1446条评论　我要写评论

当当价

**¥31.50** (7.9折) 定价¥39.90

促　销　电子书加价购 □+1.4元换购《以箭为翅》作者：简媜

配送至　北京市东城区　缺货 满49元免运费∨

服　务　由"当当"发货，并提供售后服务。

关联商品　聊城，有水则灵　轻狂而已·海南岛时光录

1 ＋
－ 　到货通知

分享　送积分3　★收藏商品(514人气)

当当自营 **每个人的江湖书《去你的江湖——行走岳阳》（哥走的不是岳阳，是
江湖）**

双十一返场 5折点击这里＞＞

作者：大番茄传媒机构 著　出版社：北方文艺出版社　出版时间：2012年08月

★★★★★ 55条评论　我要写评论

最值当价

**¥15.21** (3.9折) 定价¥39.00

促　销　电子书加价购 □+2.4元换购《旅行，只带一颗洒脱的心：横穿亚欧》作者：包子哥
　　　　最值当 现在购买享受¥15.21,抓紧抢购 详情＞＞

配送至　北京市东城区　缺货 满49元免运费

服　务　由"当当"发货，并提供售后服务。

1 ＋
－ 　到货通知

分享　送积分1　★收藏商品(38人气)

部分旅游类图书

选择，将客户来电接到最符合要求的业务代表处。这是每一个企业都必须具备的，对此不再累赘。

一系列视频。拍摄一系列微电影、纪录片、电影，在网络及电视媒体上传播。《苏州情书》是国内首部官方城市形象微电影，将城市宣传片与爱情文艺故事融入微电影，将苏州温柔缠绵的情怀与时尚清新的城市特质体现出来。影片不仅仅表达了一个温婉的爱情故事，更是体现了苏州的城市特征，传播了城市形象，使江南水乡隐秘缠绵的气质深入人心。

一套畅销书。编写出版与主题相关的书籍，使其在市面上流通，在文化圈形成一定的影响力，让书籍变成热爱历史文化的热衷者书架上的收藏品。由大蕃茄传媒机构编著的《丽江的柔软时光》《去你的江湖——行走岳阳》《轻狂而已：海南时光录》等一系列旅行书系，以轻松诙谐的笔触和丰富的图片成为国内驴友最喜爱的图书之一。近年来，畅销书作为一种流行文化，受到广大"文艺青年"的追捧，旅行类畅销书不仅能够为驴友们提供旅行路上的指南，也满足了都市人追求大自然、追求自由的心理诉求。

一个旅游形象代言人。选择一位形象良好的公众人物进行景区代言，进行强而有效的形象传播。如微电影、脑洞时间、系列海报等抢人眼球的宣传活动。例如王石与华山、刘若英与乌镇、徐静蕾与斯里兰卡等，每一个形象代言人的气质个性其实也与该文化产业项目的气质个性交相呼应。一般情况下，企业都会找与自己项目有着相似气质，并且具有一定知名度的形象代言人，这样才不会给消费者违和感。

一首主题曲。音乐不分国界，不分地域，无关语言，带给人的共鸣是享受并可传播的，选择一位具有代表性的知名歌手，以项目主题为背景，创作一首脍炙人口的单曲，以传播品牌形象。最常见

乌镇形象代言人刘若英

的是少数民族地区以民族风的流行歌曲宣传自己的区域特色，例如乌兰图雅的《醉美草原》，乌兰图雅作为近年来涌现出来的草原歌手代表人物，凭借着其融合传统草原民族韵味和国际时尚流行元素的极具独特风格和个性的系列代表作风靡中国乐坛，《醉美草原》将传统与时尚融合在一起，民族的与世界的元素相辅相成，形成了独有的新派草原情歌。

一系列大型节庆活动。开办大型的集群活动，形成独有的节庆品牌，带动景区营销及品牌推广。2011 年由赤壁市委宣传部承办的"三国赤壁国际文化旅游节"旨在打造中国优秀旅游目的地品牌，充分挖掘三国赤壁文化内涵及独具特色的赤壁人文、山水旅游资源，展示努力进取、团结和谐的精神风貌，进一步促进旅游产业的发展与经济发展方式的转变。

扫码听书

## 第三节 如何做大品牌

品牌塑造以后，经过对品牌的宣传，品牌在市场有了一定的定位和知名度，接下来，就是将品牌做大做强。只有将品牌形象深入人心，使品牌影响力做到最大，使消费者一旦提到该品牌就有较好的印象和具体的形象意识，将品牌形象落实到实体消费中，企业才能通过品牌获取长期的利润回报。

### ※ 分析案例 《熊出没》：如何让品牌再升华？

《熊出没》是深圳华强数字动漫有限公司出品的系列动画片，该片主要讲述了森林保护者熊兄弟与破坏森林、采伐原木、占领土地开发创业实验田的光头强之间上演的一幕幕搞笑对决的故事。

自从 2013 年 2 月《熊出没之过年》在央视少儿频道播出以后，其 3.85% 的高收视率刷新了央视少儿频道开台以来的收视率，《熊出没》系列的电影、贺岁片、动画以及舞台剧陆陆续续播出，并且呈现稳定增长的态势。根据爱奇艺发布的《2016 年第三季度中国动漫指数》，《熊出没》已经打败《喜羊羊与灰太狼》，登上冠军宝座。此外，《熊出没》还销往俄罗斯、美国等全球几十个国家以及知名的迪士尼儿童频道。动画电影《熊出没·奇幻空间》于 2017 年大年初一上映，凭借精湛的动画技术和引人入胜的故事情节，评分上座率居高不下，不仅一如既往地受到亲子观众的热捧，更在年轻人和白领群体中持续走俏，票房收入一路走高，突破 5 亿元大关，再次刷新《熊出没》系列电影的票房纪录。随着《喜羊羊与灰太狼》系列影视作品近几年逐步走向疲软状态，《熊出没》已经成为国产原创动漫的另一个响当当的品牌。

《熊出没之夺宝熊兵》海报

《熊出没之雪岭熊风》剧照

《熊出没》人物剧照

方特成为《奔跑吧》节目指定主题乐园

方特成为《七十二层奇楼》指定主题乐园

全年龄段的营销

区别于《喜羊羊与灰太狼》,《熊出没》不再将受众定位在儿童群体,而是放宽眼界,提升作品创意,吸引青少年甚至白领消费群体,拓展了受众范围。

2014年《熊出没之夺宝熊兵》大电影上映之前,乐视影业通过新媒体等各个渠道征集"妈妈观影团",举办了独树一帜的"父母审片会",更是成为一时的热门话题。倾听当前国产动漫的另一大群体,即儿童家长的监督和建议,不断提升技术能力与创意内容,使作品获得了老少咸宜的口碑。乐视影业副总裁黄紫燕认为:"这么说一方面让家长知道这部影片的品质,至少是一部传达正能量的绿色动画电影;其次,让大家看到,这并非是一部儿童说教片,可以让家长和年轻人一起乐在其中。"2015年贺岁片《熊出没之雪岭熊风》举行的点映场除邀请儿童和家长、老人以外,还特别开设了教师场和白领场,邀请教师对影片进行分级打分、邀请白领体验Maya-3D制作技术,力图让全年龄段人获得不一样的观影感受。

《熊出没》系列特别关注观众的观感体验,着力将简单的动画片注入正能量与社会内涵,不仅给未成年人一定的教育与指引,更会"治愈"都市白领,令白领观众在忙碌琐碎的都市生活中获得身心的放松。黄紫燕说:"光头强永远在背着一个砍伐树木的KPI,他是一个典型的白领形象,能引发与白领受众的情感共鸣。"

狂轰乱炸的宣传

作为出品方的深圳华强文化科技集团公司为配合《熊出没》宣传,在旗下位于芜湖、泰安、青岛、沈阳、厦门等城市的方特主题公园开展主题活动,并将熊大、熊二、光头强的形象遍布于乐园的各个角落。同时,作为《奔跑吧》《七十二层奇楼》等综艺节目的指定主题乐园,方特主题乐园自带强大的社会关注度,"熊出没"主题

方特梦幻王国"熊出没"主题夜场

《熊出没之环球大冒险》宣传海报

方特高科技主题乐园

元素的注入是品牌之间的互利共赢，从而使得《熊出没》品牌形象实现了线上线下多渠道的宣传。

2014 年《熊出没之夺宝熊兵》上映之时，乐视影业每天投入5000 万元资源，包括机顶盒、乐视 TV 开机强制广告、媒体焦点图、网站广告位通栏、APP 软件、机场、高铁等多渠道进行广告投放，为影片上映造势，形成电视荧屏、电影院的 LED 屏、户外广告屏、互联网终端屏、手机终端屏的多屏互动。

《熊出没》品牌并没有忽视线下宣传，在全国各地的各大购物广场、电影院等商圈甚至稻田画景区都能找到熊大、熊二和光头强的身影。熊出没官方微博还活跃在微博上，经常和熊出没迷们亲密互动，定期发布信息，使得《熊出没》的品牌形象长期存在于线上。

2017 年 10 月，华强方特动漫在熊出没五周年之际，与环球悦时空联合出品的“百变熊星”全国巡演首站在深圳开幕，通过线下情景式体验平台与广大“熊粉”亲密互动。深圳站后，“百变熊星”将陆续登陆全国各大城市核心商圈。

层出不穷的衍生品

对于动漫产业来说，其品牌的可视性与观感更为直接，因为其动漫形象就是其项目品牌的典型象征，动漫形象的外貌个性都已经深入人心，可以说是自带势能，一个鲜明的动漫形象能够迅速吸引消费者的目光并且引发品牌效应，所以品牌的增值就更加快速而直接。《熊出没》系列中，熊大是熊兄弟的主心骨，他聪明机智；熊二憨态可掬，还操着一口浓浓的乡音；光头强多才多艺，经常聪明反被聪明误。每个形象都有自己的闪光点，每个形象都可以不同组合产生不同的效果，又可以独立出来形成自己强大的 IP。

除在全国各地打造“熊出没”主题园区以外，在主题公园里，游客可以购买到正版的动画公仔、图书、光盘等产品。另外，《熊出

漫画《熊出没之环球大冒险》

熊出没大电影

没》的授权活动仍然在如火如荼地进行着，根据原动画片剧情内容印刷而成的抓帧漫画版《熊出没之环球大冒险（丛林篇）》已发行数十万册，此外，熊大、熊二、光头强形象的玩偶、玩具、文具等儿童用品销量日益增长。

2017 年 10 月，《熊出没》配音团队登陆湖南卫视综艺节目《天天向上》，推出熊出没五周年大礼包，其中包括手机壳、挂件等。

《熊出没》不断对自身品牌进行规划，并且努力进行品牌形象塑造，不断提升自身的品牌文化内涵，在已有的品牌基础上不断推陈出新，不断赋予新产品适应当下潮流的品牌内涵。尽管在产业链延伸方面还有很长的路要走，但可以肯定《熊出没》对我国动漫产业、文化产业做出的创新与贡献。

张普然老师全国各地经验分享

**小结**

扫码听书

品牌是企业文化追求的集中表现，是企业无形资产与价值观念的凝聚和荟萃。只有具有前瞻性战略眼光、具备追求名垂千古的文化自觉，才能塑造出具有消费者品牌忠诚度的品牌。因此，品牌不是简单的广告宣传，它一定是凝聚企业价值追求和核心理念的。同时，企业在并购、重组等结构调整时，品牌往往是一项相当重要的内容，好的品牌显然要比默默无闻的品牌更加抢手，甚至占据话语权。

对于一个文化企业而言，品牌管理的难度，主要体现为支持品牌的企业文化和产品形象，因此，企业要重视企业文化、企业理念、产品包装、宣传手段与经营管理的一致性，使企业能够由内而外地形成自己独特的品牌形象，使品牌文化不断提升。对于高端文化品牌，要注重审美品位和传统文化元素的提炼和融合，注重艺术设计的内外合一。

同时，不少企业在市场中有了一定的品牌形象后，随着知名度的不断扩大，误判了市场号召力，将品牌置于市场中就放任不管，产生了轻敌的心理，结果被新的产品与服务所超越。还有一些企业不重视长期的品牌树立与维护，使得某一点出现了一些意外的、紧迫的事件，在当今网络时代，"好事不出门，坏事传千里"，纰漏一旦被暴露，那么品牌形象的大众口碑就会急剧下滑，而相应的企业产品与服务的销量也将明显下降，严重者更会波及企业旗下的全部品牌，造成不可估量的下场。

我们要意识到，一个好品牌的树立离不开企业各个方面的共同努力，要有以人为本的理念、积极主动的行为、创新发展的模式，要经过时间、市场、消费者的检验。品牌在塑造过程中，不能有一点纰漏，否则，满盘皆输。一旦品牌受到某一处瑕疵的批评，如果企业危机公关不力，那么品牌很可能在一夜之间成为人人喊打的过街老鼠。近几年来，韩国三星手机接连陷入爆炸门，一波未平一波又起，在性质严重、关注度极高、民族情绪浓重的大形势下，三星危机公关却首先认为手机爆炸与电池无关，撇清自身责任，转移公众注意力。随后发生多起爆炸事件后，危机公关再道歉、收回已经无济于事，品牌的负面影响将会波及多长时间、波及多大范围，没人能够预测，但是三星的品牌在中国消费者的心中已经严重缩水。

因此，企业要时刻保持着品牌意识，在品牌管理中，要根据自身发展需要制定品牌发展战略和具体的传播策略，并且要意识到品牌建设是长期的并且一刻不能松懈的工作。在品牌建设与传播过程中，要尽可能地建立品牌管理部门和危机处理机制，确保品牌从设计到获得效益的过程万无一失。

# CHAPTER
## 第四章

文化产业

## "智"取文化扶持政策

WISE OBTAINING OF SUPPORTIVE POLICY
IN CULTURAL INDUSTRY

扫码听书

2017 年 10 月 18 日，中国共产党第十九次全国代表大会在北京人民大会堂隆重召开。会上，习近平总书记代表第十八届中央委员会向大会做报告。关于文化，习近平总书记说："文化是一个国家、一个民族的灵魂。"习近平总书记指出要推动文化事业和文化产业发展，"满足人民过上美好生活的新期待，必须提供丰富的精神食粮。要深化文化体制改革，完善文化管理体制，加快构建把社会效益放在首位、社会效益和经济效益相统一的体制机制。完善公共文化服务体系，深入实施文化惠民工程，丰富群众性文化活动。加强文物保护利用和文化遗产保护传承。健全现代文化产业体系和市场体系，创新生产经营机制，完善文化经济政策，培育新型文化业态"。我国文化产业的大发展大繁荣离不开政府的支持，文化产业相关企业的发展也离不开政府的文化扶持政策。

**"智"取文化扶持政策　文化产业借力全速发展**

文化产业有三种引导机制，分别为资源引导机制、政策引导机制、市场引导机制。目前，我国文化产业正处于政策引导机制占主导，资源、市场引导机制相辅助的阶段，政府的激励和扶持依然是文化产业发展的重要依据和方向。文化的扶持政策一方面能够为企业的发展指明方向，为其保驾护航，另一方面也能够使政府把握文化产业的发展方向，促进文化产业走向正轨。

文化政策扶持能够促进文化产业跨越式发展，促进产业结构调整。文化扶持政策能够站在经济结构调整与产业结构升级的角度对文化产业进行扶持，合理配置资源，实现文化产业自身的优化升级和国家经济结构的调整，改变消费者的消费行为，推进可持续发展的进程。

文化扶持政策能够使政府发挥好宏观调控的作用。市场调节不是万能的，存在自发性、盲目性、滞后性等弊端。政府要发挥"看得见的手"的作用，实现国家对经济的宏观调控，就要颁布相关政策与法律法规，文化扶持政策能够让政府更好地实现对文化市场的监管、资源配置等职能。

文化扶持政策能够为企业的发展指明方向。文化扶持政策一定程度上体现了国家对文化产业的投入方向与扶持力度，文化产业相关企业的发展需要依据文化政策作为指导，文化扶持政策能够培育一批合格的文化市场主体，从而促进健康有序的文化市场环境的构建。

文化扶持政策能够帮助企业解决文化项目各个环节的难题。众所周知，文化产业的每个环节都需要大量的资金流转和资源配置。文化扶持政策不仅能够在大方向上引导企业的发展，企业如果能够得到文化政策的扶持并且运用到企业运作的具体操作中，降低投资成本、简化项目流程，实现高效运营，那么最终可实现与政府的互利共赢。

我国文化产业发展过程中，政府在进一步放开文化市场的自由准入和退出机制，为文化企业自由竞争创造良好的政策环境是未来文化政策制定的重要方向和原则。形成良性的市场竞争秩序，不仅需要解决"政府越位"，而且还要弥补"政府缺位"，既要保证宏观调控的作用又要最大限度地激活市场活力，在促进文化要素市场、信用体系、知识产权保护等方面进一步提供服务与支持，使文化市场更加完善成熟。

扫码听书

## 第一节 如何准备项目申报前工作

文化产业与政府政策特别是扶持政策的关系，落实到每个文化企业当中，就是文化产业项目发展所需要的政府支持，其中有宏观支持，还有财政支持、金融支持。要想获得具体的政策扶持，就要向有关部门进行项目申报工作。

### 4.1.1 获取扶持信息与政策

要获得政府的政策支持，首先要获取文化扶持的政策信息。获取相关信息是企业争取政府扶持的第一步，只有深入了解政府的财政、金融政策，才能抓住重点与关键，为项目立项指明方向。获取文化扶持信息主要有以下几种途径。

（1）政府官方网站

搜集政府部门的网站信息是项目申报的日常工作。企业最好有专门的工作人员或工作小组，负责每天对上到国家级下到区县级的政策信息进行汇总。工作小组的汇总内容包括来源网站、发布日、链接、截止日等信息。

这项工作一方面能够帮助企业及时获得相关信息，还能为企业的项目申报提前做准备。下面，以我们复兴文明集团为例，列举陕西省西安市长安区的文化产业相关企业在获取文化扶持信息时可以浏览的官方网站。

| | 国家级 | 省级 | 市级 | 区级 |
|---|---|---|---|---|
| 政府政策 | 国务院办公厅 中共中央办公厅 | 陕西省人民政府 中共陕西省委办公厅 | 西安市人民政府 | 西安市长安区 人民政府 |
| 文化政策 | 文化部 中国文化产业网 | 省文化厅 陕西省文化信息网 | 市文化广电 新闻出版局 | 区文化体育广播 电视局 |
| 旅游政策 | 国家旅游局 | 省旅游局 省旅游发展委员会 (陕西旅游政务网) | | |
| 新闻出版政策 | 中宣部、国家新 闻出版署 | 省新闻出版局 | 市文化广电 新闻出版局 | 区文化体育广播 电视局 |
| 知识产权政策 | 国家知识产权局 | 省知识产权局 | 市科学技术局 | 区科学技术局 |
| 体育政策 | 国家体育总局 | 省体育局 | 市体育局 | 区体育局 |
| 文物政策 | 国家文物局 | 省文物局 | 市文物局 | 区旅游民族宗教 文物局 |
| 经济政策 | 国家发展和 改革委员会 | 省国家发展和 改革委员会 | 市发改委 | 区发改委 |
| 财政政策 | 财政部 | 省财政厅 | 市财政局 | 区财政局 |
| 其他政策 | 工信部 国家税务总局 国家统计局 | 省工业和信息化厅 省税务局 省中小企业促进局 | 市工信委 市文联 市会展办 | 区中小企业促进局 区统计局 |

陕西省西安市长安区文化产业相关企业可浏览的官方网站

以上几乎涵盖了 2017 年所有与文化产业政策相关的政府部门，官方网站可以保证政府政策公布的安全性与公正性。2017 年，"文化部文化产业公共服务平台"网站已经开始运行，文化企业可以在这个网站上进行文化部项目申报、项目融资、项目展示等，并且能够了解到相关数据，加入人才班，这为广大文化企业提供了更加便捷的服务。

以陕西为例，陕西省人民政府官方网站可以直通省其他政府机构、市县区政府、省属企业及金融机构等，使搜索更加方便、安全。随着互联网的发展，政府重视信息发布的及时性与公开性，文化产业工作者不仅可以在网络上了解政策趋势，时刻把握发展动脉，也可以根据自己的情况从中筛选出适合企业的文化扶持政策，进行深入解读与探讨，为获取文化扶持政策做准备。

（2）自媒体平台

除了政府的官方网站，移动互联网时代，自媒体平台更方便文化产业从业者了解文化产业扶持政策，微博、微信、百度贴吧等网络社区也是获取信息的好去处。

目前，行业内常用的自媒体账号有微信公众号"财政资金申请""政策扶持资金""政策帮""政策扶持资金咨询服务平台"等，在微博上更多的是很多专家付费对政策扶持的解读。此外，各地各部门的官方微信、微博公众号、线上线下的行业协会与联盟也是获取文化政策的一大途径。

自媒体平台通过现代化的手段向不特定的大多数人传递规范性或非规范性的政策信息，方便了文化产业从业者及时了解文化产业扶持政策。碎片化的特点让自媒体平台不能做到一应俱全，如果对某项文化扶持政策需更深入的了解与解读，还要访问政府官网。

陕西人民政府门户官网

（3）线下人脉

顾名思义，文化企业如果能够通过线下人脉了解到当地文化产业的扶持政策，随时与政府部门保持沟通与交流，不仅仅有利于企业获得扶持政策的一手材料，还能让企业准确定位自身，及时了解自己的项目申报有多大可能性，还有什么不足之处。

（4）行业协会或联盟

加入行业协会与联盟，除了能够让企业了解到相关政策信息，还能方便企业间的合作与竞争。企业间既可以进行联合申报，又能够通过直接或者间接的途径摸清行业特别是竞争对手在项目申报中的进展。联合申报不仅仅局限于行业内，还可以跨行业进行，以文化产业为例，可以寻找产学研的固定合伙人，一旦合作愉快，可以同他们签订长期的联合申报合同。

### 4.1.2 梳理申报思路与方向

企业通过各种途径获取到政府的政策信息以后，就要根据政策信息确定是否与企业或企业项目一致，通过项目指南明确申报思路与方向。

（1）明确申报单位或项目负责人条件

一般来说，任何申报单位都必须是具有独立法人资格的企事业单位，同时，具有独立法人资格的工程技术研究中心等也可独立申报。

以国家文物局《关于申报 2017 年度文化产业发展专项资金项目（"互联网＋中华文明"部分）的通知》为例，对申报主体做了明确的要求："申报主体应为中国境内依法注册设立、具有独立法人资格的企业。企业财务管理制度健全，会计信用和纳税信用良好，具有一定规模实力、成长性好，无违法违规记录，且不存在重大法律

国家文物局
STATE ADMINISTRATION OF CULTURAL HERITAGE

| 国家文物局 综合行政管理平台 | 首页 | 行政审批管理 | 政府信息公开 | 行业综合管理 | 公共信息服务 |

通知公告

政策法规库

当前位置 >> 政府信息公开 >> 政府信息公开目录 >> 关于申报2017年度文化产业发展专项资金项目（"互联网+中华文明"部分）的通知

| 索 引 号： | 000014533/2017-01040 | 信息分类： | 通知公告 |
| 发文机构： | 国家文物局 | 成文日期： | |
| 标 题： | 关于申报2017年度文化产业发展专项资金项目（"互联网+中华文明"部分）的通知 | | |
| 发文字号： | 文物博函[2017]930号 | 发布日期： | 2017-05-05 |

### 关于申报2017年度文化产业发展专项资金项目（"互联网+中华文明"部分）的通知

文物博函〔2017〕930号

各省、自治区、直辖市文物局（文化厅），新疆生产建设兵团文物局，各有关单位：

为深入挖掘和拓展文物蕴含的历史、艺术、科学价值及时代精神，发挥社会力量的积极性，更好地传播中华文明，根据财政部办公厅《关于申报2017年度文化产业发展专项资金的通知》（财办文〔2017〕25号）要求，现就2017年度文化产业发展专项资金项目（"互联网+中华文明"部分）的申报、遴选工作有关事项，通知如下：

一、主要目标

初步构建文物信息资源开放共享体系，基本形成授权经营、知识产权保护等规则规范；树立一批具有示范性、带动性和影响力的融合型文化产品和品牌；培育一批具有核心竞争力的文博文化企业；初步建立政府引导、社会参与、开放协作、创新活跃的业态环境，扩展文物资源的社会服务功能，满足人民群众多层次、多形式、多样化的精神文化需求，为促进文化繁荣和经济社会发展做出新的贡献。

纠纷。" 同时，"鼓励企业与企业，或与文博单位组成联合体申报，原则上一个企业只能申报 1 个项目，一个企业集团只能申报 2 个项目（含企业集团下属企业项目）。企业集团下属企业申报须经企业集团审核并出具推荐函"。

（2）明确申报项目范围与重点

企业除要满足项目申报的硬性条件以外，申报项目一定要与政策的重点、目标等方面完美契合，这样才能保证申报项目完美落地，避免项目申报过程中出现一些麻烦。

以《文化部办公厅关于开展 2017 年度剧本扶持工程项目申报工作的通知》为例，在申报内容上，该通知明确表示主要扶持以中国梦为主题的新创剧本、以传统戏曲为主的改编剧本和民间剧团剧本三种剧本，对三种剧本的征集数量、初稿要求、购买方式都有明确的规定。如果要申报该类项目，那么一定要注意自己的剧本是否属于《通知》中所要求的三种剧本之一。

（3）明确项目申报的实施期限、资助方式、申报方式等

一般情况下，政府关于项目申报工作的公告通知里，不仅仅对申报单位做了明确的要求，对项目申报的方式、申报范围、申报实施期、截止日期等都做了明确的规定。企业要了解该政策的资助方式，清晰申报方式，牢记实施期与截止日期等问题，对这些看似细节的问题如果没有清晰的了解，或者操作不当，很容易导致项目立项失败。

资助方式上，有固定的资金补助，也有按照项目开发所需金额的一定比例给予企业一定的补助。

在申报方式上，一般都是网络申报与纸质申报相结合的方式，按照程序报送纸质项目申请文件，经过相关部门批准后，登录网站进行注册和资料上传。根据《财政部办公厅关于申报 2017 年度文

化产业发展专项资金的通知》，申报程序如下：

　　首先，负责牵头的政府部门负责项目的征集、遴选工作，需要进行项目申报的企业可以向相关部门进行咨询。其次，相关部门确定将要支持的项目名单。最后，"在拟支持项目名单中，承担单位为中央企业（单位）的，原则上由其主管部门以部函形式向财政部申报。财务关系在财政部单列的中央文化企业，其申报材料经主管部门审核同意后，以企函形式向财政部报送；资产和财务关系在财政部单列的中国出版集团公司、中国对外文化集团公司、中国广播电视网络有限公司，以企函形式直接向财政部申报。承担单位为地方企业（单位）的，由其所在地省级财政厅（局）汇总后向财政部申报"。

　　对项目申报思路和方向的梳理能够让企业更好地把握政策的重点。文化产业项目要重视项目的 IP 联动性，以某一项目为核心，做一个全方位的申报文本和多渠道的项目方案，构建出一条相对完整的产业链，为企业正式开始进行申报工作指明方向。

扫码听书

第二节
如何进行项目申报中工作

首先政府机关针对某个行业而制定一系列优惠政策，企业或相关研究单位再根据政府的政策编写申报文件，根据相关申报要求和流程进行项目申报，最终获得优惠政策。可申请的项目包括国家、省市资助计划体系及各部委资助计划，比如"863"计划（国家高技术研究发展计划）、"973"计划（国家重点基础研究发展计划）、丝绸之路项目、科技型中小企业创新基金、中小企业发展专项资金等不同级别的项目，以陕西为例，有陕西省科技厅科技统筹工程项目、西安市科技计划项目、陕西省第一批传统工艺振兴项目等，每种项目的申请条件不同，申请难度也有差别。

### 4.2.1 编制项目申报书

项目申报书虽和可行性研究报告有一定关系，但并非只有可行性研究报告。每个项目的申报书都应按照政府通知的要求具体编写，没有统一的格式。以文化产业为例，除了国家级的和省市级的终审部门不同，每个项目的申报时间、通知形式、申报要求、申报类型、受理程序、申报方式、名额限制等都有所不同，但大体内容是相似的，是有规律可循的。下面，为大家详细地讲解一下项目申报书的主要内容。

| 第一章 | 文化产业项目背景信息 |
| 第二章 | 文化产业项目建设背景、必要性 |
| 第三章 | 文化产业项目优势 |
| 第四章 | 文化产业项目产品规划 |
| 第五章 | 文化产业项目建设规划 |
| 第六章 | 文化产业项目组织实施情况 |
| 第七章 | 文化产业项目投资估算与资金筹措方案 |
| 第八章 | 文化产业项目财务评价系统 |
| 第九章 | 文化产业项目财务效益、经济效益和社会效益 |
| 第十章 | 资金申请报告附件 |

项目申请书的主要内容

### 第一章　文化产业项目背景信息

这一章主要是介绍申报单位的基本情况和文化产业项目的主要内容。

申报单位的基本情况包括申报单位的名称、成立时间、注册地点、注册资本、公司性质、股东构成、主营业务等内容；项目概况包括拟建项目的建设地点、人才条件、主要内容和规模、技术支持和配套设施、投资规模和资金筹措等内容。

### 第二章　文化产业项目建设背景、必要性

这一章主要分析国内外现状和发展趋势，并且进行市场需求分析，说明项目的必要性分析。

背景分析：首先讲全球该行业的发展情况，例如我们申请的是创意产业园区项目，既要讲国外创意产业园区项目的现状，又要讲国外优秀案例带给我们的启示；其次是我国在该行业的发展现状，在指出不足的同时点明方向；最后是该省或该市的行业发展情况。找到项目的切入点，证明该项目是时代发展的必然选择。

市场需求分析：项目的市场需求分析主要体现在三个方面。第一个方面，随着我国经济的飞速发展，居民收入进一步增长，居民消费水平也日益增长，消费结构优化升级，对文化产品的需求也走向多元化，总体需求大幅攀升（该层需求目前适用于几乎全部文化产业项目）；第二个方面，我们还是以创意产业园区项目为例，目前我国文化艺术品的产业链尚未完善，艺术品的制作、交易、收藏、修复、鉴定等环节还需要广阔的市场与平台；第三个方面，可以根据文化产业项目所在的地区而言，例如景德镇创意产业园区，是景德镇陶瓷产业发展的需要，也是景德镇文化产业发展的需要。

文化产业项目的必要性分析：必要性分析就是该文化产业项目

张普然老师项目申报专题分享会

的影响与作用，可以从经济、市场、消费者等方面进行分析。例如有利于区域经济发展，调整产业结构，转变经济发展方式；有利于健全和完善文化市场，实现文化产业更好更快的发展；有利于满足消费者的文化需求，带动文化消费；等等。

### 第三章　文化产业项目优势

这一章主要讲文化产业项目的优势，主要有组织优势、市场优势、技术优势、模式优势、机会优势等方面。

组织优势：文化产业项目的申报单位自身的优势。包括它能够为文化产业项目的建设集结多少社会资源，能够提供多少智力支持、资金支持与技术支持。

市场优势：文化产业项目弥补了怎样的市场空白。将该项目与市场上现存的项目做对比，找到该项目在市场中的优势，另外最好能够指出目标消费群体和消费群体的消费能力，让目标市场实现细分化和可盈利性。

技术优势：该项目运用了什么样的技术。例如3D、VR、AR等。未来，大部分文化产业项目都将融合创意数字产业，文化产业项目中的技术优势常常令人眼前一亮，科技在文化产业中的作用越来越重要。

模式优势：该项目在营销模式、运营模式、盈利模式上的优势。我们不要求文化产业项目在每个环节都能进行模式的创新，但是模式的创新一定程度上能够带来更多的吸引力和关注度，也会成为申报单位的突出优势。

机会优势：一般包括时代机会、政策机会等。例如互联网时代能够为文化产业项目插上翅膀，政府关于文化产业的政策以及法律法规能为项目的建设保驾护航，行业协会的组建、行业规定的实施等也能为该项目的建设创造条件。

张普然老师项目地考察与指导

### 第四章 文化产业项目产品规划

如果你申请的项目是文化产品或者是某项大型项目中包含的产品，例如影视剧、大型展演、一系列图书等，那这些就是文化产业项目的产品规划，包括产品目标、产品内容、产品交易及相关方案。

产品目标从时间上可以分为近期目标和远期目标，例如我们要出一套纪录片，那么短期目标就是在一定时间内制作出来，并在一定区域或社群内形成一定的影响力等，长期目标则是让作品成为经典之作，让文化名垂千古；按目标属性可以分为功能目标和绩效目标，功能目标就是我们做成这项文化产业项目要实现什么样的功能，绩效目标就是项目的推出与交易能产生多少利润。

产品内容就是文化产业产品是什么形式什么内容的，这个很好理解，例如你申请的是纪录片项目，那么就是写你每一集的剧情梗概。

产品交易及相关方案就是产品的销售渠道、推广渠道等，一般都是线上线下相结合的方式进行产品的交易。按线上线下来分，线上的方案有专题网站的建设、交易数据库的录入、产品信息的发布、APP 广告推广等，线下的方案有邀请知名行业大咖观映、召开专题会议、设置市场推广专员和专业咨询团队等。此外，资源配置方案也应该放在其中，就是线上线下的各个方案需要多少机器、多少工作人员等。

### 第五章 文化产业项目建设规划

与产品规划不同的是，建设规划一般规模较大、时间较长，例如要申请创意产业园，我们就按时间的顺序进行规划：

文本案例：一期设想 ×× 平方米，其中包括：建设 ×× 商业中心（约 ×× 平方米）、×× 孵化中心（约 ×× 平方米）、×× 基地（约 ×× 平方米）……并把每一项要建设的具体用地的功能、用途写清楚，

中华人民共和国文化和旅游部　政府信息公开

| 首页 | 公开规定 | 公开指南 | 公开目录 | 行政许可项目公示 | 年度综述 | 公开年报 |

| 索 引 号:000014348/2017-00028 | 分类:财务工作;通知 |
| 发布机构:财务司 | 发文日期:2017年04月28日 |
| 名　称:文化部办公厅关于做好2017年度中央财政文化产业发展专项资金重大项目申报工作的通知 | 时间有效性: |
| 文　号:无 | 主 题 词:文化产业 专项资金 项目 申报 通知 |

## 文化部办公厅关于做好2017年度中央财政文化产业发展专项资金重大项目申报工作的通知

党中央有关部门办公厅(室),国务院各部委、各直属机构办公厅(室),各省、自治区、直辖市文化厅(局),新疆生产建设兵团文化广播电视局,各计划单列市文化局,有关中央企业,文化部各直属单位:

为进一步加大文化领域供给侧结构性改革力度,推动文化产业转型升级,根据财政部办公厅《关于申报2017年度文化产业发展专项资金的通知》(财办文〔2017〕25号)要求,2017年文化产业发展专项资金(以下简称专项资金)继续重点用于落实党中央、国务院和宣传文化体育部门确定的重大政策、项目。其中,文化部牵头负责"实施文化金融扶持计划"、"支持特色文化产业展"、"促进文化创意和设计服务与相关产业融合发展"等三个重大项目的征集、遴选工作。按照财政部通知要求,对符合三个重大项目支持重点的政府和社会资本合作(PPP)项目、文化与科技融合发展项目,将优先予以支持。

之后紧跟着第一期的营销方案。

这里我们只举例讲创意产业全区的一期规划。文本案例并不是一成不变的，要学会在此基础上延伸与优化。另外，营销方案会根据每一期的不同建设规划而改变。

### 第六章 文化产业项目组织实施情况

本章要报告文化产业项目的实施进度，包括资源调配、营销运营及外部配套条件落实情况等，可以按时间顺序，参考项目进度表一一罗列。

### 第七章 文化产业项目投资估算与资金筹措方案

本章列出项目投资估算总表与项目估算明细表，包括费用名称、投资费、占项目总资金的比例及估算说明等要点。投资估算是项目申请书的重要内容，每年因为投资估算或经费预算方面导致的申报延误有很多，《文化部办公厅关于做好 2017 年度中央财政文化产业发展专项资金重大项目申报工作的通知》中指出，对于申请项目补助支持的，应该是已完成前期工作并在建设进度和已完成投资原则上不低于 30% 的项目，申请金额一般不超过企业上年末经审计净资产额的 30%。

资金筹措方案就是项目所需全部资金为多少，拟通过政府支持、银行借贷、战略投资、股东增资等手段予以解决多少。这一点也相当关键，特别是在联合申报时，要注意专项资金和自筹资金的分开。一般来说，政府采取专用账户、封闭管理的方式对专项资金的开支进行审计和监督，文化产业项目的专项资金必须直接用于所申请的项目开发，不得挪作他用。而专项资金中联合单位分别占多少比例、如何使用等，在项目申报前期就要做好谈判与规划，在项目运作中要对好账，同时，联合申报单位的专项资金不能擅自用，如果不重视资金的使用情况，很容易走向非法的一端，给企业带来困难。

复兴文明集团项目申报成果展示

### 第八章　文化产业项目财务评价系统

本章主要对文化产业项目进行一个财务评价。一个典型的财务评价系统应该由评价主体、评价客体、评价目标、评价指标、评价标准、评价方法、评价报告等基本要素构成。在申请报告中，要重视评价报告的比重。

### 第九章　文化产业项目财务效益、经济效益和社会效益

本章是对文化产业项目建成后的财务效益、经济和社会效益进行分析。

财务效益：主要包括内部收益率、投资利润率、投资回收期、贷款偿还期等指标的计算和评估，项目风险分析，等等。

经济效益：文化产业项目的建设成功不仅能使企业与政府获得财务效益，也在一定程度上带动了当地经济的发展，引发当地其他产业的发展，甚至能够改变当地的支柱型产业类型，进一步实现供给侧改革。

社会效益：是指文化产业的项目给全社会带来的影响，包括对不同社会群体的影响，对文化、教育的影响，对地区风俗习惯和宗教的影响，等等。

### 第十章　资金申请报告附件

附件应该按照政策相关要求提交，例如项目申报表、银行出具的贷款承诺（省级分行以上）文件或已签订的贷款协议或合同、自有资金证明及企业经营状况相关文件（包括损益表、资产负债表、现金流量表）、技术来源及技术先进性的有关证明文件、项目单位对项目资金申请报告内容和附属文件真实性负责的声明等。

#### 4.2.2　进行项目申请答辩

提交了项目申请的相关资料后，企业就要准备项目申请的答辩

环节了。答辩是项目申请中较为重要的环节，很多企业能够靠答辩环节"大翻身"，也有企业在答辩时不重视技巧而功亏一篑。

首先，答辩前，答辩人要做好前期准备。答辩人要对项目申报书的各部分内容做到铭记于心，明确该项目的优势在哪、创新点在哪、盈利点在哪，答辩人还可以模拟评委，揣测评委面对该项目会有什么疑问并准备好应答对策。除了这些，答辩PPT的制作也相当重要，一个制作精良的PPT不仅仅是答辩人的重要工具，也可给评委更好的视觉体验，能够达到事半功倍的效果。

其次，在答辩时，对答辩人的要求是仪表端庄、发音标准、充满信心等。答辩程序为先汇报项目名称和基本情况，我认为答辩时可以先明确告诉评委项目要干什么，再说明项目的具体操作模式、企业优势、创新点和预期效益，简单说明经费预算和人员配置，最后总结汇报内容。评审可能会在答辩人汇报时提出问题，也可能会在答辩人汇报完后提出问题。一般来说，项目答辩时间在15分钟左右，因此答辩人最好不要长篇大论，要开门见山，突出要点，通过比喻拟人、旁征博引等方法，用前瞻性的眼光论证项目的优势和企业的实力。

项目申报期间，企业应该制定频繁的沟通机制，主动与相关部门沟通，多问、多跟踪、多联系，积极督促有关部门的立项工作。

---

扫码听书

第三节 如何完善项目申报后工作

项目申报成功后，要根据项目申报时的内容和指标安排项目的工作，具体的项目营销、盈利、IP 构建等方面我们在其他章节已经进行了详细的陈述。在这里，我们讲的是项目完工后，如何进行项目的验收与总结工作。

### 4.3.1　编写项目验收申请书

项目申报成功并且项目完成后，扶持部门会对项目整体情况进行验收，以检验项目完成情况，而项目申报单位要结合实际完成情况编制项目验收申请书，做好项目验收工作。项目验收申请书的主要内容如下：

**第一章　项目总体情况**

本章主要包括项目单位基本情况和项目立项情况。

项目单位基本情况：对项目申报单位的基本情况进行介绍，包括申报单位的名称、成立时间、注册地点、注册资本、公司性质、股东构成、主营业务等内容。

项目立项情况：包括项目名称，项目的主要内容，项目计划投入情况，预期主要经济、政治和社会效益，具体内容可以参照项目申报书。

项目验收申请书的主要内容

### 第二章 项目进展情况

本章主要包括项目的建设、实施、组织管理情况。

项目实施、执行及完成情况：包括总体的项目进展情况和每一期或者每一个部分的进展情况，既要写未完成的，也要写已经完成的。

项目组织管理情况：包括项目单位对项目的人员管理、资源调配等情况。

### 第三章 经费执行情况

本章包括项目总投入情况、项目财务管理状况、财政及自筹资金使用情况。

项目总投入情况和项目财务管理状况：包括目前项目投入的主要部分和项目财务的管理情况。

财政及自筹资金使用情况：汇报财政及自筹资金的使用明细。

### 第四章 项目执行情况

本章包括项目主要成果与实施情况，项目实施经验、存在的问题及改进措施。

项目主要成果与实施情况：包括项目建成至今为社会贡献的主要成果，例如比赛获奖、学术研究、公益活动等。

项目实施经验、存在的问题及改进措施：总结在项目实施中的经验与成败得失，提出项目目前存在的问题并提出切实可行的改进措施。

#### 4.3.2 进行项目回馈总结

完成项目验收后，企业要根据已完成结果，分别对资金和项目两方面进行考量。在资金上，例如扶持资金在项目利用中是否合理，企业是否获得了预期利润等；在项目上，企业的项目运作是否完美，还有什么不足，给企业带来了什么样的品牌效益等。吸取经验、总结教训，为未来项目申报工作奠定良好的基础。然后奖励相关人员，最终归档档案。

**小结**

扫码听书

　　文化产业的发展需要政府的支持，其中包括政策支持、制度支持、财政支持等。以财政支持为例，我国对文化产业财政政策的扶持是以产业优惠为主，以区域优惠为辅，减免文化产业相关税收，通过投资抵免、加速折旧、加计扣除、减计收入、延期纳税等手段促进文化产业的发展。对于文化产业从业者来说，国家推出各项扶持政策，并不是要漫无目的地去发展，文化产业从业者要认真分析时事，审时度势，了解国家每个时期的重点方向，在对的时间做出正确的选择才能够使获得扶持的概率变大。

　　"一带一路"战略将是我国未来几年的重大政策红利，无论是对文化产业还是对其他产业而言，初期将出现大规模的基础设施建设，紧接着是资源能源的开发利用，随后则是全方位贸易服务往来，由此带来多产业链、多行业的投资机会。

　　以复兴文明集团为例，复兴文明集团抓住机遇，顺应国家政策，推出《丝路大遗址》全媒体文化产业集群项目。以精品展演纪录片《丝路大遗址》催生文化产业链，《丝路大遗址》纪录片将丝路申遗专家一致认定的主要历史遗迹，运用数字化技术还原，从政治、经济、军事、宗教、民生等方面生动地展现丝绸之路上各个大遗址曾经文明的辉煌、今日历史的沉淀，展望丝路远景。

　　政府扶持资金项目的申报、管理和实施是一项系统工程，企业应该统筹全局、上下联动，不仅要重视资金的申报，争取资助，更要重视项目的实施与运作，合理规划、逐步开展，实现经济效益与社会效益的双丰收。如果我们真正想在文化产业有所作为，就要多学习、多研读有关文化产业的相关政策，利用好互联网带给我们的便捷，充分收集文化产业各项政策，利用好各项政策，不辜负政府的期望，做到有的放矢，不放过任何可能获得扶持的机会。

# CHAPTER
## 第五章

文化产业
## "智"集文化融资渠道
WISE CONVERGING
OF FINANCING CHANNELS
IN CULTURAL INDUSTRY

扫码听书

如果说盈利模式我们讲的是怎么赚到钱，那么本章我们讲的就是如何融到钱。我国文化产业单位众多，但集约化程度不高，绝大多数都是中小企业，企业规模小且资源分散。受体制所限，我国文化产业呈现出低市场化、高分散性的现状。在"大众创业，万众创新"重大战略推动下，我国文化产业的各个行业还有巨大的发展空间。以电影产业为例，博纳影业、光线传媒、华谊兄弟等行业大佬成为行业的中流砥柱，其他民营影视公司的影视剧无论是影片数量还是排片量上都无法与大公司相抗衡。一方面，在于包括电影产业在内的文化产业几乎都具有高投资、高风险的特点，一般规模的企业都不敢轻易尝试，另一方面在于企业的融资问题难以解决。

**"智"集文化融资渠道 为企业引来活水**

我国文化产业作为一个"朝阳产业"，在党和政府高度重视和政策、法规大力扶持下，开拓出广阔发展空间。党的十八大将发展文化产业纳入国家战略，进一步完善法律法规，文化产业的各个行业获得蓬勃发展。

为了适应文化产业快速发展的趋势，政府不断加大资本市场创新力度，加快服务文化产业的多层次资本市场建设。《国民经济和社会发展第十三个五年规划纲要》针对"健全金融市场体系"指出，积极培育公开透明、健康发展的资本市场，提高直接融资比重，降低杠杆率；创造条件实施股票发行注册制，发展多层次股权融资市场，深化创业板、新三板改革，规范发展区域性股权市场，建立健全转板机制和退出机制。

一系列的利好政策为文化产业发展创造了有利的资本市场环境，特别是在当前国家大力推动文化大发展大繁荣的背景下，各路资本竞相大规模进入文化产业领域。据中国文化产业投融资数据平

张普然老师全国各地经验分享

台显示，2016 年，仅从债权融资渠道、股权融资渠道和众筹融资渠道流入文化产业的资金便达 3951.08 亿元，相比 2015 年同期增长 21.19%。在我国经济增长降速、结构调整、动力转换的新常态背景下，资本市场成为经济转型与创新的重要支撑。近年来，资本市场主流融资渠道流入我国文化产业的资金不断增加，增长规模呈井喷式爆发。

从狭义上讲，融资是一个企业的资金筹集的行为和过程，也就是企业根据自身的经营状况、资金状况和发展需要，通过科学的预测和决策，通过一定的渠道和方式，向投资者和债权人筹集资金，使企业完成正常的生产，是企业经营管理的理财行为。从广义上讲，融资也叫金融，也就是资金的融通，当事人通过各种方式取得或贷放资金，都可以叫作融资。《新帕尔格雷夫经济学大辞典》对融资的解释是：融资是指为支付超过现金的购货款而采取的货币交易手段，或为取得资产而集资所采取的货币手段。

金融就像文化产业发展的血液，它关乎一个文化产业企业的生死存亡。可以说，一个企业的融资渠道越丰富，那么项目资本越夯实，项目实施的各个环节也越高效。目前，我国的文化产业虽然在各行各业的扶持帮助下获得了巨大的发展，但是在文化产业融资上仍然存在着许多问题，仅仅通过传统的融资模式和单一的融资渠道已经不能满足文化产业各个行业的发展需要。随着改革的进一步深化和互联网时代的到来，融资渠道将越来越丰富，融资模式也越来越多元化，文化产业从业者要抓住时机，寻求适合自己的融资渠道，解决融资难的问题，为企业引来活水。

扫码听书

第一节
如何利用合作合股模式

合作合股方式是目前我们常见的也常用的融资模式，一般是几个合伙人共同出资（这里不单是指资金，还包括土地、技术、专利等有利于公司运营的资源）、共同经营、共享收益、共担风险。合伙企业可以由全部合伙人共同经营，也可以由部分合伙人经营。现阶段，我国文化产业无论是企业模式还是项目投资都很少有个人独资的情况了，寻求合作是文化产业发展的一大趋势。

合作合股模式在本质上是一套企业组织分配机制，通过共享、共赢的思维将公司运营的各个环节面向外界进行合作，是实现利益共享、风险共担的创业机制。一般情况下，合作模式或合股模式分为三类：业务合作、事业合作、股份合作。当然在具体公司运营中会出现多种模式的结合，产生混合型的合作模式。

业务合作常见于智力服务机构和非轻资产运作，合作人可以独立进行业务开拓与执行，享受业务所得的利润，如永辉超市推行的一线员工合伙人制，业务合伙不涉及法人主体及股份身份事宜。

事业合作有一种是指企业拿出一项项目或者独立经营的业务与经营的员工、其他企业合作，如万科的项目跟投制度就是与员工的合作，而电影《建国大业》是由中影集团、博纳影业等联合出品，就是与其他企业的合作；另一种是企业不区分项目，其虚拟股份对应整体经营盈利情况，由全体合伙人出资认购，如华为的内部员工持股计划。

阿里巴巴产业园

马云

股份合作很好理解，即合伙人投资并拥有公司的股份，成为公司的股东，不但参与公司的运营，也与公司共担风险、共享利益，一般表现为公司与业务骨干共同出资成立合资新主体公司的形式。

### ※ 说明案例　阿里巴巴的合伙人制度什么样？

2009 年 9 月，阿里巴巴集团总裁马云宣布包括自己在内的 18 位创始人集体辞去元老身份，阿里巴巴将改用合伙人制度。2010 年，阿里巴巴合伙人制度正式开始试运营，阿里巴巴的合伙人不同于股东，不同于董事，合伙人必须持有公司一定的股份，但是在 60 岁时退休或在离开阿里巴巴时退出合伙人（永久合伙人除外），不再保有股份。合伙人由 30 名具有不同的业务能力和背景的高层管理人员组成（共持有阿里巴巴 14％的股权），合伙人团队"三代人"负责不同的管理内容：最年轻的做执行，中间一代管战略，最老的只负责人事的把控。在合伙人团队中，有负责交易系统的，有来自技术部门的，也有负责金融业务的，横跨各个业务、各个部门。用马云自己的话说，阿里的合伙人制度，"建立的不是一个利益集团，更不是为了更好控制这家公司的权力机构，而是企业内在动力机制"。

为了避免经济纠纷，合作模式一旦达成，合伙人应首先订立合伙协议（又叫合伙契约，或叫合伙章程），其性质与公司章程相同，对所有合伙人均有法律效力，包括合伙人的权利与义务、合伙人的投资形式及其计价方法、损益分配的原则和比率、合伙人的工资与利息等等内容。另外，合伙人之间也应该就股权退出机制做充分的沟通并且出具相关方案。

扫码听书

第二节
如何利用银行贷款模式

银行贷款是企业通过抵押贷款（不动产抵押贷款、动产抵押贷款、无形资产抵押贷款）、担保贷款、项目开发贷款、出口创汇贷款、票据贴现贷款等方式从银行部门获取自己所需要的资金。

对于文化产业来说，银行贷款期限较短，审批严格，不会与被贷款文化企业共担风险，所以银行贷款主要适用于高利润率文化产业。一方面，银行贷款要求抵押物，而文化企业拥有的多是无形资产，具有"轻资产"的特点，缺少固定资产抵押物，知识产权、创意模式等都难以评估和判断，存在产业链断裂、缺少担保单位等困境；另一方面，银行信贷融资门槛较高，我国文化产业组织结构不完善，绝大部分的企业属于初创期的中小微企业，文化企业在信用等级、抵御风险能力和经营效益等方面与大型企业还存在巨大的差距，银行更青睐大型企业的资金实力和品牌优势，导致大部分文化企业的银行贷款困难重重。

随着政府的财政支持和金融产品品种的不断增多，文化与金融的合作进一步深入，文化产业与银行贷款的多元化模式也逐步成熟。2010 年中国银行浙江省分行推出了"影视通宝"，开启了商业银行金融产品与文化产业合作之路。截至 2015 年末，工商银行对文化产业表内外融资合计余额超过 2300 亿元，继续成为国内支持文化产业融资金额最大、贷款增量最多的商业银行。我国文化产业信贷

电影《集结号》宣传海报

电影《夜宴》宣传海报

融资既得益于市场自身探索，也依赖于公共投入的扶持，是文化产业发展资金的主要来源。

#### ※ 说明案例　无形资产如何抵押？

除了抵押实体资产，文化产业企业也可以抵押项目、商业模式等无形资产。目前，我国文化产业银行贷款的主要模式有："版权质押＋专业评估"：版权质押融资是以版权为抵押获取银行贷款的融资模式，是目前影视业较多采用的融资模式，以版权、播映权等为抵押质押，可以降低银行风险；"政府专项资金＋信用担保"：一般形式是政府将部分专项资金拿出来，建立文化企业贷款担保专项资金，对符合条件的文化企业提供担保，设置财政杠杆；"预售合同＋完工担保"：银行将预售合同的现金流直接作为还款来源，例如，华谊兄弟为电影《集结号》融资时，向招商银行提供了完工风险担保，同时质押预期全球票房收益权，获得了5000万元人民币的融资；"应收账款＋保险"：是指银行取得贷款企业投保的信用保险赔款权益，例如华谊兄弟为电影《夜宴》向深圳发展银行融资时由中国出口信用保险公司对未来海外发行的应收账款提供保险。

2017年10月14日，北京银行文创金融事业总部、文创专营支行成立，这是北京银行继"创意贷"金融产品后再次发力文化金融领域，未来将从线上融资、投资联动、奖励申请等方面为更多文化创意企业提供高效便捷的线上金融服务。

扫码听书

**第三节**
**如何利用风投直投模式**

　　首先我们梳理一下直投（PE）、风投（VC）和天使投资（Angle Investment）的定义以及区别。风投是从直投中细分出来的，主要投资那些初创型的公司，因为初创型公司往往具有很大风险，所以就叫风险投资。风投考验的是企业的技术领先性和市场占有率。天使投资属于风投的范围，只是更为早期，如果说风投一般发生在企业发展的成长期阶段，那么天使投资就是在企业发展的种子期，是指富有的个人出资协助具有专门技术或独特概念的原创项目或小型初创企业，由于越是前期风险越大，天使投资的金额一般在 500 万元人民币以下。当然在具体实践中，三者并没有严格的界限，国内的很多风险投资机构也都涉猎直投。

　　风险投资偏好于高风险、高收益的创新成长型企业，而文化产业正是资金与知识密集、高科技含量、高投资回报的复合产业，与风险投资内在契合，并且文化产业的广阔市场前景、高额利润空间也吸引着风险投资机构驻足。风险投资与银行信贷相比更具有灵活性，不仅能够为企业带来资金，还会在设备、管理等方面帮助企业，注入新的生机。长期风投更有助于中小文化企业获得技术、资金支持，有利于新文化产品的研发，使企业和投资人互利共赢。

※ **说明案例　曲江风投：如何让文化企业快速获得资金？**
　　近年来，我国风险投资发展迅猛，而针对文化产业的风险投资

曲江新区大唐芙蓉园紫云楼夜景

公司相对较少,西安曲江文化产业风险投资有限公司便是其中值得肯定推广的风投公司。曲江风投是由西安曲江新区管委会出资组建的独立法人企业,旨在通过将风险投资运作机制注入曲江新区管辖范围内的中小型文化类企业及项目,使文化企业获得资金支持。曲江风投首创"股权投资＋项目投资"的新模式,一方面企业通过股权融资增强了企业资本的实力,另一方面可以在不稀释企业股权的情况下解决项目资金需求。另外,曲江风投与北京美迅影视传媒公司携手设立了中国西部第一家影视投资基金——曲江美霖影视基金,以有限合伙形式运作,专注于精品影视剧的制作与发行,首期投资规模为2亿元人民币,为西部影视的融资注入了新的生机。

与合作合股模式、银行贷款模式两种模式不同的是,风投直投模式更关心项目。一个项目是否有精良的内容、良好的团队、先进的经营与管理模式等,都是投资人关心的问题。

扫码听书

第四节
如何利用众筹众聚模式

众筹翻译自国外 crowdfunding 一词，即大众筹资或群众筹资，香港译作"群众集资"，台湾译作"群众募资"。众筹由发起人、跟投人、平台构成，具有低门槛、多样性、注重创意的特征，是指一种面向群众募集资金，以支持发起的个人或组织的行为。一般而言是通过网络上的平台联结赞助者与提案者。众筹模式除了运用到企业融资上，还有社会救济、艺术创作、科学发明等。

众筹的原理其实就是人多力量大，中国有句古话："众人拾柴火焰高"，就是众筹模式的意义所在。以互联网众筹为例，每一个互联网用户投资一小份，那么企业就会收获一大份。一般来说，互联网众筹都会迎合广大网友的喜好，在众筹平台上利用一定的品牌效益与人文情怀，筹集来自个人和企业的资金。众筹网站主要包括互联网项目和文化创意项目两大类，文化产业各个行业的众筹融资占目前众筹模式的一大部分，文化众筹的核心就是推广力，力度越大，获得的关注度越高，融到的资金也就越多。

※ 分析案例 《大圣归来》：狂揽 9 亿元的重要因素是什么？

以电影《十万个冷笑话》为例，2014 年《十万个冷笑话》通过互联网众筹平台点名时间进行融资，最终吸引了超过 5000 位电影微投资人，筹集到超过 137 万元的资金，开启了国内众筹电影的先河。而 2015 年电影《大圣归来》上映，狂揽 9 亿元票房，问鼎国

电影《大圣归来》人物海报

产动漫内地票房冠军，与之同样吸引眼球的是片尾的 109 位众筹出品人，他们少则一两万元，多则 10 万元出资，合计投入 780 万元，四倍回报率使《大圣归来》的众筹模式进一步走红。对于文化产业而言，通过众筹模式一方面获得了一定的前期资金，另一方面也提升了知名度，在产品未进入市场之前就吸引了大众的眼球。

文化众筹作为一个新生事物，特别是与互联网产生深度融合后，使人们对文化产业项目更是充满了期待。文化产业本身的文化吸引力让人们在进行投资的时候不单单追求利益回报，对于文化产品和服务的投资也是一种文化价值认可，投资人不仅仅是专业投资人，还可能是明星粉丝、行业认可者等，可以说，文化产业的众筹满足了投资人不一样的需求。目前，以聚米金融为代表的文化众筹平台，对项目方实现了上线项目全部众筹成功的业绩，对用户则通过严格的风控以实现用户的稳健收益，获得了市场的高度认可，实现了较快发展。阿里巴巴旗下的娱乐宝也开创了互联网金融的新模式。越来越多的文化企业使用众筹模式融资，越来越多的众筹平台在互联网上出现，越来越多的投资人关注网络众筹平台……

目前，我国的文化众筹还面临很多挑战，缺少法律保护、企业或投资人缺少专业性知识、众筹平台参差不齐等问题亟须解决，相信众筹模式的发展将给人们带来新的亮点。

扫码听书

第五节
如何利用扶持政策模式

　　我国文化企业的发展离不开政府政策的支持，我们在前面已经做了详尽的梳理。这里我们重点讲融资方面，政府资助包括财政政策与货币政策两个方面，政府针对文化领域的财政拨款又分为文化事业基金与文化产业基金。

　　首先，我们了解一下财政政策与货币政策的区别：财政政策是政府通过对财政收入和支出的调节实现供给与需求相适应，例如政府扩大财政支出，为文化企业及项目进行拨款，就是积极的财政政策；货币政策是指国家的货币当局（在我国为中央银行）通过对货币的供应量和信贷量的调节与控制来实现宏观经济目标，例如降低文化企业的税率等。

　　在财政政策方面，虽然我国文化产业目前是大发展大繁荣的局面，但整体拨款规模一直在持续上升。我国文化产业初创期自身积累不足，政府的财政投入可以有效帮助其进行基础设施建设，为企业的发展建立良好的发展环境。另外，由于文化本身的意识形态性，政府也会直接或间接资助主旋律影视作品等文化产品和服务，以引导文化产业的发展，实现资源的优化配置。在货币政策方面，以图书馆、纪念馆等文化事业单位为例，政府免征营业税；以创新型文化产业为例，政府对重点扶持创新型文化产业可以适量减税，同时对不同文化产品实行差别化税率，旨在鼓励优质文化产品的开发。

**※ 说明案例　陕西政府为什么给文化企业奖励？**

2017 年 10 月中共陕西省委办公厅、陕西省人民政府办公厅联合印发了《关于进一步加快陕西文化产业发展的若干政策措施》的通知。文件中提出，要对文化产业加大金融支持，拓宽融资渠道。具体内容如下：

①对新增国内主板、中小板、创业板上市和新三板挂牌的文化企业，分别给予 1000 万元、300 万元、200 万元和 100 万元的一次性奖励。对进入辅导期和完成备案的拟上市文化企业，分别给予 100 万元、250 万元奖励。对在境外上市的文化企业，以及上市企业再融资活动，给予一次性奖励。力争到 2020 年新增 5 家以上上市、挂牌文化企业。

②对文化企业贷款投资文化产业项目的，按照企业（集团）当年新增贷款利息的 30%—50% 贴息、最高不超过 500 万元贴息；对非文化企业贷款投资文化产业项目的，连续三年按项目当年新增贷款利息的 30%—50% 贴息、最高不超过 300 万元贴息。对符合条件的风险投资机构所投文化产业项目，退出时按净损失额的 10%—30%、最高不超过 300 万元给予补偿。对符合条件的担保和再担保文化产业项目的机构，产生损失的，按照净损失额的 10%—30%、最高不超过 300 万元给予补偿。

③利用创新融资工具，发挥文化企业无形资产评估机构、担保机构等中介作用，鼓励商业银行建立文化产业支行，以知识产权质押、应收账款质押、收益权质押、融资租赁售后回租等融资工具支持文化产业发展。

随着国家财政拨款力度的增强，各种税收优惠补贴政策也愈加完善。土地、税收、融资等扶持政策减小了文化企业的成本，也体现了国家对文化产业的重视。

扫码听书

**第六节**
如何利用公募基金模式

公募基金模式是通过公募基金会进行融资。公募基金会是指面向公众募捐的基金会。按照 2004 年 2 月 4 日国务院第三十八次常务会议通过的《基金会管理条例》的总则第三条定义，基金会分为面向公众募捐的公募基金会和不得面向公众募捐的非公募基金会。公募基金会按照募捐的地域范围，分为全国性公募基金会和地方性公募基金会。

我国《基金会管理条例》第二十九条规定："公募基金会每年用于从事章程规定的公益事业支出，不得低于上一年总收入的70%；……基金会工作人员工资福利和行政办公支出不得超过当年总支出的10%。"这一系列规定决定了我国公募基金会的公益性。和文化产业有关的全国性公募基金会有中国文学艺术基金会、中国国际文化交流基金会、中华社会文化发展基金会、中国电影基金会等。

※ **说明案例　专项基金怎么获得？**

以中华社会文化发展基金会为例，专项基金（活动项目）设立程序主要包括：

①基金会作为社会公益组织，希望与社会各界致力于慈善公益事业的企事业单位或个人，建立开展社会文化公益项目或活动的合作关系。

②基金会与合作方进行协商，就即将开展的公益项目或活动签署《公益合作意向书》或《战略合作框架协议》明确公益合作关系。

③合作方就开展的公益项目提出申请报告（或商榷函）；基金会有关部门（项目管理部或其他部门）向理事会提交推荐报告。

④基金会与公益项目或活动的捐资方，签署《公益捐赠协议书》，开展此项社会文化公益项目或活动的启动资金全部到位。

⑤基金会与公益项目或活动的合作方，签署《公益合作协议书》，确立开展此项社会文化公益项目或活动的各项事宜。

⑥合作双方根据《公益合作协议书》，制定公益项目或活动的《管理规则》以及推荐专项基金管理委员会（以下简称"管委会"）或公益活动工作委员会（以下简称"工委会"）的成员。

⑦所有参与专项基金或公益活动的人员，填写《志愿工作人员登记表》和《志愿工作人员承诺书》。

⑧基金会理事会或理事长办公会审议公益合作项目或活动，根据《公益合作协议书》决定成立有关专项基金及其管委会或公益活动及其工委会。

公募基金会一般有一定的抵扣税额，融资的成本相对来说比较低。运用公募基金的方式进行融资是一种相对安全、保险的融资方式。

扫码听书

**第七节**
**如何利用私募资本模式**

私募资本（Private Placement Capital）是指无须经由政府监管部门审核或注册的非公开证券性资本。在中国金融市场中常说的"私募基金"，往往是相对于公募资本而言的，是一种非公开宣传的、私下向特定投资人募集资金进行的集合投资。

所谓"私募"，就是不可以公开寻找投资人，不可以到公开的市场上去卖。私募的投资人，可以是天使投资人，也可以是风险投资，但不管是谁，私募的投资人一定是"Accredited Investor"，台湾译作"投资大户"，美国证券交易委员会的 D 条款规定，要成为 Accredited Investor，投资人必须有至少 100 万元净资产，至少 20 万元年收入等。在我国国内，私募的起点一般为 50 万元、100 万元甚至更高，由于圈子小、门槛高，企业一般要与私募基金机构合作来进行融资。

**※ 分析案例　什么样的投资成就了阿里巴巴？**

阿里巴巴上市之前有过四轮私募投资：第一轮投资由瑞典著名投资公司 Investor AB 副总裁蔡崇信牵头，促成了 Investor AB 对阿里巴巴的投资，不久后，蔡崇信加盟阿里巴巴，就任 CFO；第二轮投资是在 2000 年日本软银向阿里巴巴注资 2000 万美元，成为阿里巴巴最大的玩家；第三轮投资是在 2002 年，当时正值互联网低潮期，但是阿里巴巴还是通过良好的表现与日本亚洲投资公司签署

阿里巴巴大楼

软银集团

了 500 万美元的战略投资；第四轮投资是阿里巴巴在创办淘宝网与支付宝之后，在 2004 年筹集到包括软银、美国 Fidelity、Granite Global Ventures（GGV）和新加坡科技发展基金在内的四家基金公司共向阿里巴巴投资的 8200 万美元，成就了中国互联网行业最大的私募投资。在私募的帮助下，阿里巴巴成为行业巨头，各大金融机构也收获颇多。当然，也有很多金融机构并未坚持到阿里巴巴上市，以高盛为例，从第一轮牵头投资到第四轮套现股份，高盛并没有享受到阿里巴巴上市后的高额利润。

私募资本投资与风险投资相比对盈利有一定要求，要求高于公开市场的回报，在实施中考虑将来退出机制。私募资本模式主要针对拥有一定规模、稳定现金流的成熟企业，在我国主要倾向于并购基金和夹层融资。私募资本既包括独立投资基金，也包括金融机构下设基金，中外合资基金以及大型企业投资基金。

文化产业的发展，除产业运作外，更需要资本运作。私募股权投资基金参与文化产业，能构建更合理的内部治理机制，创造更科学的评估体系，其优势还体现在资金保障、产业整合、应对竞争等方面。众所周知，基金管理公司的运营靠的是钱生钱的方法，基金公司一般都会要求清晰的回报率，对于文化企业来说投资成本比较高。

扫码听书

## 第八节 如何利用政府基金模式

文化产业发展到今天，已经形成了资本高度渗透的市场，而在文化产业发展的背后，文化产业投资基金的重要性毋庸置疑。一方面，文化产业带来的巨大利润激励着各地政府的业绩；另一方面，产业结构的调整、经济发展方式的转变要求政府重视文化产业的发展。多地政府及相关机构也纷纷成立文化产业投资基金，力图推动文化产业各个环节的发展。

目前，文化产业投资基金的模式主要有三种：政府牵头设立的文化产业基金、文娱上市公司成立的文化产业基金以及创投机构成立的文化产业基金。其中，政府设文化基金是我们国家的一大特色，是政府作为投资人设立的资金，政府在此过程中起示范、引导和支持的作用。主要表现是由政府的专项资金出资一部分、企业出资一部分，大部分由银行垫资，最后由政府政策兜底，虽然名义上是政府运作的，而实际上，最终是通过项目回报完成的。

### ※ 说明案例　文化产业投资基金 200 亿元怎么用？

2011 年 7 月，中国文化产业投资基金在北京成立，由财政部、中国国际电视公司、中银国际控股有限公司和深圳国际文化产业博览交易会有限公司联合设立，基金规模 200 亿元，首次募集 41 亿元，其中财政部出资 5 亿元。这是我国第一支国家级文化产业投资基金，目前该基金已经对新华网、人民网、万方数据、开心麻花、

中国文化产业基金官网

逻辑思维、芒果 TV、华强方特等项目进行了投资。近日，蜻蜓 FM
宣布完成 D 轮融资，估值 25 亿元，由中国文化产业投资基金领投，
也是该基金把目光从影视、网络、游戏等行业扩大到音频行业的
信号。

　　政府设基金模式不仅有利于政府不断推出对文化产业的扶持政
策，出台相关的法律法规和行业标准，而且通过政府的支持，文化
产业的投资也会越来越多元化，为文化企业的发展带来了巨大的推
动力。我们做文化产业，时刻记得要"伸出两只手"，一只手伸向政
府，获得政府扶持和保护，另一只手伸向市场，赢得市场的青睐和
帮助。

扫码听书

**第九节**
如何利用智慧设计模式

所谓智慧设计模式，其实就是文化企业通过一定的策略与智慧获得资金，有点"空手套白狼"的意思。

**※ 分析案例　娱乐宝：100 元就能投资热门影视剧？**

以阿里巴巴数字娱乐事业群推出的"娱乐宝"为例，在"互联网＋"和"泛娱乐"的时代背景下，"娱乐宝"应运而生。对于客户来说，"娱乐宝"实际上是一款互联网金融理财产品，用户在娱乐宝平台上出资 100 元即可投资热门影视剧作品，预期年化收益为 7%，并有机会享受剧组探班、明星见面会等娱乐权益。娱乐宝是 P2B（互联网金融服务平台）的信贷模式，我们可以理解为消费者通过购买阿里巴巴与保险公司的理财产品"娱乐宝"，使"娱乐宝"筹集到所需要的资金，然后再将其投资给娱乐影视公司，最后根据该影视娱乐项目的最终票房收益获得一定的投资利润。2014 年娱乐宝累计投资 12 部大电影，总投资额达 3.3 亿元多，投资项目整体票房近 30 亿元，接近中国当年票房的 10%。娱乐宝已成为全球最大的 C2B（消费者对企业）电影投资融资平台。

2016 年，娱乐宝推出影视衍生品与明星周边开发，这将成为娱乐宝的另一项核心业务，结合自身优势，将平台大数据、多平台资源与粉丝流量整合在一起，是娱乐宝的又一次创新性转型。娱乐宝

娱乐宝官网

娱乐宝

的出现颠覆了传统的融资模式，打开了文化金融的新渠道，为电影融资提供了新模式，通过融资模式的创新，缓解了传统文化融资难的问题，拓宽了融资渠道。

要想"空手套白狼"，首先要明确一点，那就是"天下没有免费的午餐"。没有人能以"零投入"换得回报的。要有回报就一定要有投入，只是投入的多少不同、投入的方式不同（包括有形的或是无形的投入）。这里的关键是智慧的作用，用智慧来"以小搏大"，以最小的投入取得最大的回报。

扫码听书

第十节
如何利用公私合作模式

在这里"公私合作"也就是我们通常所说的 PPP（政府和社会资本合作）模式，就是政府与社会资本为了某项公共产品或服务的建设，达成一定的合作关系，政府通过授予社会资本特许经营权的方式将项目的运营或者建设等环节交给社会资本进行运作，双方通过合同规定各自的权利与义务，最终实现比单独行动更好的效果。

2015 年 5 月，国务院办公厅转发了《关于在公共服务领域推广政府与社会资本合作模式的指导意见》，首次将文化领域纳入 PPP 模式的推广范围，并对各类资本参与 PPP 模式做出了清晰的指引。在第二批政府与社会资本合作示范项目中，文化类项目共 16 个，总投资超过 300 亿元。2016 年 8 月，第三批 PPP 示范项目申报工作已经完成。

PPP 模式的具体流程在本书的后面会讲到，在这里我主要为大家讲一下 PPP 融资模式。PPP 模式是近几年我国开始大力扶持的一种融资模式，它是项目融资的重要形式，重点是项目的建设与运行以及项目收益，至于项目的融资人与资信能力并不是 PPP 模式首先要考虑的内容，项目公司要通过项目经营的收益和政府扶持而转化的效益进行贷款的偿还。

※ **分析案例　宝龙美术馆：PPP 模式的运营**
2017 年 11 月 18 日，上海首个以 PPP 模式运营的文化领域项

宝龙美术馆开幕仪式

宝龙美术馆展厅现场

目——宝龙美术馆经过两年的筹备正式对外开放，这也是宝龙地产在上海的第一个 PPP 综合体项目。据了解，宝龙美术馆的公益性质大于盈利性质，在全国美术馆发展朝气蓬勃的同时，宝龙公司与七宝镇人民政府合作建成宝龙美术馆，宝龙美术馆涵盖展览、教育、研究等功能。作为七宝生态商务区的中心项目，宝龙美术馆的建成不仅能够为商务区带来巨大的引流，还能够丰富商务区的配套设施，实现公司"地产 + 文化"模式的大跨步。

对于文化产业的项目来说，其融资困境和发展瓶颈主要是初期资金不足，或有资金但在运作方面存在困难，面临潜在风险。而 PPP 工程是企业与政府共同用力，相互信任支持，通过政府支持帮助文化产业利用社会资源，将政府的高信用优势与社会资本、民营资本管理运行的高效率结合，实现资源的市场配置，降低民营企业的融资成本，提高文化项目的效率。

### ※ 分析案例　华夏幸福：融资十八般武艺样样精通

华夏幸福基业股份有限公司创建于 1998 年，是中国领先的产业新城运营商。作为一家民营企业，由于产业新城的不确定性、收益的未知性和历年来负债率过高等问题，华夏幸福注定无法通过银行贷款获得较多的资金。而华夏幸福在四年里融资 3000 亿元，根据华夏幸福 2015 年的财务报表，华夏银行全年银行贷款金额还不到整体融资金额的三分之一。在 2016 年房地产上市公司中排第七位，华夏幸福堪称"花式融资百科全书"。

信托借款

华夏幸福非常擅长信托融资，2015 年信托融资占了总融资的40%。房地产信托有贷款型信托融资、股权型信托融资、混合型信

华夏幸福与京东集团战略合作签约仪式

托融资、财产受益型信托融资四种模式。信托融资的成本比较高，但是由于门槛低、选择面广、数额巨大，一直是房地产公司比较常见的融资手段。

### 房产销售

华夏幸福融到数目可观的资金，说明负债率也是相当高的，但是能保证一定的现金流正常运转，离不开华夏幸福的房地产销售。华夏幸福的住宅销售一直保持着稳定的增长速度，到 2015 年达到723.53 亿元，这是企业规模扩张的重要保障。

### 夹层融资

夹层融资结合了固定资本收益和股权收益的特点，简单地说就是明股暗债，表面上看是股权转让，但是实际上约定时间回购股权和差价，是种介于股债之间的融资模式。由于夹层融资既能解决企业的资金需求，又能保障企业的股权不被稀释，华夏幸福在夹层融资上屡试不爽，先后把旗下公司的股权转让给各大信托公司。

### 售后回租

售后回租实质上是融资融物相结合的融资方式，一般表现为出卖方将资产出售后，又从购买方租回的过程。售后回租对于华夏幸福来说是一种风险小、回报大的融资机会，华夏幸福将地下管网进行售后回租式的融资，不仅仅能够盘活资本，还能够美化报表、管理市值。

### 银团贷款

银团贷款一般是由一家或两家银行牵头，两家以上的银行或金融机构基于相同的信贷条件和贷款协议向借款人提供资金。银团贷款在海外融资市场比较常见，由于由多家金融机构组成，那么它所能够提供的资金也就是巨额的，还能在一定程度上避免同行业的竞

问津产业新城 PPP 项目合作协议签约仪式

争，华夏幸福的银团贷款主要是通过农信社进行的。

债务重组

债务重组和转让是华夏幸福融资的一种巧妙方法，债务快到期时，就将债权以现金形式卖给第三方。2014 年，恒丰银行对华夏幸福子公司三浦威特享有 8 亿元债权即将到期，经过协商后，恒丰银行将标的债权转让给长城资管，进行三十个月的债务重组。相当于延长了三十个月的银行还款期限。

短期融资券和中期票据

短期融资券和中期票据都是企业在银行间债券市场发行的一种融资工具。华夏幸福作为上市公司，具有较好的资产和项目，在债券市场发行融资工具是相当容易上手的，而且银行间债券市场规模大、成本低，能够降低融资成本。

以上是华夏幸福比较重要的几种融资手段，业内很多人分析华夏幸福的融资模式有二十一种，除此之外，还有特殊信托计划、定向增发、委托贷款、股票质押等。2016 年末华夏幸福总负债为2119 亿元，超高的负债率也让华夏幸福不得不通过各种方式进行融资，获得资金周转。华夏幸福之所以能够获得如此之多的融资，也在于其房地产行业较高的毛利率和企业本身较好的社会关系与社会信誉。

华夏幸福标识

华夏幸福、固安新兴产业示范区、问天量子战略合作签约仪式

**小结**

 扫码听书

　　值得注意的是，文化企业在融资时一定会提到权利的分配问题，主要的权利分配是指股权、期权、分红权和本息权。股权即股东的权利，包括人身权和财产权的综合权利，股权越大，对公司的话语权和控制权也就越大；期权是在一定时期内或者指定时间向投资人提供事先规定好价格的金钱或产品；分红权是股份公司在赢利中每年按股份份额的一定比例支付给投资者红利，一般情况下股权比例和分红权比例一致；本息权就是投资人要求文化企业既要还本还要还息，比如我们上面说的私募、众筹等融资方式。

　　无论是哪一种权利分配，文化企业一定要把控好"权"，不能为融资而融资，也不能把融资看成一种没有任何后果的保险手段。实际上，无论哪一种融资都是有一定风险的，因为文化产业本身的风险性决定了你很可能"赔了夫人又折兵"，如何用较小的投入实现较大的产出，实现效益的最大化，是每一个文化企业在融资时时刻谨记的原则。

　　我们前面介绍的十种融资方式并不是全部的融资渠道，随着"互联网＋"的进一步深入，文化产业融资还会出现越来越多的方式，每一种方式也在不断被赋予新的内涵。我们上面说的每一种方式都可以融到钱，但是你所付出的代价是不一样的。文化企业在进行融资时，一般情况下，首先选择成本较低的进行融资，其次再选择成本相对较高的，我们的原则是尽可能用最低的成本获得最多的资金。

　　我国正处于文化产业发展的关键时期，虽然文化产业正处于大发展大繁荣的局面，但文化产业的融资仍然是一项难题。在借鉴先进国家融资模式的基础上，立足于我国的实际情况，充分发挥整体资源优势，建立多元化的融资体系，是今后促进文化产业发展的关键。

未来，在文化产业的融资方面，应该进一步提升文化产业相关企业的自身素质和信用等级、完善文化产业的信用担保机制、创新文化企业财政投入方式、吸引国外资本，实现融资渠道、融资方式和融资手段的拓展与创新。政府、金融机构和文化企业本身都应该尽最大可能地为文化企业的融资创造良好的资本环境，激活文化产业发展的血脉，实现各个环节的高效配合，更好地促进文化产业和国民经济的发展。

# CHAPTER 第六章

文化产业
"智"谋企业经营战略
WISE SCHEMING OF ENTERPRISE
MANAGEMENT IN CULTURAL INDUSTRY

扫码听书

我们前面讲了很多企业在面对市场、消费者、时代背景、土地、政府等方面应该采取的策略，下面我们讲的是企业在面对自身时应该采取的战略，也就是企业管理与治理方面的问题。

**"智"谋企业经营战略 打造你的企业文化**

2017 年前 10 月，全国城镇新增就业完成 1191 万人，提前完成政府工作报告 1100 万人的就业目标。三季度末全国城镇登记失业率 3.95％，是自 2008 年以来的历史最低点，三季度市场求人倍率达 1.16，创历史新高，众多数据表明，我国人才市场就业形势稳中向好。

"人才强国"战略早在 2007 年就作为发展中国特色社会主义的三大战略之一被写在党章里，人才资源成为关系着国家竞争力强弱的基础性、核心性、战略性资源。人才的重要性，对国家如此，对企业也是如此。现代企业最大的竞争就是人才的竞争，企业人才的素质就是企业的整体素质，将会直接影响企业的发展和方向，所以，企业如何吸引人才、用好人才、留住人才，是企业管理的头等大事。

"21 世纪最重要的是人才"，近几年，人才争夺战不仅发生在各个行业内，也发生在一二线城市中。目前，我国人才在岗位上、地域上、专业上都有很大的差距，人才市场的培育和发展相对滞后，在就业观念和择业观念的不断发展变化下，越来越多的企业重视企业文化和团队意识的建设，树立企业在大众心目中的形象。

我认为现代企业管理分为硬性管理和软性管理。硬性管理是指企业管理制度的制定，企业制度使企业有一个现代管理架构；软性管理是对企业文化的培养，一个好的企业文化能够使企业更加充满生机与活力。软性管理与硬性管理互相配合，相辅相成，共同成为企业发展的基础和动力，实现企业的核心能力和其他配套能力的建设，从而进一步实现企业的战略目标。

企业的规章制度是企业用来规范员工工作和企业运作的具体范式。企业制度侧重于颁布一些方式、标准、原则类的规章，例如员工培训制度、奖惩制度、组织机构制度、人事管理制度、财务管理制度、员工福利制度、员工勤务制度等等。企业根据《劳动合同法》等相关法律，制定一系列具有可操作性的、完备的、逻辑合理的规范章程。

企业文化包括企业的价值观念、精神内涵、经营哲学、团体意识、道德意识、企业形象等方面，其中价值观念是企业文化的核心。一个国家的文化价值是国家的灵魂，企业文化也是企业的灵魂，这里不是指企业在经营中出现的各种文化现象，而是特指企业与员工在从事经营活动中所秉承的价值观念。企业文化能够激发员工的使命感、凝聚员工的归属感、加强员工的责任感、增强员工的荣誉感、实现员工的成就感。

企业制度管理和企业文化管理都追求效益，但是前者在追求效益时把人当作客体，后者则是在追求效益时将企业文化自觉地应用于经营活动中，把创造性的人置于经营活动的中心。企业管理能够增强企业的运作效率，让企业有明确的发展方向，使每一个员工都能发挥出自己的最大潜力，从而进一步树立企业形象，培育企业在市场竞争中的实力。

扫码听书

第一节
如何颠覆传统管理模式

由于我国知识型经济进入市场的时间不长，大部分企业管理都是在摸着石头过河。但是可以印证的是，传统的企业管理模式在市场经济的高速发展下处于滞后状态，越来越多的企业需要现代企业管理模式来进行企业管理。

### 6.1.1 传统企业管理模式的弊端

随着时代的发展，传统企业管理理念已经不适应我国社会主义市场经济的发展，在互联网时代的大背景下，其弊端日益暴露。现代企业管理的理念能够实现资源的优化配置，形成权责明确、科学规范的新型企业内部管理机制，得到了业界人士的肯定。

我国传统企业管理模式的弊端主要有以下几点：

第一，缺乏规范性和科学性。在我国传统企业中，企业大权一般掌握在一个人的手中，同时以这个人为中心的家族管理形式也就出现了，管理层或者员工大部分为家族内部人员，导致企业在奖惩机制、员工关系上有失公允，从而导致人才流失。另一方面，由于企业领导人专业背景不对口，缺乏一定的管理经验与管理知识，再加之领导人事务繁忙，无法全面而及时地获得企业材料和信息，单靠一个人来判断工作进度与企业员工的工作能力，往往会使企业处在危险的边缘。

复兴文明项目推进会

第二，过度依赖行政化手段，缺乏灵活性。传统的企业管理模式重视制度的建设，其宗旨是以严密的制度约束确保员工按照企业要求进行工作，而严密的规章制度在一定程度上又缺乏灵活性。以文化产业为例，文化产业作为知识型经济的代表产业，提供的文化产品与服务既有有形的也有无形的，而传统企业的管理模式忽视了人的无形劳动，一味追求产品数量，已经不适应现代社会的市场经济发展。

第三，忽视人才队伍建设，缺乏团队意识。传统企业管理模式更重视对"物"管理，擅长对物的分配、调度、安置和收入，而忽视对"人"的管理，难以调动人的积极性。在"互联网＋"的背景下，企业更趋向于团队发展，特别是在文化产业中，团队作战是现如今相当常见的模式，影视、游戏、漫画等产品的产出不再是零散模式，而是以团队的形式让每一位员工的专业技能得到最大限度的实现，合理配置人力资源。

第四，忽视企业精神内涵，缺乏文化建设。传统的企业管理并不重视企业文化建设，直到如今，谈及企业文化建设，中小企业仍然嗤之以鼻。诚然，企业文化作为上层建筑，在一个企业生存都难以解决时，谈及企业文化确实是虚无缥缈的。但是这并不意味着企业可以没有企业文化，传统企业缺乏凝聚力与向心力的重要原因就是企业文化的缺失，特别是在文化产业中，我们的员工一般都是80后、90后，他们的择业观发生了翻天覆地的变化，对企业的文化理念在择业和就业中也格外关注。

### 6.1.2 现代企业管理模式的特点

随着新经济、新技术和互联网的发展，人们的择业观念也不断发生改变，很多人跳槽频繁，特别是企业中坚力量纷纷走出企业投

张普然老师全国座谈研讨会

身于创业之中。另外，员工的企业责任感渐弱，即使公司激励机制健全，但仍然让传统企业忧心忡忡，传统企业的管理模式不仅很难留住人才，也很难实现人才潜能的释放。

与传统企业管理模式不同的是，现代企业管理模式在一定程度上克服了传统企业管理模式上的弊端，现代企业管理模式发展到现在主要有以下几个特点：

战略化管理：现代企业管理重视企业的长远发展，企业在对内部环境的理性分析的基础上，确定企业在人力资源方面的目标和未来企业发展所需要的人力资源机制。然后根据目标制定出一系列的战略性策略，例如战略性绩效管理体系、战略性薪酬管理体系等。战略化管理具有一定的整体性、计划性和长久性，企业的战略化管理是基于企业发展战略的有机组成部分。

信息化管理：信息化管理是企业现代化管理的突出特征。互联网不仅颠覆了传统的企业经营管理理念，还影响着企业的生产方式、经营方式、营销方式、业务流程等各个环节。信息化管理就是将现代信息技术与先进的管理理念相结合，不仅仅要求企业管理利用好互联网这个工具，而且还要求企业运用互联网创新管理模式，从而使企业实现扁平化管理和网络化管理。

人性化管理："以人为本"是现代企业管理模式的核心，随着社会经济的进一步发展，企业管理中的物质资本地位下降，人力资本地位上升，知识型经济的发展主导要素归根结底还是人才，通过人的脑力劳动和创意思维，才能为企业的经营与管理带来创新与发展。对人才结构的调整、对员工的职业生涯规划、对人才潜能的挖掘和对员工的人文关怀都是现代企业管理尤为关注的问题。

弹性化管理：社会经济的高速发展对企业管理的弹性与适应性都有较高的要求，现代企业管理制度让员工在一定的条件约束下，

迪士尼主题乐园

拥有自我调整、自我反思、自我选择与自我管理的余地。弹性化管理是企业动态管理的具体手段。弹性又可以分为内部弹性（如"弹性时间""弹性工资"等）和整体弹性（如"弹性计划"）。弹性化管理是人性化管理的延伸，弹性化管理在一定程度上能够激发员工的创造力和积极性，从而提高工作效率。

随着知识经济的进一步发展和全球经济一体化步伐的加快，企业的经营与管理环境也发生了重大的变化，企业管理进入新的时期，企业管理理念与管理实践在时变时新，包括文化产业在内的企业在进行管理时，要认清自身发展情况与社会时代背景，运用现代企业管理理念，实现战略化、信息化、人性化、弹性化管理。

### ※ 分析案例　12000 多名上海迪士尼员工如何管理？

去过迪士尼乐园的人都会惊讶于那里的工作人员为何总是随时给顾客带来快乐的感受。作为一家巨型跨国企业，迪士尼的员工管理是一项重大的问题。据了解，2017 年初，十所高校与上海迪士尼度假区启动"上海迪士尼度假区储备人才班"项目，上海迪士尼乐园总经理郭伟诚表示，至 2017 年初乐园已雇佣 1 万余名演职人员，准备 2017 年招募 2000 名员工和实习生。下面，我们主要以迪士尼主题乐园的人力资源管理为例，为大家提供可以借鉴的员工管理模式。

员工招聘

迪士尼在进行员工招聘时十分重视员工的形象是否与迪士尼的企业文化相符。着重发掘乐观活泼、乐于助人、热爱生活、喜欢微笑的应聘者，只有应聘者有上述的个性特征，迪士尼才会根据应聘者的具体兴趣、技能等为应聘者匹配最佳的职位。微笑的力量在迪

迪士尼乐园

士尼公司应聘时占了相当的比重，当考官把迪士尼玩偶交给应聘者时，就意味着应聘者更有可能被聘用。

迪士尼在员工招聘，特别是演职人员的招聘时，更看重员工不仅仅是员工，而是"演员"。在应聘者前来应聘时，公司会主动向他们发放详细的公司雇员工作条件、所应遵守的规章制度和相应岗位的工作内容。迪士尼的每个岗位都有详细而又简洁的岗位指导手册，明确了员工的工作流程和相关事宜，包括该做什么不该做什么，能够让员工在最短的时间内完成自己分内的工作。

员工培训

迪士尼大学是迪士尼本人早在 20 世纪 50 年代开设迪士尼乐园时就酝酿的事情。迪士尼大学拥有各种各样的多媒体教室，并配有图书馆、实验室等，门口有一块醒目的牌子上写着"欢迎来到迪士尼大学，在这里你就是那颗星星"。每一位新员工都要学习一堂名为"tradition"的课，了解迪士尼的相关历史，由迪士尼的老员工担任讲师对迪士尼的历史与传统进行讲解。"tradition"课结束后，新员工会在工作人员带领下实地考察，让新员工深刻了解迪士尼的企业文化和传统历史。

了解企业历史与文化后，公司将对新员工进行相应岗位的技能培训，一般采用一对一导师制的方法让员工参与培训，培养员工的团队意识，也帮助员工更好地理解自己的角色。例如员工要扮演白雪公主，就要反复体会白雪公主的说话语气、惯性动作、表情神态等，将白雪公主这一形象贴切地表现出来。

员工管理

对于各部门主管而言，整个乐园就是其办公室。所有主管 70% 以上的时间都在园区内走动，目的不是监督部门员工，而是更好地观察游客的反应，收集消费者的反馈信息，从而在运营中更好地调

🏠 首页　　　🛒 商店　　　🎡 乐园　　　　▶ 影视　　　📱 数码　　　🎧 迪士尼英语

## 明星

米奇和他的朋友们　　迪士尼公主　　赛车总动员　　小公主苏菲亚　　冰雪奇缘　　星球大战

迪士尼官网

整和改善。

迪士尼的高管人员队伍不仅仅拥有卓越的领导能力，具备一定的专业知识和基础素养，还擅于与下属沟通和交流、培养团队意识。

员工考核

迪士尼有一个专门的部门被称为 secret shopper（神秘游客）。他们伪装为普通游客的身份，不定期对各个景点的各个部门员工进行明察暗访，通过对游客的反馈、对工作人员的专业性询问、对员工关于公司和工作环境的维护，最后撰写一份评估报告，这份报告没有针对性，只是保证园区运营流程的标准性。

除此之外，迪士尼员工考核由每个部门的管理者或者部门经理根据部门自身的特点负责。部门经理通过具体实地考察，收集员工信息，最后与员工开诚布公地交流，给予建议和意见，为员工的奖惩提供一定的依据。

员工激励

迪士尼十分重视员工工作的内在报酬，也就是员工对工作、对公司的胜任感、成就感、责任感和满足感。迪士尼招收新员工的口号是：跟着我，你会得到世界上最好的工作。迪士尼深知只有员工获得了真正的幸福与快乐才会传递给顾客，于是努力调动每一位员工的创造性和积极性，完善员工内部沟通网络，塑造了健康向上、充满活力的企业氛围。

另外，迪士尼还非常重视员工福利。员工可以不限次地免费游玩乐园，在园区内购买纪念品、入驻迪士尼酒店都享有折扣，同时还可以免费参加迪士尼的各种节庆活动，子女可享受为迪士尼员工子女设立的奖学金等。

　　作为跨国公司，迪士尼重视员工的文化差异。迪士尼后勤部门会不定期根据各国在国际上有一定影响力的节日举办各种各样的主题聚会，聚会上会有具有节日特色的节目。员工在工作时也会佩戴标有自己母语的胸牌，不仅促进了文化的交流，也避免了一些尴尬。

扫码听书

第二节
如何突破企业激励机制

目前，我国经济结构正在发生着巨大的变化，知识型经济在国民经济中所占的比重越来越大，知识型人才的就业观也受到包括文化产业在内的各个行业关注。知识型人才一般具有较强的专业素质和较高的学历，他们追求个人职业发展和自我价值的实现，在择业和就业时能够独立判断，重视工作环境和团队协作，同时，由于知识型经济产业大多数为脑力劳动，工作过程难以监控，他们活跃的思维也使他们在就业和择业时容易三心二意，具有很强的流动性。

对于知识型员工来说，企业的激励机制很大程度上影响着他们的去留，他们不仅关心企业的薪资，同时也在乎企业福利与个人职业发展。企业在制定员工激励机制时，要注意物质激励与精神激励相结合、短期激励与长期激励相结合。随着 95 后逐步踏入社会，特性的、与他们追求相符的企业文化也将影响他们的就业与择业观。

※ **分析案例 什么样的人才机制让华为成为中国优秀企业？**

2017 年 7 月底，华为消费者业务部发布了年中业绩报告，2017 年上半年，华为智能手机销售收入为 1054 亿元，同比增长 36.2%。近年来，华为的成长有目共睹，华为公司成立于 1987 年，到 2017 年整整三十年的时间，华为全体员工付出了艰苦卓绝的努力，使华为成为现今国内最大、全球第二大通信供应商。目前，华为约有 18 万名员工，业务遍及全球 170 多个国家，服务世界三分

华为总部

之一的人口。

在谈到华为人才激励机制的时候，任正非说："我们是摸着石头过河，没有理论基础。我们的激励机制主要有两个方面：一是不让雷锋、焦裕禄吃亏，不让焦裕禄累出肝病，不让雷锋穿破袜子；二是集体奋斗。"华为公司的激励机制主要体现在以下几个方面：

薪酬激励机制

华为十分重视员工的薪酬。据说，早在 20 世纪 90 年代，很多人还对人力资源知之甚少的时候，任正非就拍板花 2000 万元请咨询公司为华为做了薪酬架构梳理和重塑人力资源管理体系。华为一直以来都是高工资企业，"高工资、高效率、高压力"是华为员工的重要体验，任正非坚信高工资才是第一推动力。早在 2001 年，那一年华为共招收应届毕业生约 6000 人，其中研究生薪资达 7000 元，本科生薪资为 5500 元。

华为的高薪制度验证了"重赏之下，必有勇夫"的俗语。当然，高薪并不仅仅是单纯的企业无条件提供高工资，华为也相当重视薪酬的公平性，设计了一套"定岗定薪，易岗易薪"的薪酬体制，按照每个部门给企业带来的效益，根据不同的部门设计不同的薪酬，薪资发放一直秉承着向优秀员工倾斜的原则。华为员工的外部报酬除了工资还有一部分奖金，奖金按照员工所在的部门进行发放，每个部门都会不同。

股份激励机制

除高薪和奖金以外，华为员工还有可观的股权分红。从 1992 年开始，华为开始推行员工持股制，华为员工入职满一年并且有一定级别后，公司会根据其工作表现、职位等分配给他一定份额的内部股票。据了解，华为内部职工的投资回报率达到 70% 甚至更多。

2015 年，华为高级副总裁陈黎芳在北京大学做宣讲时放下豪

华为突尼斯法语培训中心

言：奋斗越久越划算，工资变成零花钱。2001年华为股权制度调整，将员工股更名为"虚拟受限股"，调整后，员工不再配发原始股票，而是以公司年末净资产折算价值的期权，股权发放也逐渐放慢了脚步。这种转变意味着华为的股权激励制度从普遍激励到重点激励。华为内部持股制度大大增强了企业的凝聚力，员工与企业利益共享、风险共担。

职权激励机制

华为的大多数员工为知识型员工，他们十分在意自我价值的实现，并强烈希望得到公司的认可和尊重。华为内部有细致的员工晋升指南，只要你足够出色，无论你是负责技术还是负责管理，都可以往更高的级别发展。

华为基本法是华为的管理大纲，华为基本法中体现的干部选拔标准是："尊重有功劳的员工，给他们更多一些培训的机会，但管理人员一定要依据能力与责任心来选拔给他们更多一些培训的机会。进入公司以后，学历、资历自动消失，一切根据实际能力、承担的责任来考核识别干部。"

荣誉激励机制

华为专门设有荣誉部，荣誉部对员工进行考核后，主要负责发荣誉奖和报道先进事迹。奖状和报道看似都是无形的精神鼓励，但是对于每个员工来说，都是荣誉的象征。

在员工被外派海外时，公司会举办大型的欢送会，欢送会被赋予了抽象而崇高的含义，例如任正非在欢送会上会讲到华为拓展海外市场不仅仅是为了企业的发展，更是为了祖国实力的增强和民族的振兴。虽然这种动员不乏"洗脑"之嫌，但是确实产生了一定的号召力。社会心理学家塔芙·勒庞曾说："当群体以名誉、光荣和爱国主义作为号召的时候，最有可能对群体中的个人产生影响，甚至

华为积极参加海外通信展

于可以让他到达为此牺牲的地步。"

华为从成立初期到现在，逐步建立了一套独特的人才激励机制与企业文化，吸引了一大批来自国内外的行业优秀人才。华为人付出了巨大的热情与努力，创造出了中国民营科技企业令人叹服的神话，成为中国现阶段发展相当优秀的企业之一。

扫码听书

第三节
如何打造核心高效团队

随着市场经济的发展，传统的企业管理模式已经不适应时代的变化，特别是在文化产业中。"主创团队（主要创作团队）"一词频繁出现在人们的视野中，"团队意识""团队管理"成为文化产业各个行业进行企业经营管理时不得不关注的问题。我认为，一个高效率、强执行力、充满梦想的团队要具备以下几个条件：一致的目标、相关的技能、相互的信任、确定的承诺、差异化的管理、恰当的领导、外部的支持。

※ **分析案例 《西游记》：什么样的团队才能取到真经？**

《西游记》中唐僧师徒四人在目的、性格、经历截然不同的情况下，依然历经九九八十一难，团结一致去西天取得了真经。唐僧师徒四人是典型的团队组合，也蕴含着典型团队的成功基因。

一致的目标：《西游记》从唐僧上路就有了清晰的目标，即西天取经。无论唐僧师徒四人出于什么原因一起上路，他们的目标是一致的，为了完成这一致的目标，他们不得不在一定程度上接受自己的团队。

相关的技能：从唐僧师徒四人身上看，四人分别饰演了团队中的德者（唐僧）、能者（孙悟空）、智者（猪八戒）、劳者（沙僧）。唐僧作为团队的核心与领导者，主要负责团队的道德引导和关系协调。能者孙悟空是唐僧团队中最有能力的一员，他具有超强的执行

电视剧《西游记》师徒四人

力，能够快速解决团队问题，高效完成工作。关于猪八戒，褒贬不一，但是他也是团队中不可或缺的一员。虽然好吃懒做，但是工作基本保质保量，虽然自私自利，但是对团队忠诚，比上不足比下有余，还能给团队带来快乐与活力。沙僧是团队中的劳者，他踏实肯干，任劳任怨，负责团队中的"后勤"，挑着担、牵着马的活都是沙僧来干。

相互的信任：无论唐僧师徒四人的经历如何，甚至对对方有什么偏见，他们在踏上取经之路时，就必须信任对方，信任对方能够不背叛，信任对方能够做好手上的工作，信任对方能够一起克服困难。团队的信任达到一定程度后，就会产生团队默契，这样，工作效率就会更加高效。

确定的承诺：就是团队完成了目标后，团队整体和团队成员将会得到什么，例如升职、加薪等。在《西游记》中，"上级"对唐僧团队的承诺是升仙成佛，于是唐僧师徒每个人为了自己的目的而努力着。

差异化的管理：差异化的管理是团队领导根据团队中每个成员的个性与技能，给予一定的管理与引导，"对症下药"。对于唐僧而言，为了管住孙悟空的自由散漫、脾气暴躁等缺点，给他戴上了紧箍咒。孙悟空这种员工就是人力资源管理中最棘手的明星员工，他能力出众又不听管束，甚至可以不顾后果挑战上级权威，很容易成为团队中的焦点，但是缺少做领导的多元能力。这种员工也是领导心中的重点观察对象。

恰当的领导：在《西游记》中，虽然唐僧是一个"花瓶"，但是没人比唐僧更适合做这个领导。在团队运作中，领导既要让团队中每一个成员的潜力得到最大的发挥，又要能够恰当地引导他们的行为和思路，唐僧在处理与上下级关系时井井有条，层次分明，有自

开心麻花团队

开心麻花喜剧《莎士比亚别生气》

己的策略和方法。

外部的支持：看过《西游记》的人都知道，孙悟空一旦有斗不过的妖魔鬼怪，就跑到佛祖如来与玉皇大帝那里求助，从而得到各路神仙的帮助，最终渡过难关。而对于佛祖如来和玉皇大帝而言，支持唐僧取经就是在一定程度上维护他们的佛教制度与天庭制度。

当然，唐僧师徒团队也有一些缺点，例如对于三位徒弟来说，取经并不是他们的本职，也不是他们的意愿，他们是被强迫的，这在一定程度上影响了他们的工作积极性。现代企业管理需要借鉴的是，人无完人，没有完美的团队，每个团队的成员也都有各种优缺点，学会取长补短、积极引导、"因材施教"，实现人力资源的优化配置，让团队团结高效运作起来。

### ※ 分析案例 "开心麻花"：民营剧团靠什么成为最具影响力喜剧公司？

开心麻花从 2003 年创立至今，已经在国内产生了较好的口碑与品牌效应，旨在将"高高在上"的戏剧拉入普通人的柴米油盐日常生活中，培养和发展了一大批喜剧演员、导演、编剧，开心麻花团队成为目前我国喜剧市场的中坚力量。2016 年，借助新三板挂牌的声势及数亿融资，开心麻花演出业务场次达 1628 场，演出收入达 2.63 亿元，同比增长 42.6%，平均每场收入 16.2 万元。演出地域广、观众数量多，其愿景"成为中国最有影响力的喜剧公司"已经基本实现。

制度：制片人中心制

开心麻花团队很早以前就开始实行制作人中心制，编剧和导演会与制作人讨论剧本，如果剧本过于艺术化，脱离群众，就不会被批准。制片人对市场有敏锐的洞察力，他可以不是话剧专业人士，但

电影《驴得水》剧照

是制片人中心制能够提升营销策略与团队协作，保证影视作品的市场。

以舞台剧为例，孙恒海作为《驴得水》的制作人，一直想把西方百老汇戏剧的运作模式植入中国，致力于与同行制作人合作。在《驴得水》的创作与演出中，孙恒海只在定主旨、联排和正式演出时参与三次舞台剧的讨论，其他时间，他都在忙于联系剧场、拉赞助，让《驴得水》能够顺利演出，并且制定一系列的宣传计划，除了为《驴得水》的市场把关，孙恒海不会干涉导演的创作。《驴得水》剧本从没人接手到一票难求，并且在 2016 年上映同名电影，离不开制作人的运作。

资源：闭环式原创 IP 产业链

开心麻花创始人刘洪涛曾说："资本市场看重的是原创 IP 的能力。"而 IP 的产生又离不开人才，开心麻花特别重视人才的培养，他们从全国各大戏剧学院招聘演员、编剧和导演，然后通过开心麻花专门的培训班进行培训，经过两个多月的培训后，再以差不多 1∶5 的比例选出适合的人才进行实习，从培训到最后成为正式员工，筛选率达到将近二十分之一。

手握二十多部原创话剧 IP 的开心麻花，不仅在舞台剧演出中获得现金流，而且通过舞台剧演出不断打磨剧本、培养演员，然后将千锤百炼的剧本、演员投入电影拍摄。开心麻花拥有自建票务系统，演出的票房将近一半是从自建票务系统出票产生的，这让开心麻花省去了很多成本。获得丰厚的电影票房与品牌影响力后，电影进而反哺舞台剧演出，从而形成闭环式的 IP 产业链。

粉丝：品牌定位带动忠实用户

明确的品牌定位带来了明确的消费者群体。开心麻花公司很早以前就把品牌定位在"贩卖开心"上。开心麻花的定位与"赵家班""德云社"等其他民间剧团区别开来，以 25—45 岁的青年白领、

电影《夏洛特烦恼》宣传海报

电影《羞羞的铁拳》宣传海报

金领为目标观众，根据目标观众的喜好，制定出了趣味、时尚又不乏人性讽刺与社会内涵的剧目，通过小人物面对变故、灾难时的诙谐调侃，缓解现代青年人的压力。

开心麻花之所以能够从民营剧团走到院线电影，冲破传统话剧与电影的屏障，离不开广大粉丝的支持。开心麻花从成立之初，就开始运营会员制度，每场演出都有工作人员负责观众的会员办理，到下一场演出的时候，工作人员会挨个联系会员，邀请他们前来看剧。于是开心麻花吸引了一批铁杆粉丝，这一波最初的舞台剧粉丝也成为小成本、无明星电影《夏洛特烦恼》14.44 亿元票房的第一批功臣。

至 2017 年底，开心麻花一共上映了四部院线电影：《夏洛特烦恼》《一念天堂》《驴得水》和《羞羞的铁拳》。仅仅四部电影奠定了其在国产电影特别是喜剧片中的地位，2017 年国庆档上档的《羞羞的铁拳》以 14.64 亿元夺下国庆档票房冠军，到 2017 年 10 月底成功突破 20 亿元票房。

张普然老师项目地考察与指导

**小结**

扫码听书

　　企业经营管理的好坏影响着企业的发展速度与发展方向。现代管理之父彼得·德鲁克认为管理是一架精密的机器，领导通过决定目标、细致分工、整体协调和评估激励等方式使整架机器实现高效、协调、一致运作。德鲁克的理念值得我们学习和借鉴，但随着互联网时代的发展，企业管理不断被赋予新的内涵，企业管理不能因循守旧、照搬照抄。

　　但是值得肯定的是，现代企业管理模式仍然适用于绝大部分企业。企业在进行管理时，要根据自身实际情况，制定切实可行的管理模式，由于行业不同、定位不同、地域不同等差异，每个企业在具体管理时也千差万别，根据实际进行管理模式的创新和改良是现代企业管理模式的重要趋势。

　　我们复兴文明集团自成立至今，不断刷新管理理念、创新管理模式，运用关联模式、计件模式、积分模式、晋升模式等管理手段，集团与员工由相知到相许，由雇佣关系变为合作关系，携手同行，复兴文明。

# CHAPTER
## 第七章

文化产业

## "智"通文化全IP产业

WISE LINKING OF WHOLE IP INDUSTRY
IN CULTURAL INDUSTRY

扫码听书

近几年，IP 一词成为文化产业中火得不能再火的定义。如果当今文化娱乐产业的工作人员还不知道 IP 这个词，确实是已经落伍了。随着内容时代的来临，IP 市场蓬勃发展，产业结构不断完善。

2015 年，被称为"IP 元年"，中国影视文化产业、动漫产业及游戏产业由此进入"IP 时代"，大 IP 运营思路在行业内不胫而走且大行其道。受影视、动漫和游戏三界的热情追捧，上游的网络文学大火，著名 IP 及各种非著名 IP 都卖了个好价钱。2016 年，中国旅游业也不甘示弱，喊出了"2016 年是旅游 IP 元年"的口号。2017 年，上游市场规模达到 100 亿元左右，中游市场规模已经接近 1000 亿元，下游市场更是超过 2000 亿元。近几年文化企业出现了"得 IP 者得天下"的言论，文化企业的竞争正在演化成一场 IP 资源的竞争。IP 产业规模不断拓展，未来大有作为。

**"智"通文化全 IP 产业 拥抱大 IP 时代**

从迪士尼、airbnb、YouTube、Instagram 到微信、Papi 酱、《盗墓笔记》，IP 浪潮席卷全球，这不仅仅是互联网领域的革命，更是未来商业的游戏新规则。以 IP 为起点，将产品、品牌、渠道、用户等商业元素融会贯通，赋予 IP 一定的文化内涵与巨大的商业价值，同时 IP 价值不断沉淀，并形成新的商业反哺。在 IP 的催化作用之下，流量、用户、产品等要素又融会贯通起来，形成了强大的 IP 产业链。

丰富的内容、个性化的互动、快速的变现渠道、自带流量的话题……近几年，IP 的概念越来越广泛，IP 所具备的特性使其从简单的版权概念转变成具有商业价值的文化产业新元素。借着"互联网＋"的东风，文化产业的 IP 时代已经到来。

电视剧《芈月传》

电影《致我们终将逝去的青春》

电视剧《如懿传》定妆海报

网络文学超级 IP《小时代》系列

　　近年来，IP 的含义跨越了越来越多的行业，IP 的价值也得到越来越多的行业认可和追捧。IP 在美、日等国家已经屡见不鲜，特别是漫威动漫与日本动漫的不断改编，美、日等国的 IP 行业已经具备一定的规模化、影响力和价值度。

　　而在中国，除了早年的《会有天使替我爱你》《泡沫之夏》《那些年我们一起追过的女孩》等，我国文化产业意义上的 IP 大年起始于 2013 年。随着《小时代》系列、《致我们终将逝去的青春》等由小说改编的影视剧大行其道，由此开启了 IP 大热的序幕。到 2016 年，各大卫视的意向购买剧目中，80％以上都是 IP 大剧。在 2016 年上海电视剧制播年会上，《如懿传》就被爆卖出近 1500 万元一集的高价，以片长九十集算，总售价将达 13.5 亿元，再加上二、三轮和海外版权售卖，这部剧的最终销售额会超过 15 亿元。从《芈月传》200 万元一集，到《如懿传》的 800 万元一集，电视剧版权的暴涨仅仅花了不到一年时间，这幕后的推手，正是 IP。

扫码听书

**第一节**
如何塑造全 IP 思维

自从 IP 改编时代来临以后，各种各样的人气 IP 改编层出不穷，影视、游戏、漫画、文学等内容产业借助 IP 赚得盆满钵溢，但 IP 时代的到来获益者不仅仅是这几个行业，罗辑思维联合创始人、场景革命理论提出者吴声认为："最初我们谈起 IP，谈的是小说的天价改编权，是影视剧周边衍生产品的开发，是影游联动。然而，IP 价值绝不局限于网络文学影视改编或手游。当万物皆媒的时代来临，IP 不只代表一种新的话语体系，更需要快速渗透到新的商业生态，成为超级 IP。它代表了新的话语体系和叙事方式，正从泛娱乐渗透到新商业生态的全维度。"

### 7.1.1 狭义的 IP：知识产权

曾几何时，IP 这个英文缩写还是指互联网协议地址，它的英文是 Internet Protocol Address，我们现在在网络上搜索 IP 这个缩写，大部分还是指电脑的 IP 地址。

而进入 2014 年以后，IP 再次成为一个高频词。 2014 年初，依托《爸爸去哪儿》效应，其大电影大获成功，这部几乎零成本的剪辑电影史无前例地收获了超过 7 亿元的票房，激励了电影行业的勇气。同时，暴走漫画发行了游戏《暴走无双》，暴走漫画的社区和 App 里面基本都是暴走漫画的自有用户群和粉丝。传统的游戏发行都是通过各种渠道猛砸广告费，但是《暴走无双》的推广只用了暴走大事件的前后贴片和暴走社区以及 App 的 Banner 广告，游戏上

电影《侏罗纪公园 3》

电影《魔兽》

线第一个月就获得了极高的下载量与口碑。众多例子向文化产业行业展示了内容产业向其他行业转化并且产生变现势能的可行性。

现在，作为互联网协议地址的 IP 依然还 "有效"，但人们说到 IP 时，主要指的是 Intellectual Property，翻译为中文叫作知识产权。不过，知识产权是一个很大的概念，它包括三大项权利，即商标权、专利权、版权（又称著作权）。而现在经常挂在人们口头的热词 "IP"，主要指的是著作权中的改编权。

实际上，按照著作权法的规定，著作权的权项一共有十七项。具体包括四项人身权，分别是发表权、署名权、修改权和保护作品完整权；十二项经济权，分别是复制权、发行权、翻译权、汇编权等；还有应当由著作人享有的其他权利。

我们狭义上关于 IP 的概念一般是指享有广泛知名度的文学小说、影视作品等艺术形式的名称人物、内容、品牌等等。而影视、游戏、漫画、文学界的 IP 运营是指打通文学、影视、动漫、游戏及衍生产业之间的跨界运作渠道，将单一领域诞生的著名 IP 迅速扩展到其他产业去，从而将相关经济价值发掘到极致。最为常见的 IP 扩展模式包括：从小说走向影视、游戏和衍生商品，比如《鬼吹灯》和《盗墓笔记》系列；从影视扩展为游戏和小说，比如《侏罗纪公园》；从游戏扩展到影视，比如《古墓丽影》和《魔兽》等。

狭义上的 IP 就是 IP 版权，IP 版权是指文学、艺术等作品的作者对其作品享有的权利，版权作为一个有标识的虚拟物品通常被赋予在产品上以增加其内涵和价值。以南派三叔的《盗墓笔记》为例，传统的路径是从文学创作到商业出版这样一个单一的过程，这种模式是一次性的、直线性的。传统文学的书写、出版、发行、收益等一系列运作是一个封闭的系统，而 IP 赋予了文学作品新的势能，使《盗墓笔记》以电影、电视剧、有声小说、手游、网游等形式出现在大众视野里，

盗墓笔记

版权收益与产业链的延伸使南派三叔多年来位居作家富豪排行榜前列，2017 年 7 月，《盗墓笔记》获得猫片·胡润原创文学 IP 价值榜第二名。

### 7.1.2 广义的 IP：新的商业连接符号

尤瓦尔·赫拉利在《人类简史》中提到，智人之所以能够打败安德特人，是因为智人有自己独特的语言体系，从而建立了同类联盟，聚集了众人的力量。今日人类世界所谓的连接依然越来越紧密，拿互联网来说，互联网时代的到来意味着地球村真正意义上实现了。而随着信息技术的发展，移动互联网时代的局面也慢慢打开，人们可以将全球的所有信息都随身携带，人与人、人与信息、信息与信息之间的连接也更加便捷与快速。

移动互联构建了这个加速度时代，"信息爆炸"不再是简单的概念，分秒间数以万计的信息在不同的平台上传播流转。一方面，人们置身于这个庞大的信息网中，每天都会接触纷繁复杂的信息，这些信息中，很多是人们被动接受、不感兴趣的，他们真正关注的信息要通过自己搜索与筛选，人们迫切需要一个连接他所关注的某一个信息的节点；另一方面，单个的文化或者物质信息在庞大的互联网中很容易被埋没，众多哗众取宠、以偏概全的信息纷纷扰扰，过剩的信息势必也会带来信息传播的滞缓。

不仅仅是在互联网络，在实体经济中，成千上万的广告、花里胡哨的营销方式，角角落落、每分每秒争夺着消费者的注意力，每个企业都铆足了劲吸引业内业外的关注。要想吸引注意力，必须有一个新的连接符号，从而构建一套新的话语体系，用以打造知名度、吸引粉丝群、实现商业价值，于是，IP 应运而生。

IP 产业从以"影游漫文"（影视、游戏、漫画、文学）为核心的具有一定知识产权的产业为起点，影响并带动了制造业、服务业、

电视剧《斗破苍穹》

信息产业甚至第一产业的发展，形成一个巨大的产业网。IP以独特的中国速度成长，甚至尚未开始就已泛滥，我们无法估计它在什么时候会败落，也无法预言IP的黄金时代是什么时候开始。这是一个充满时代感又充满动荡的关键词。

那IP落实到我们现在的经济社会中到底是什么？是自己可以吸引流量的当红小生？还是具有一定人设（人物设定，即公众形象）的明星？是《盗墓笔记》《斗破苍穹》这种网络文学？还是韩寒、郭敬明等新生代畅销书作家的招牌？是狭义上的自媒体大号？还是略广义上的从知乎、秒拍、微博崛起的各路网红？是王健林的摇滚、王思聪的微博？还是湖南卫视、华谊兄弟？不客气地说，以上所有都是能够产生商业变现的符号，以上一切都可以称为IP。

本书中的IP则是指广义上的IP。IP作为承载商业价值的连接符号，将会是各个行业争抢的巨大资源，"得IP者得天下"，一个有价值的文化上游产品，必然会打破形式壁垒，走向"泛娱乐化"，形成一个跨行业的产业链。相关产业链日益交叉，融合更加紧密。可以说，IP产业成为文化产业集群的引爆点，串联起多元化的文化产业，商业价值也持续井喷。同时，IP产业的发展趋势和方向，也直接影响着整个文化产业的走向。

扫码听书

第二节
如何打造超级全IP

随着影视、游戏、漫画、文学等方面的 IP 开发，文化产业势必要走向产业化，IP 也不例外，要实现 IP 的产业化，首先要使 IP 成为口口相传的超级 IP。娱乐与粉丝时代下，信息爆炸、变现丰富，而"泛娱乐化"带来的明显现象，就是并不是每一个 IP 都适合各个领域，或者，并不是每一个 IP 的跨界都能赚钱，IP 必须是有内容的，有一定知名度，并且具备一定连接性。

IP 作为一个商业的连接符号，首先自身需具备一定的内容力，丰富的内容是一个 IP 得以"创收"的前提。其次，IP 必须是有连接性的。一个 IP 单独存在不能构成 IP 产业，产业链的塑造要求 IP 自身必须具备一定的连接性。最后，如果 IP 符号无法接触人群，缺乏传播度，那么就没有知名度，在当今的"眼球经济"下，粉丝群体数量就意味着变现能力。所以一个 IP 一定是由内容力、连接性、粉丝群三部分组成。

### 7.2.1 内容力

文化产业一定要有"内容"，任何一个 IP 不仅仅是一个概念，一个看不见摸不着的"知识产权"，一定承载着丰富的可以变现的内容。内容既是 IP 的核心，也是产业链的原点。能否成为超级 IP，取决于内容力的强度。内容力越丰富越强大，那么 IP 的持续创造能力、传播能力和影响能力也就越强。在万众创新、日新月异的时代，文化产业要想获得长效发展，内容力是其重要引擎，天生自带内容力的 IP 将会是未来 IP 行业乃至文化产业中的佼佼者。

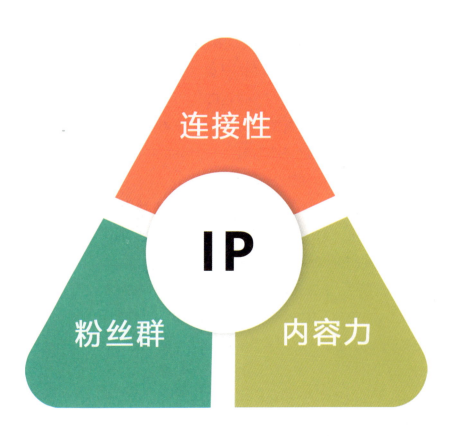

超级 IP 的三大组成部分

### ※ 分析案例　什么模式让故宫更好销售周边产品？

故宫淘宝是北京故宫博物院为了销售周边产品而上线的淘宝店，并通过微信公众号推送，打造了众多具有时代感的古代人物形象。在微信上，故宫淘宝以极其幽默的调侃语气，用一种切合年轻人审美与阅读习惯的方式，解读帝王将相的历史故事。当然，故宫淘宝真正的目的是完成故宫 IP 内容的商业变现和品牌升级，推送故事背后的相关产品，而这些产品就隐藏在历史故事之中，消费者在阅读故事的同时，也在不经意间阅读了广告。故宫淘宝 IP 的打造过程中，首先有内容，在这里就是历史故事，然后通过内容的创新，产生了独特的新内容，即包含着产品的历史故事，然后再通过产品的用户晒单、分享，使内容更加富有叠加性和层次感，生命力得到了延续。

自 2016 年与腾讯宣布长期合作以后，北京故宫博物院利用故宫这个具有丰富内容的 IP，成功制定了一批文创产品和线上服务产品，获得了相当丰厚的经济收益和社会效益，《国家宝藏》《我在故宫修文物》等电视节目更是得到了业内外的一片叫好。

作为文化消费的中坚力量，我国年轻人、中产阶级的消费目前更侧重于时尚的、粉丝的消费，还常常以全球化潮流中的欧美日韩强势文化为指向。故宫博物院对传统文化取其精华去其糟粕，批判继承，古为今用，把处于散漫状态却绵长厚重的传统文化内容，转化成具体的富有时代特征的文化产品，构建 IP 产业链，从而在全国甚至在世界上产生一定的影响力，值得广大文化产业从业者学习。

就我国目前的 IP 市场而言，IP 为王一时之间还很难挑战内容为王，IP 为王的前提仍然是内容为王，IP 内容也越来越关注内容的优质性、专业性、针对性。以碎片化传播为特征的网络信息爆炸时代，内容并非稀缺的存在，与此同时，优质的内容在眼花缭乱的信息广

纪录片《我在故宫修文物》剧照

钟表师王津在修复文物

木器文物的修复过程

央视综艺《国家宝藏》海报

场上很容易被埋没，所以我们在寻找和打造超级 IP 时，一定要对 IP 的内容进行识别和预测，一旦把握不好 IP 内容的价值指引、内容形式等，就容易使一个 IP 失去吸引力，消费者对于 IP 不再信任。这样，整个 IP 产业都会走向下坡。

### 7.2.2　连接性

并不是每一个有着知识产权的 IP 都可以被很好地改编成社会、经济效益双丰收的作品，也不是每一个有内容力的 IP 都有惊人的连接性。如我们上一节对广义 IP 的定义，IP 一定是可以连接各个阶段的商业符号，它是整个产业链的中心，IP 的可连接性和可协作度，可以是 IP 与品牌、产品、企业、组织之间的连接，也可以是消费层面的与用户的连接。

IP 的连接性是其实现商业价值的基础。一个 IP 与产业链中各个环节的连接性越强，就意味着 IP 能够快速连接、快速造势、有效承接、有效转化，最终产生低成本或者负成本连接的效果。

什么是负成本连接？在 IP 产业中，将 IP 与品牌、企业、产品、粉丝、消费者等环节成本最低化甚至不需要成本的连接，就是负成本连接。IP 负成本连接后，其他品牌、企业主动参加到与 IP 的连接中，继续拓宽 IP 连接的渠道，进而反哺 IP，形成更为全面的产业链条。

※ 分析案例　免费的熊本熊为什么一年收益超 1007 亿日元？

最初，熊本熊只是日本熊本县政府宣传案的"副产品"。它诞生于 2011 年九州新干线全线开通之时，是熊本县为了吸引游客而塑造的吉祥物。最开始，熊本熊的形象频繁出现在社交媒体上，并进行线上线下的互动，接下来，设计师水野学提出了不收授权费的方

熊本宣传展

熊本宣传展

式推广熊本熊，只要通过县政府审核就可以将熊本熊的形象应用于任何商品上。

免费带来了众多愿意合作的企业，很快，熊本熊的身影出现在日本的大街小巷，日媒《朝日新闻》报道称，日本熊本县公布消息称该县吉祥物"熊本熊"的衍生产品在 2015 年销售额达 1007 亿日元（折合人民币 57 亿元），是 2014 年的 1.5 倍。日本熊本熊向我们展示了一种成功的负成本连接。当 IP 还没有知名度的时候，开放连接，通过对众多连接对象的筛选，打造全方位多层次的产业链，在广泛的合作中增长 IP 的热议度、参与感、曝光率。同时，知名度的提升又会反哺 IP。

目前，熊本熊尚未打开中国市场。"KUMAMON 中国巡游记"熊本熊主题展会刚在北京、上海拉开帷幕。但是在这之前，中国已经有了山寨版熊本熊，很多企业或组织对熊本熊的使用并没有经过熊本县政府的审核同意。未来，熊本熊进入中国市场，首先解决的就是产权保护问题，这就涉及我国 IP 版权保护问题了，在此不再详述。

### 7.2.3　粉丝群

当一个 IP 拥有充分的内容力和强效的连接性后，要想实现其商业价值，必须有消费者买单。在 IP 产业的消费者中，大部分都是来自 IP 粉丝，一个高质量的 IP 带来的粉丝不仅仅是粉丝数量，而且是巨大的经济效益。

在这里，我们把 IP 粉丝分为三类：路人粉、优质粉与病毒粉。简单分析一下这三种粉丝类型：路人粉普遍对 IP 有好感，但当 IP 出现了瑕疵，暴露出了缺点，路人粉会转而放弃对 IP 的喜爱，他们

| 网红 | 综合影响力指数 | 网红 | 综合影响力指数 |
|---|---|---|---|
| 雪梨 | 97.9 | 余潇潇 | 75.5 |
| 张大奕 | 94.8 | delicious 大金 | 74.5 |
| 于 momo | 93.6 | 大兔子 PINZIKO | 74.2 |
| 林珊珊 | 93.2 | TIKILEE | 73.8 |
| ANNA | 89.9 | 周扬青 | 73 |
| 赵大喜 | 88.4 | 肉完 | 72 |
| 阿希哥 | 87.4 | sasa 小姐 | 71.8 |
| 金蘑菇菇 | 87.2 | iris 丢丢 | 70.7 |
| Lin（张超林） | 86.3 | 林诗琦 | 70.3 |
| 美美的夏夏 | 86.2 | 张景亦 | 70 |
| 卢洁云 | 85.5 | alve 水蜜桃 | 67.5 |
| 小宜 | 84.5 | 张倩儿 | 66.7 |
| 其斤小小 | 83 | 鹿与飞鸟 | 65.6 |
| AW- 花花 | 82.6 | 戈斯拉蛇蛇 | 64.8 |
| 呛口小辣椒 | 81.7 | 张沫凡 | 64.5 |
| 陈暖央 | 81.3 | ayuko | 64.4 |
| 爱吃小番茄的番茄 | 81.1 | 徐琳 | 64.2 |
| 13c 夏艺华 | 80.6 | 金美希 | 64 |
| 膝雨佳 | 80.5 | ashui-AS | 63.1 |
| ZY 喜哥 | 80.2 | 韩火火 | 61.5 |
| 辰辰妈 | 79.5 | 莉贝琳 | 60.9 |
| 钱小茜 | 78.8 | hoya 亚文 | 60.4 |
| alu | 75.6 | sammy | 59.8 |
| 榴莲家 | 75.5 | Mpstudios | 58 |
| SEVEN- 柒柒 | 75.5 | WINS | 57.2 |

2017 年《网红互联网消费影响力指数》

的购买力不足，但是有利于 IP 口碑塑造；优质粉对 IP 有深厚的感情，作为资深粉丝，会用自己的行为促进 IP 朝着更好的方向发展，他们是 IP 消费的主力军，对 IP 的发展起着不可小觑的作用；病毒粉对 IP 的喜爱相对于优质粉有过之而无不及，他们对 IP 有着近乎疯狂的追捧，他们有着超强的购买力与传播能力，但是他们同时具有一定的攻击性，很容易造成"粉丝行为偶像买单"的局面，而且 IP 迁移度低。所谓迁移度，指的是某个 IP 的粉丝接受这个 IP 的衍生产品的程度，例如很多原著粉很难接受 IP 改编的影视作品，甚至在影视作品还没上映就开始宣传"毁原著"的言论，这是病毒粉的一种表现。

以上的三种粉丝，每一个 IP 都有，但是一个 IP 要想做大做强，最离不开的还是"核心粉"。IP 其实也算一种粉丝经济，一个 IP 无论是一个人、一部文学影视作品、一个动漫形象，当它走向产业化，朝着各方衍生时，成功的核心在于能否将 IP 的"原始粉丝"转化成"平台型粉丝"。这样，购买力不足的路人粉、迁移度低的病毒粉可能就不再是衍生品的目标顾客了。

### ※ 分析案例　是什么成就了一天 3 亿元成交额？

我们现在经常提到的"网红经济"，就是在粉丝的超强购买力下形成的。各大网红在自己的平台上崛起，从微博大 V 到直播达人，从知乎大神到 KOL（意见领袖），他们通过自身的或者设定好的人格魅力吸引了大量的粉丝，成为名副其实的超级 IP。

以淘宝店铺为例，张大奕、雪梨、赵大喜等淘宝店主，不再是一个模特、一个网络红人，而是一个具有超强吸金能力的"带货王"，通过样衣拍照、粉丝回馈、定金预售、制作上架的模式，颠覆了传统电商自行上新、销售的模式。根据天猫 2017 年整理的《网红互联网消费影响力指数》，雪梨以 97.9 的总指数占据榜首，她所在的店铺钱夫人家双十一当天以 3 亿元的交易额成为当天热销淘宝店铺女装类第三名。同时，可想而知，这令人惊讶的销量与雪梨微博 451 万粉丝有着相当重要的联系。

同时，企业还应该关注粉丝结构，如地域、性别、年龄等，优质粉丝群的结构特征，决定了 IP 是否适配下游市场，以及适配哪个市场。对于超级 IP 而言，粉丝的结构对它的细分市场起着决定性的作用。譬如阅文集团的《择天记》，它的优质粉丝以男性为主，那可能衍生品就更适合做网游。

扫码听书

第三节
如何实现全 IP 产业

IP 的吸金效应在过去得到了充分体现，国内电影票房收入从 100 亿元到 400 亿元仅用了五年时间，其中 2016 年票房过亿元的 86 部影片，37 部改编自 IP 的电影数量占 2016 年全年上映电影 503 部的 7%，但是贡献了全年票房的 35%。IP 能够凭借自身吸引力挣脱单一平台的束缚，进而在多个平台上获得效益的能力得到了充分的证实。

超级 IP 意味着具有优质的内容力、强大的连接性和众多的粉丝数量。IP 作为一个新商业连接符号，"连接"就意味着必须形成产业链才能得以成立，IP 的发展必将走向产业化，这不仅仅能够满足消费者不同的消费需求，还是 IP 产业发展的必然要求。

### ※ 分析案例 漫威公司：宇宙 IP 全产业链怎么做？

国外早在 20 世纪中期就开始着手酝酿"IP 模式"，美国更是凭借"集团化的产业结构"和"严密的版权保护体系"，把 IP 运作得炉火纯青，美国的"小说/漫画—编剧—电影—电视—音像出版物—游戏—周边—粉丝—社群"的全配套形式已经是流水线作业了。如漫威漫画公司（Marvel）就凭借蜘蛛侠、钢铁侠、美国队长等超级 IP，通过影视、游戏以及下游衍生品创造出上千亿美元的经济价值。近几年北美票房的"优秀选手"大部分都是具有 IP 背景的商业电影，美国的 IP 运营已经相当成熟。

手中握有众多 IP 的漫威不仅仅是漫画公司那么简单，从漫威的商业运作中，我们也许能窥见构筑 IP 产业链的商业启示。

电影《蜘蛛侠》

电影《钢铁侠》

IP 版权的变卖与占有

提起动漫领域的超级 IP，漫威工作室旗下的角色当仁不让。这个工作室塑造了文化界历史最悠久且最受欢迎的一系列漫画形象：蜘蛛侠、绿巨人、X 战警、美国队长、雷神……过去的十几年里，漫威将其旗下的 IP 版权打造成了赚钱利器，将角色分别授权给多家电影公司（索尼、环球影业、21 世纪福克斯、狮门影业等），先后制作了几十部漫威电影。基于不同的动漫形象，漫威公司又重新组合，产生了《复仇者联盟》《银河护卫队》等众多英雄出镜的电影形式，同时，不同的英雄又客串于其他英雄电影中，将 IP 与 IP 紧密关联起来。漫威电影几乎全部取得了巨大的票房成功，尽管如此，漫威最大的收入来源还不是电影，而是玩具和 IP 商品销售，角色的商品化权始终牢牢掌握在漫威自己的手中。

其实漫威能得到这样的成就，来自曾经出售超级英雄人物的电影拍摄版权。1996 年，因投资失利、漫画市场遇冷等因素，叱咤风云的漫威漫画宣告即将破产。两年后，玩具公司 ToyBiz 与漫威合并，合并后的漫威虽然有了一丝生气，但仍然要靠变卖 IP 拍摄权获得效益。1999 年，漫威不得不以 700 万美元的价格将《蜘蛛侠》电影版的版权卖给了索尼。2002 年《蜘蛛侠》上映，一举创下全球 8.2 亿美元票房，而漫威却从索尼那里拿到了极少的分成。《蜘蛛侠》的热映，给索尼公司与漫威公司都带来了新的转机，虽然获利不多，但漫威看到了 IP 带来的新商机。为了加强对内容制作和发行的控制，以及获得更多的收益，2005 年漫威以其拥有的部分漫画人物作为抵押，从美林银行贷款 5.25 亿美元，开始独立筹拍电影。2008 年，漫威独立出品的《钢铁侠》上映，全球票房达到 5.8 亿美元，漫威就此扭转颓势。而就在第二年，迪士尼以 40 亿美元的天价收购漫威，在迪士尼 IP 创造机制的运作和引导下，漫威在电影界的发展势如破竹、如日中天。

电影《复仇者联盟 2》

电影《银河护卫队 2》

普世价值的打造与传播

虽然漫威电影中也有很多看似异想天开的情节和不合逻辑的人物，却能被全球所接受，走红全球。这离不开漫威对超级英雄文化的打造，通过合作和独立制作超级英雄电影，这些火爆的 IP 角色也在不断进化和发展，大量的超级英雄 IP 角色成就了漫威。

漫威迷们不难发现，漫威每一部电影几乎都带着与政治无关的普世价值观，漫威的每一个超级英雄都不是片面的、影视化的，他们是与时俱进的，甚至是与观众一同成长的。美国价值观和生活方式就是通过漫威这些典型的对错二元人物构架模式，通过简单的英雄故事，来传播普世价值。以《美国队长》中的美国队长罗杰斯为例，观众对他的了解不单单是一个动漫中走出来的人物，他是一名接受实验被改造成"超级士兵"的美国青年，他代表了美国精神，代表了正义与自由。观众从罗杰斯那里获得的，不仅仅是一个活在影视动漫中的、不切实际的艺术形象，而是他身上所具备的价值观，他身上体现出来的文化思考和背景世界中的哲学指向。

我们要意识到，当今文化消费不单单是对产品的消费，更多的是对文化产品的情感消费，消费者能从什么 IP 上找到自己的情感诉求，就会消费什么 IP 产品。因此，只要产品身上能够体现这些情感和文化元素，消费者并不会在乎产品的具体形式。这也是 IP 衍生品具有很好延展性的原因。美国队长、蜘蛛侠等早期角色能活到今天并保持生命力，这是重要原因。

一旦 IP 关于价值观和世界观的世界构建出来以后，就可以根据当下的市场需求与消费爱好增添各种材料。因此 IP 的本质，追求的是一种普世意义上的价值认同感和文化共鸣，而不仅仅是故事层面的快感，也不是快速消费后的短暂狂热。

电影《美国队长》

超级 IP 的运作与互联

经过多年的发展，漫威公司的产业链已经跨越了行业、年龄、地域等壁垒，塑造了一个庞大的商业帝国，漫威 IP 的联动性越来越强，主要可以分为角色互联、产业互联与粉丝互联。

角色互联是指漫威所创造出来的人物形象，并不是单一存在于一个作品当中的，他们可能是旧时好友，可能是兄弟姐妹，可能是来自同一个制造者，他们有着千丝万缕的联系，这使得消费者在了解一个英雄以后又不得不去了解另一个英雄。《复仇者联盟》以英雄团队的形象出现在大众视野中，将多个英雄联系在一起，使观众获得了更多的延展性与承接感。产业互联是指漫威商业运营中多个行业的互通，影视的大热带来了连载漫画、纪念玩偶等销量的暴增，《复仇者联盟》里的英雄人物入驻迪士尼乐园，并开设主题园区，跨平台整合营销，形成了真正的漫威文化帝国。粉丝互联是指漫威公司与粉丝之间的互动，漫威公司成立漫威粉丝俱乐部，2015 年 7 月漫威 Fcebook 粉丝突破 700 万；百度贴吧"漫威吧"关注人数 39 万，累计发帖 160 万条；漫威影业官方微博粉丝 329 万，官方和众多漫威迷为"漫威小白"们科普漫威英雄关系与观影顺序，产生新的粉丝群体。

中国动漫集团发展研究部主任宋磊指出，根据文化产业司数据统计，中国文化消费潜在规模 47026 亿元，目前还有 36638 亿元缺口；电影市场从 2014 年到 2016 年增长一倍，动漫产业从 2010 年的 471 亿元增值 2016 年的 1300 多亿元，最新政策指出 2020 年我国动漫产业要达到 2000 亿元，还有很大的成长空间。漫威公司的发展给我国文化产业带来了重大的启示，想像漫威那样拥有庞大 IP 资源并且构建起巨大商业帝国的企业还有很长的路要走。

网剧《盗墓笔记》

网剧《鬼吹灯之精绝古城》

电视剧《琅琊榜》

**※ 分析案例　阅文集团：如何创造千万元级别的版权？**

2017 年 11 月初，腾讯公司拆分阅文集团在港交所正式挂牌，阅文集团的市值从开盘前的 498.52 亿元港币到开盘后一个小时内涨幅翻倍，市值已超过 900 亿元港币。阅文集团在 2017 年上半年版权收入达 1.5 亿元，网络文学的版权是一个大金矿。

2014 年，腾讯收购盛大文学，2015 年 1 月，腾讯文学和盛大文学正式联合成立阅文集团。作为引领行业的正版数字阅读平台和文学 IP 培育平台，阅文旗下拥有 QQ 阅读、起点中文网、红袖添香、潇湘书院等业界知名网络原创与阅读品牌，拥有腾讯文学图书频道、榕树下、悦读网等图书出版及数字发行品牌，拥有天方听书、懒人听书等音频听书品牌，以及承载上述内容和服务的移动 APP——QQ 阅读和起点阅读。内容上，阅文集团拥有近千万部作品储备、640 余万名创作者，覆盖 200 多种内容品类，占据国内 IP 改编市场优势份额，成功输出《鬼吹灯》《盗墓笔记》《琅琊榜》《择天记》等大量优秀改编作品。自此，网络文学一家独大的局面开始了。

随着 IP 产业的不断升级，网络文学作为 IP 核心来源之一，作品本身水涨船高。网络小说的改编版权，由 2012 年之前的 10 万元左右，迅速攀升 2014 年的百万元、2015 年的千万元级别。受益于此，阅文集团迅速建立了龙头地位，内容体量、IP 市场份额占据了行业的绝对优势，IP 开发方面的市场和商业价值巨大。目前，阅文集团在 IP 开发中主要有以下几个方面的特色：

整体规划产业链

阅文集团为其旗下有一定知名度的文学作品专门配备专业的作品制作人团队，负责 IP 的全产业链开发，制作人团队包括作者、编辑、运营、商务，全程负责市场分析、读者反馈、具体营销等，实现了作品在各个阶段合作开发的局面。以《择天记》为例，阅文集

手游《择天记》游戏画面

动漫《择天记》人物海报

团早就在其作品连载前制定好了整体运营计划。确定了《择天记》图书、动漫、影视剧、游戏、周边产品开发等方面的开发规划，有计划地进行产品宣传与营销，将规划系统地贯彻到从生产到成长再到衍生品的开发上，进一步助力 IP 的品牌化。

阅文集团除通过各种方式的版权合作外，还不断探索下游各个环节的开发和运营，他们不再拘束于等作品完结以后再进行版权出售，而是在优秀作品正在更新中，就同期推出相应的产品形式，使全产业链互相配合。

重视发展写作者

为了鼓励原创，培养更多优秀的作者，阅文集团推出了"2015作家星计划"。以"作者明星化"模式为中心，更好地开发 IP 作品。

阅文集团的作者签约机制分为三种：分成签约机制、买断签约机制、长约签约机制。签约机制的实行是集团与作者的双赢，不仅约束了作者的行为，也减免了渠道费用。此外，阅文集团还有中小作者激励机制鼓励新手，通过征文大赛发掘新作者，并且建立了作家积分等级体系。

多渠道运营协作

阅文集团 PC 端阅读渠道市场占有率达 70%，移动端渠道2015 年超过 10 个。QQ 阅读 APP 日均覆盖用户行业第一，根据阅文集团发布的报告，阅文平台用户超过 80% 主要在移动端付费和阅读。

除了庞大惊人的内容与渠道资源，更深层次的原因来自阅文集团手里的 IP 的数据、粉丝。如起点中文网作为业界 NO.1 的网站，拥有网络文学市场最多的核心读者群体，而拥有 6 亿用户的 QQ 阅读则是移动阅读占有率绝对第一的 APP，这两大品牌就覆盖了绝大多数 PC 和移动互联网用户。此外，阅文集团提供多种 IP 合作形式，

电视剧《择天记》

阅文集团可以扮演 IP 开发中的任何一方，例如运营方、制作方、投资方等等，不再是进行单一的版权售卖。阅文集团还与多看阅读、搜狗阅读等移动渠道合作，进一步拓展内容分发渠道，实现全渠道运营。

2017 年 6 月 19 日，阅文集团与腾讯影业、腾讯游戏、万达影视共同携手，宣布成立合资公司，旨在整合各方优势，打造航母级 IP 开发新模式。未来，阅文集团将更加重视 IP 授权的规范化，建立 IP 价值评估模型、规范版权乱象，使 IP 产业朝着健康、规范的方向发展。阅文集团高级副总裁、起点中文网创始人之一林庭锋表示，原创文学 IP 价值的标准化，对整个文化创意产业而言，是一项关键而重大的推进。"只有在整个文化创意产业的源头树立 IP 价值的规则和标准，产业链上的各个环节都会借此捋清自身所面临的问题，才能让整个链条有序、健康地运转起来。"

张普然老师项目地考察与指导

## 小结

扫码听书

　　IP 产业在我国的发展蒸蒸日上，新公司不断加入，资本大量涌入，IP 衍生品层出不穷，产业链不断完善。随着产业转型和消费升级带来的红利进一步释放，预计未来以 IP 为驱动进行全产业链资本运作会更加频繁，同时，高收购价与高运营成本是否能够带来高收益也将是市场的一大考验。

　　就我国目前经济发展状态来看，第一、第二产业发展进入瓶颈，正在倒逼经济发展方式的转型，科技创新与文化创意不再是仅仅的口头宣传，而是要落实到实际并获得效益的阶段，各大行业巨头寻找文化产业支点，以调整产业结构。IP 大时代的到来，既是企业的选择，也是时代发展的必然结果。

　　未来，IP 的商业模式将更加包容、更加普遍。未来，没能抓住 IP 的文化产业将会被淘汰，不会享受 IP 的消费者同样不再是文化产业的目标对象。IP 带来新的商业模式，也意味着创造有巨大潜力的新产品，谁能抓得住，谁就有机会迅速成为细分领域中的领头羊。

　　IP 时代无论是对企业还是传统文化，既是机遇又是挑战。在文化产业中，部分企业已经有了系统成熟的运营机制，但是仍有相当一部分企业并没有找到 IP 资源变现的具体方式，甚至还有企业对 IP 的了解只是一些皮毛。IP 产业在发展中的弊端也日益暴露，知识产权、传统文化、产品质量等问题无人保证，近几年的 IP 开发向我们展示了"大 IP ＋ 小鲜肉"的模式已经遭到诟病，如果不及时调整行业状态，很容易失去忠实粉丝，进而走向行业滑坡。

　　一个超级 IP 的产生并不是一蹴而就的，漫威经受七十余年的风雨洗礼才能走到今天，中国企业是否能够抵得住短期利益的诱惑，

安下心来寻找出适合中国国情的 IP 发展之路，还在风雨飘摇中。IP
产业的未来是光明的，道路是曲折的。

　　IP 大时代是一条高速公路，而你要做的，是选择开什么车
上路。

# CHAPTER
## 第八章

文化产业

## "智"融PPP资源对接

WISE GATHERING OF PPP RESOURCES
IN CULTURAL INDUSTRY

扫码听书

最近几年,"PPP 模式"成为我国经济的一大热词,各行各业特别是大型工程建设都聚焦于 PPP 模式,PPP 模式为民营资本投入社会公共建设提供了规范而高效的渠道,同时也有利于政府职能的转变。PPP 模式在国外已经有三十多年的发展历史,我国自 2014 年开始正式推进 PPP 项目,为社会资本与政府运作的合作打通了道路。随着 PPP 项目的持续推进和不断渗透,文化产业也将借助 PPP 资源获得更大的发展。

**"智"融 PPP 资源对接　盘活文化 PPP**

据国家统计局对全国规模以上文化及相关产业 5.4 万家企业的最新调查,2017 年前三季度,上述企业实现营业收入 67618 亿元,比上年同期增长 11.4%,增速提高 4.4 个百分点,依然保持较快增长。文化及相关产业十个行业中,有四个行业实现了两位数的增长率。

从投资来看,文化产业固定资产投资额稳定增长,文化产业的相关投资基金有 412 支,募资金额 1 万亿元以上。从行业的情况来看,BAT(百度、阿里巴巴、腾讯)通过并购、控股、股权投资和业务合作等多种形式进入文化产业领域,而万达、恒大等地产企业也持续投资演艺、电影、音乐等行业,不少地区民营企业已经成为文化产业的主力军。

如果说十年前我国文化产业还整体徘徊在资本大门之外,那么现在经过不断变革与探索的文化产业已经成为资本市场的宠儿,越来越多的企业不断增加对文化产业的投资,甚至有很多企业正在试图实现向文化产业的转型,随着民营资本的不断扩大、投融资多种形式的对接互通,我国文化产业资本市场将进一步开放,资金链流量也将史无前例地扩充。

张普然老师项目地考察与指导

　　PPP 模式是社会主义市场经济发展到此阶段的必然选择。一方面，政府需要通过 PPP 模式获得更多的基础设施项目的投资资金来源，从而缓解政府部门增加预算、扩张债务的压力，在政府财务紧张或信用降低时，PPP 模式依然可以为政府带来一定的经济效益，依然可以如期进行更多更广的基础设施建设，同时，PPP 模式能够保证项目的效率和专业性，不至于政府因不专业、不懂行而耗费多余的资源，有利于政府树立权威形象，转变政府职能；另一方面，PPP 模式这种互利共赢、风险共担的原则降低了民营资本的投资风险，PPP 项目的性质决定了项目需求所产生的风险相对较低，项目的未来收入比较确定，提高了社会资本的财务稳健性。由政府合同背书的长期投资机会，可以有效刺激当地产业，增加就业机会。PPP 模式能够使政府与民营企业"各取所需"。

扫码听书

第一节

如何了解 PPP 模式

PPP 模式近几年成为广大企业和政府部门推行项目合作的重要方式，其互利共赢的特点让政府和私营企业看到了更加高效、可行的方案。由财政部政府和社会资本合作中心、上海金融业联合会共同主办的"2017 第三届中国 PPP 融资论坛"于 2017 年 11 月在上海召开。文化部文化产业司副司长宋奇慧出席并演讲，她表示，推广文化 PPP 模式是文化产业和文化事业发展的需要，并建议成立文化 PPP 基金，未来文化产业的 PPP 资源将会越来越丰富。

### 8.1.1 PPP 模式的定义

PPP 是英文 Public-Private Partnership 的缩写，通常译为"公共私营合作制"，是指政府与私人组织之间，为了合作建设公共基础设施项目或是为了提供某种公共服务，授予私营企业特许经营权进行项目的建设或经营，以协议的方式使彼此之间形成一种伙伴式的合作关系，明确双方的权利和义务，从而确保合作的顺利完成，最终使合作各方达到比预期单独行动更为有利的结果。

PPP 模式是一种从公共基础设施建设项目发展而来的项目融资模式与项目运作模式，这是一种以参与方的"双赢"或"多赢"为合作理念的现代融资模式。其具体运作是政府与私人部门共同组成SPV（Special Purpose Vehicle，即特殊目的公司，一般是由中标的建筑公司、服务经营公司或对项目进行投资的第三方组成的股份有限公司），针对特定的项目或资产，与政府签订特许经营合同，并

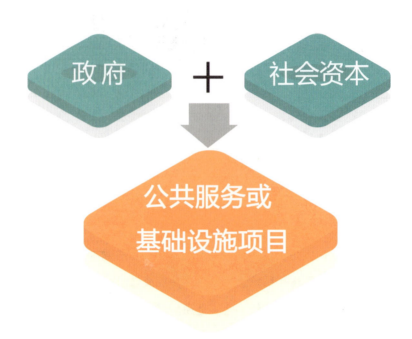

PPP 模式图

法兰西体育场

由 SPV 全权负责项目的设计、融资、经营等环节，待特许经营期满后，SPV 终结并将项目递交政府。政府通常与提供贷款的金融机构达成一个直接协议，这个协议不是对项目进行担保的协议，而是一个向金融机构承诺将按与 SPV 签订的合同支付有关费用的协定，这个协议使 SPV 能比较顺利地获得金融机构的贷款。对于政府来说，PPP 融资的实质是政府通过给予企业特许经营权和收益权，实现对公共基础设施和服务的建设。

### 8.1.2　PPP 模式的历史

PPP 模式虽然是近几年才发展起来的，但在国外已经得到了普遍的应用。英国于 1992 年最早应用 PPP 模式。英国大部分政府管理者认为 PPP 模式下的工程能够达到政府的相关要求，可节省 17% 的资金。按规定工期完成的项目占 80%，常规招标项目按期完成的只有 30%。按照英国的经验，适于 PPP 模式的工程包括交通（公路、铁路、机场、港口）、卫生（医院）、公共安全（监狱）、国防、教育（学校）、公共不动产管理。

智利是在基础设施急于改善，政府又缺乏资金的情况下于 1994 年引进 PPP 模式的。智利通过 PPP 模式获得了一定的资本用于更多的社会建设，同时也实现了公共基础设施建设的现代化。智利至 2017 年底通过 PPP 模式已完成将近 40 个项目，投资额 60 亿美元。其中，交通领域工程、机场、监狱是其重点建设领域。年投资规模也逐步扩大。

法国 1998 年世界杯在建设法兰西体育场时也采用了 PPP 模式，总投资 36600 万欧元，其中包括国家财政拨款 19100 万欧元，其余通过 PPP 模式进行筹集。

巴西于 2004 年 12 月通过"公私合营模式"法案，该法对国家管理部门执行 PPP 模式下的工程章投标和签订工程合同做出具体的

PPP 模式的国外历史图

规定。巴西计划部曾称，已经列入 2004—2007 年四年发展规划中的 23 项公路、铁路、港口和灌溉工程将作为 PPP 模式的首批招标项目，总投资 130.67 亿雷亚尔。

我国在市场经济发展前期，由政府全权负责公共基础设施与公共服务的建设，而随着人口规模的不断扩大和城镇化进程的加速，政府依赖的土地财政难以为继，传统的简单的信贷刺激弊端逐渐暴露；同时随着市场经济的进一步开放与深化，全能型政府不仅自身无力做到无微不至，也已经不适应经济的发展，PPP 模式让政府把经济决策权更好地归还给市场主体，不仅实现了政府职能的转变，也让市场主体进入公共基础设施与公共服务建设，政府更加专注于市场环境和市场秩序的维护。

2014 年是我国 PPP 的推广元年，财政部及发改委发布的《关于推广运用政府和社会资本合作模式有关问题的通知》等相关政策文件的出台，为 PPP 项目在中国的推广做了铺垫。截至 2015 年 7 月份，我国社会事业 PPP 模式项目共计 546 个，共投资约 3659.42 亿元，其中旅游和健康养老领域投资项目数最多。2015 年至今，财政部及各地政府 PPP 管理中心的相继成立，《财政部 PPP 模式操作指南》《发改委 PPP 项目通用合同指南》《在公共服务领域推广 PPP 模式指导意见》等等一系列行政法规、部门规范和规范性文件的颁布，为 PPP 模式的落地实施打下了一定的基础。未来，"特许经营法"和"政府与社会资本合作法"的颁布将为 PPP 模式的合法化保驾护航。

公共基础设施和公共服务的建设，是每个国家都必须做的，但是仅仅依靠政府资本不仅会让政府的风险加大，而且并不能维持越来越多、越来越持久的公共基础设施建设。随着政府逐步退出公共基础设施建设，私营企业将逐渐成为公共基础设施建设和公共服务的主力军。

第二节
如何选择 PPP 类型

PPP 具有广义和狭义之分。狭义上的 PPP 仅仅是指政府和私营部门以合资组建公司的形式开展合作，重点在于政府将特许经营权授予私营部门。广义的 PPP 包括政府公共部门与私营部门为提供公共产品和建设公共设施而建立的各种关系，具体分为外包、特许经营和私有化三类。我国目前推行的 PPP 模式主要是狭义上的，即基于特许经营权展开的融资模式和运作方式。

PPP 模式的基本分类，包括 BOT（建设—运营—转移）、BOOT（建设—运营—拥有—转移）、BTO（建设—转移—运营）、BOO（建设—拥有—运营）、BT（建设—转移）、BOST（建设—运营—补贴—转移）、LBO（租赁—建设—运营）、BBO（购买—建设—运营）等十多种。这十多种中，有针对新建项目的，有针对已建项目的，有针对项目维护的。下面，我们主要梳理一下现如今比较重要、使用频率较多、关注度较高的几种运作方式。

### 8.2.1　BOT（Build-Operate-Transfer，建设—运营—转移）运作方式

BOT 是指由社会资本或项目公司承担新建项目设计、融资、建造、运营、维护和用户服务职责，合同期满后项目资产及相关权利等移交给政府的项目运作方式。合同期限一般为二十至三十年。从 BOT 的基本方式可以看出，BOT 融资方式明显的特征就是"权钱交易"，这种方式最大的特点就是政府将基础设施的经营权有期限进行

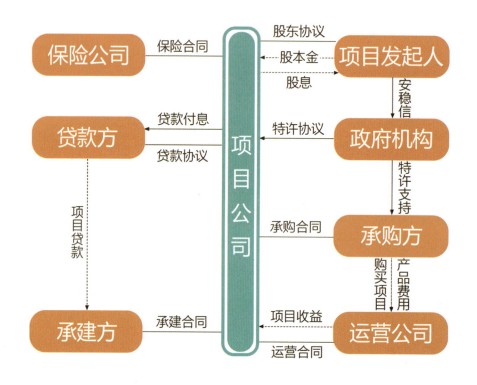

BOT 模式结构图

2016 年唐山世界园艺博览会

抵押以获得项目融资，对于基础设施而言，就是基础设施国有项目的民营化。BOT 模式是项目发起人（在 PPP 模式下，项目发起人一般是政府部门）成立项目公司（也就是我们上面所说的特殊目的公司，项目公司可以仅仅是项目公司，也可以扮演投资人的角色），项目公司是 BOT 模式的核心，项目公司从政府部门获取特许经营权后，主要工作包括以下几个方面：与承建方签署承建合同、得到保险公司的担保、与运营公司签署运营合同、与银行签订贷款协议等。

在 BOT 模式下，投资者一般要求政府保证其最低收益率，一旦在特许期内无法达到该标准，政府应给予特别补偿。自 20 世纪 80 年代深圳沙坝 B 电厂项目实施建设，拉开了 BOT 模式在我国的序幕。经过多年的发展，BOT 模式已经为大众所熟悉。在文化产业里，2016 年唐山世界园艺博览会基础设施及配套项目的建设就运用了 BOT 模式。

### ※ 分析案例　唐山世园会：如何找到 33 亿元的投资？

唐山世园会是河北省有史以来承办的规格最高、规模最大、时间最长的一次大型国际性展会，2014 年唐山市政府就向国家开发银行申请贷款，国家开发银行建议世园会采取 PPP 模式实施。项目启动后，经各个部门反复协商，确定 PPP 合作模式为：由唐山市人民政府授权唐山市南湖生态城管委员会作为政府主体，以本项目特许经营权面向社会投资者实施政府采购，最终由唐山市南湖生态城开发建设投资有限责任公司、唐山世园投资管理有限公司与社会资本按 40%：60% 合资组成 SPV 公司，负责项目的融资以及建设运营维护。

唐山世园会总投资 33.6298 亿元，其中固定资产投资 32.2998 亿元，建设期利息 1.33 亿元。2016 年恰逢唐山大地震四十周年，唐山世园会的开展正是唐山向世人展示灾后唐山市的城市风貌与城

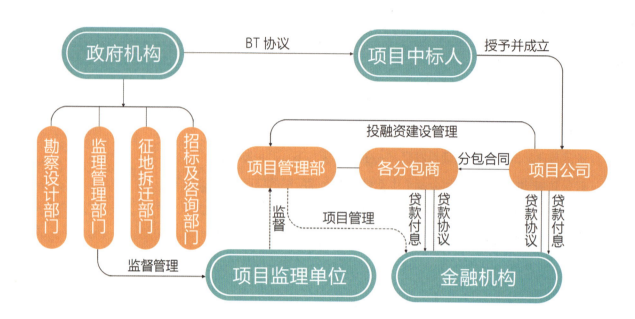

BT 模式结构图

西安曲江

市精神的好机会，该项目被河北省列为首批省级 PPP 示范项目，得到了各方的大力支持，拓宽了融资渠道，创新了融资模式。

### 8.2.2 BT（Build-Transfer，建设—转移）运作方式

BT 运作方式是 BOT 运作方式的一种变换形式，BT 少了 BOT 中运营的环节，指一个项目的运作是通过项目公司的总体规划建设后交给项目发起方验收，验收成功后项目发起方再向项目投资方支付债款。BT 模式也是基础设施项目建设领域中采用的一种投资建设模式，它是由投资方负责项目的融资、建设，投资方组建项目公司进行项目的具体建设，并在规定时限内将竣工后的项目移交项目发起人，项目发起人根据事先签订的合同向投资方偿还融资资金与建设资金。

在 BT 运作中，政府行使监管的权利，投资方是否具有承担项目的规模与实力是 BT 模式是否成功的关键。目前，我国大型 BT 项目有佛山市市政基础设施 BT 建设项目工程、天津津滨轻轨项目、北京地铁奥运支线等。除此之外，西安曲江新区也是运用 BT 模式进行景区建设的。

※ **说明案例　为什么三大开发商斥巨资拿地建景区？**

长期以来，曲江新区的开发都是 BT 模式操作的典型。曲江新区各个景区由中海地产、金地实业等国内一批知名开发商出资建设，建设成功后再由政府成立的曲江文化公司统一管理与经营。

2005 年，中海投资 13 亿元的大唐芙蓉园开放，同时，中海以 28 亿元人民币取得曲江 1400 亩土地的开发权；2008 年，金地投资 14 亿元的曲江遗址公园和唐城墙遗址公园开放，并取得曲江 1200 亩土地的开发权；2009 年，美国华平基金投资 60 亿元的大

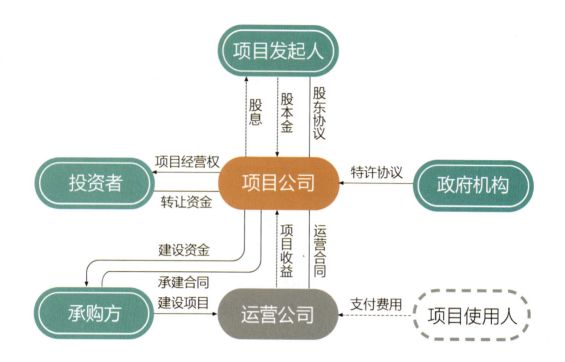

TOT 模式结构图

骆马湖

唐不夜城对外开放，并取得曲江西安新乐汇的投资经营权……目前，曲江新区已经形成了中海、珠江、金地三足鼎立的局面，未来三家开发商的竞争将格外引人注目。

### 8.2.3　TOT（Transfer-Operate-Transfer，转移—经营—转移）运作方式

TOT 运作方式是国际上较为流行的一种方式，通常是指政府部门将已经建成的项目的一定期限的经营权与收益权，有偿转让给投资人，投资人经过一定时间的经营获得投资资金与利润回报，双方合同期满后，投资人再将项目移交给政府部门。TOT 融资是 BOT 的新发展，也是企业进行收购与兼并所采取的一种特殊形式。从某种程度上讲，TOT 模式具备我国国有企业并购的一些特点。

与 BOT、BT 模式相比，TOT 模式是存量部分的资产经营权交给投资人，而 BOT 模式则是把增量资产的经营权交给了投资人，TOT 模式省去了建设的环节，使投资人免去了前期建设阶段的风险，直接接手已经建成甚至有固定收益的项目，使得投资人通过经营收益权向金融机构提供质押担保方式再融资变得容易。TOT 模式能够盘活城市基础设施的存量资产，促进社会资源的高效优化配置，开辟了经营城市的新途径。TOT 模式的具体案例有南京长江第二大桥、兰州七里河安宁污水处理厂等。文化产业中，呼和浩特市托克托县文体活动中心建设项目则是运用的 TOT 模式。

### ※ 说明案例　PPP 示范项目是怎么做的？

徐州市骆马湖水源地及原水管线 PPP 项目是全国为数不多的 TOT 模式项目之一，同时也是财政部首批 30 个 PPP 示范项目之一。

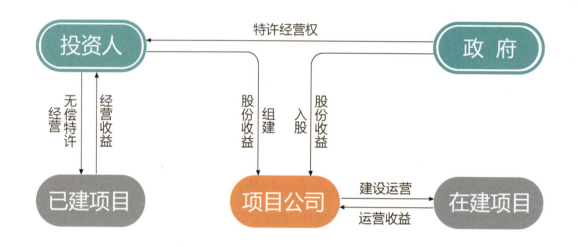

TBT 模式结构图

微山湖湿地

为确保徐州市供水安全，徐州市政府寻找投资人负责市区范围内原水供应以及邳州、睢宁、新沂等市县的地标水源原水供应，并要求投资人保证一定的保底水量。徐州市水务局授予项目公司特许经营权负责项目运营维护，通过政府购买原水服务方式使项目公司获得合理的投资运营回报，授权期结束后项目公司将整体资产有偿转让给政府或其指定相关机构。其中微山湖原水管线为存量项目，由徐州首创水务有限责任公司运营，项目资产收购价值约为 3.2 亿元，运营期限为三十年。

### 8.2.4　TBT（Transfer-Build-Transfer，转移—建设—转移）运作方式

TBT 运作方式就是将 TOT 方式与 BOT 方式组合起来，以 BOT 为主、以 TOT 为辅的一种融资运营模式。TBT 的实施过程如下：政府将已经建成的项目和尚未建成的项目的经营权无偿转让给投资人，投资人负责组建项目公司并执行已建项目的经营与未建项目的建设；项目建成开始经营后，政府从项目公司获得收益；按照 TOT 和 BOT 协议，投资人如期将项目经营权归还给政府。

实质上，TBT 模式是政府将已建项目与未建项目一起打包交给私营企业，获得一个逐年增加的协议收入（来自未建项目），最终收回项目的所有权益。TBT 模式的突破口在于 TOT 项目的转出，TOT 使项目公司在开始接手 BOT 项目一开始就有了稳定的现金流，因此，在运作时要注意已建项目与未建项目的匹配程度。

※ **说明案例　政府 + 社会资本，如何达成共赢？**

我们前面说的江苏省徐州市骆马湖水源地及原水管线 PPP 项目同时也是 TBT 方式，因为项目不仅仅有微山湖的存量项目，还有骆马湖原水管线项目的新建工程。

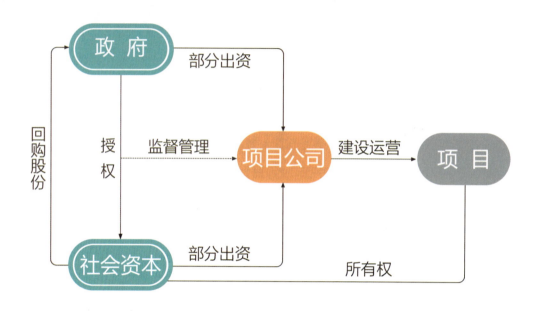

BOO 模式结构图

许昌曹魏古城

新建项目自新沂市骆马湖取水，沿规划 S334 省道铺设球墨铸铁原水管线 145.5 公里，途经新沂、邳州、经济开发区等区域，工程概算总投资为 20.8 亿元，其中社会资本占股 49%，PPP 融资支持基金或徐州市城建基金占股 25%，以新水公司为代表的政府占股 26%。项目在风险共担、交易结构、回报机制等方面都有周密的考虑和设计，成为国家级的 PPP 示范项目。

### 8.2.5  BOO（Build-Own-Operate，建设—拥有—经营）运作方式

BOO 运作方式由 BOT 运作方式演变而来，是指投资人根据政府赋予的特许经营权，建设并经营某项项目，但建设与经营之后，并不向政府移交该项目。BOO 模式一般不涉及项目满期移交，适用于存量项目。BOT 与 BOO 模式最大的不同之处在于：在 BOT 项目中，项目公司必须在一定期限内将特许经营权转移回政府部门，而 BOO 模式中项目公司所拥有的特许经营权是没有时间约束的。

我们上面说到，BOT 模式的突出特点就是"权钱交换"，政府转让特许经营权获得投资人的投资，项目建成后政府将收回项目及特许经营权，项目设施最终经营权仍然掌握在政府手中。而 BOO 模式体现了"总体规划、分步实施、政府监督、企业运作"的建、管、护一体化的要求，具体案例如山东国舜集团脱硫设施项目。BOO 模式在文化产业中的运用较多，例如贵州省黔南州惠水县影视基地项目、六盘水市六枝特区洒耳民族文化影视城基地项目、许昌三国文化产业园——三国文化演艺中心建设项目等。

**※ 说明案例  年营业额超 20 亿元的文化项目怎么做？**

许昌三国文化产业园位于许昌市铁西区，规划建成集文化演艺、

许昌三国文化产业园曹丞相府

休闲旅游、商业购物、大型游乐于一体的文化产业园区。园区由三大主题片区组成，由南至北分别为梦回许都、关帝弘义、许君以昌。

许昌三国文化产业园区由昌睿文化控股有限公司运营，项目目前在建，预计在 2018 年建成，目前，已累计投资 66 亿元。项目投入运营以后，预计可实现年营业额 20 亿元、税收 2 亿元，解决 1 万余人的就业问题。

以上只是 PPP 模式在现阶段应用较为广泛的几种类型，PPP 模式随着时代的发展和市场经济的进一步开放，将会催生出更多创新的模式，每一种类型又会根据项目本身和具体情况发生一系列新的变化。

当前我国的 PPP 模式还在探索阶段，无论是以上涉及的几种类型还是尚未涉及的类型，都尚未成熟，在实际操作中也存在一系列的问题，因此在具体操作中要有一定的灵活性。

扫码听书

第三节 如何操作 PPP 项目

根据财政部《政府和社会资本合作模式操作指南（试行）》（以下简称"《操作指南》"）的要求，PPP 项目的操作主要包括项目识别、项目准备、项目采购、项目执行和项目移交五个阶段，共十九个步骤。下面，我们以小问题的形式将 PPP 项目的操作流程进行整体的梳理。

### 8.3.1 项目识别

项目识别包括项目发起、项目筛选、物有所值评价、财政承受能力论证四个步骤。

哪些项目适合运用 PPP 模式？

考虑到 PPP 模式的特点与我国社会经济的发展特点，一般来说，PPP 项目要有投资规模大、需求时间长、市场化程度高等特点。

如何进行项目筛选？

无论是政府还是社会资本，在选择项目时都应该进行项目的筛选。项目筛选是政府和社会资本合作的起点。政府应该重视项目是否适用 PPP 模式，主要体现在明确经济技术指标、经营服务标准、投资概算构成、投资回报方式、价格确定及调价方式、财政补贴及财政承诺等核心事项。PPP 项目分为准经营性项目、经营性项目和公益性项目三种，私营企业在选择 PPP 项目时应该选择具有长期稳定的投资回报率的项目。

物有所值评价的内容是什么？

PPP 项目操作流程图

"物有所值"（VFM）这一概念来源于英文 Value For Money 的直译，它是西方国家判断项目是否能够运用 PPP 模式的决策工具。"物有所值"评价包括定性评价和定量评价两个方面。定性评价的重点在于 PPP 模式与传统模式相比是否具有优越性，例如增加收益、减少风险等；定量评价主要通过计算项目的"物有所值量"，判断项目是否能够通过 PPP 模式降低全生命周期成本。国外"物有所值"评价体系会直接决定 PPP 模式是否能够顺利推进，在我国现阶段，主要以定性评价为主，从各地开展的 PPP 项目来看，关于定性评价没有刻意称为"物有所值"。未来我国在推进 PPP 项目时还需尽快建立起标准化的、程序化的物有所值评价体系。

财政承受能力如何论证？

财政承受能力论证是指较为清晰地测算出政府财政支出在 PPP 项目中的支出责任，评估 PPP 项目给当前和以后财政收支平衡状况带来的影响，为 PPP 项目的财政预算提供依据。财政承受能力论证同样也分为定性评价和定量评价两种。

在项目识别阶段，主要涉及的文件有哪些？

项目发起时的《项目建议书》，针对新建、改建项目的《项目可行性研究报告》《项目初步实施方案》《项目产出说明》，针对存量项目的《项目公共资产历史资料》《项目产出说明》《项目初步实施方案》，物有所值评价时的《项目物有所值评价报告》和《财政承载能力论证报告》。

项目识别的具体流程如《项目识别的具体流程图》所示。

### 8.3.2　项目准备

项目准备包括管理架构组建、实施方案编制、实施方案审核三个步骤。我们确定了项目适用于 PPP 模式后，就到了项目的准备阶

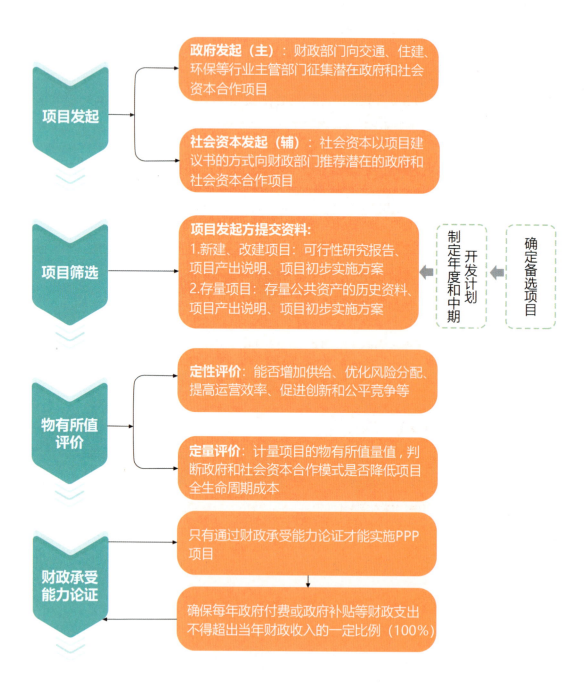

**项目发起**

**政府发起（主）**：财政部门向交通、住建、环保等行业主管部门征集潜在政府和社会资本合作项目

**社会资本发起（辅）**：社会资本以项目建议书的方式向财政部门推荐潜在的政府和社会资本合作项目

**项目筛选**

**项目发起方提交资料：**
1.新建、改建项目：可行性研究报告、项目产出说明、项目初步实施方案
2.存量项目：存量公共资产的历史资料、项目产出说明、项目初步实施方案

制定年度和中期开发计划 ← 确定备选项目

**物有所值评价**

**定性评价**：能否增加供给、优化风险分配、提高运营效率、促进创新和公平竞争等

**定量评价**：计量项目的物有所值量值，判断政府和社会资本合作模式是否降低项目全生命周期成本

**财政承受能力论证**

只有通过财政承受能力论证才能实施PPP项目

确保每年政府付费或政府补贴等财政支出不得超出当年财政收入的一定比例（100%）

项目识别的具体流程图

段，在项目准备阶段，要完成整体构架搭建、项目风险分配，以及确定项目运作方式、交易方式与合作体系等工作。

如何界定风险分配？

由于政府部门在 PPP 项目中更重视财政绩效和社会效应，而社会资本则更关注经济效益与回报，如何分配风险，主要涉及政府担保、调价机制和特许期调整三个决策问题。对于如何实现监测管理，如何进行风险分配，目前尚未有明确的最优方案，但在实践中，基于实物期权和现金流管理确定政府支出和担保上限，或通过财务模拟及压力测试确定风险承担比例的策略，得到了较大范围的应用。

如何选择 PPP 项目的运作方式？

PPP 项目的运作方式我们在上一节已经详细介绍了，在这里不再累述。在选择运作方式时，可以根据项目的具体情况，例如项目是否是既有项目、是否需要改扩建、是否有可经营性等综合考虑，从 BOT、BOO、TOT 等众多方式中选择最适合项目的运作方式。

PPP 项目的交易结构如何设计？

根据《操作指南》的相关规定，交易结构主要包括项目投融资结构、回报机制和相关配套安排。项目投融资结构一般涉及债权人投资、政府补贴等；项目回报机制也就是私营企业如何获得投资回报，例如使用者付费、政府付费、政府补助等；相关配套安排即项目以外的相关机构提供的土地、水、电等配套设施和相关服务。各种交易结构产生了 PPP 模式中的项目合同体系，以特许经营权为主合同，项目公司还要与融资方、承包商、供应商、使用者、保险商等机构签署相关合同。

PPP 项目的特许经营期应该如何设计？

特许经营期的设计一般是通过政府部门实现的，一般通过对特许经营权的结构、长短、形式等方面的设计来完成，在这里不再详

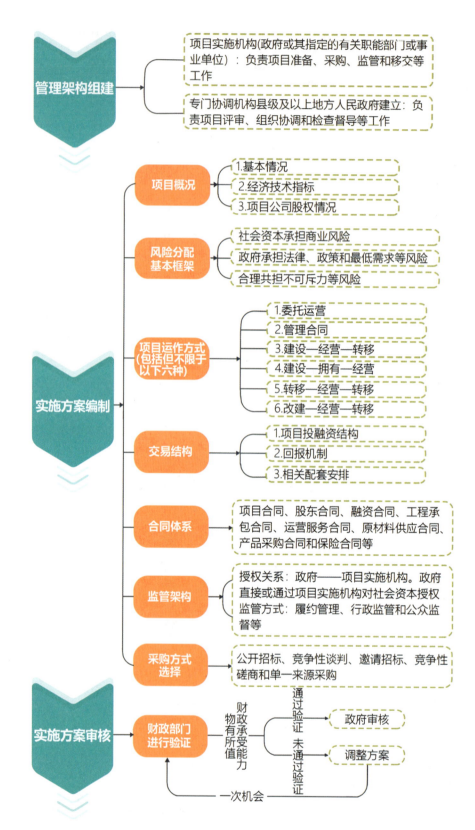

**项目准备阶段的具体流程图**

述。另外，该阶段主要提交的文件为《项目实施方案》。

项目准备阶段的具体流程如《项目准备阶段的具体流程图》所示。

### 8.3.3 项目采购

项目采购包括资格预审、采购文件编制、响应文件评审、谈判与合同签署四个步骤。

PPP 模式与传统政府采购有什么区别？

虽然 PPP 模式是典型的公共采购形式，但又区别于传统的政府采购形式。传统的政府采购需要满足三个基本条件：采购主体为各级国家机关、事业单位和团体组织；资金来源为财政性资金；采购对象为集中采购目录以内或者采购限额标准以上的货物、工程和服务。而 PPP 模式对采购主体、采购资金、采购对象都没有做具体的要求。住房和城乡建设部标准定额研究所李明哲在《PPP 的认识误区与公共服务改革》一文中对两者的区别做了具体的解释："在 PPP 模式下，政府不再是公共产品（服务）的投资者和生产者，而是向私营企业采购大宗产品（服务）的机构。……传统的政府采购一般是'付现'，即付出现金，即刻提货……PPP 政府采购的重要特征是：政府'描述产出要求'，与私营企业签订 20~30 年的长期采购合同，私营企业按合同生产本该由政府生产、提供的产品（服务），企业主要承担财务与市场风险，而政府则将短期投资变成长期向企业购买服务。"

PPP 项目的采购方式有什么？

根据《操作指南》，项目采购的方式主要有公开招标、竞争性谈判、邀请招标、竞争性磋商、单一来源采购等。不同的采购方式有不同的流程，我国主要运用的是公开招标、竞争性谈判等方式。公

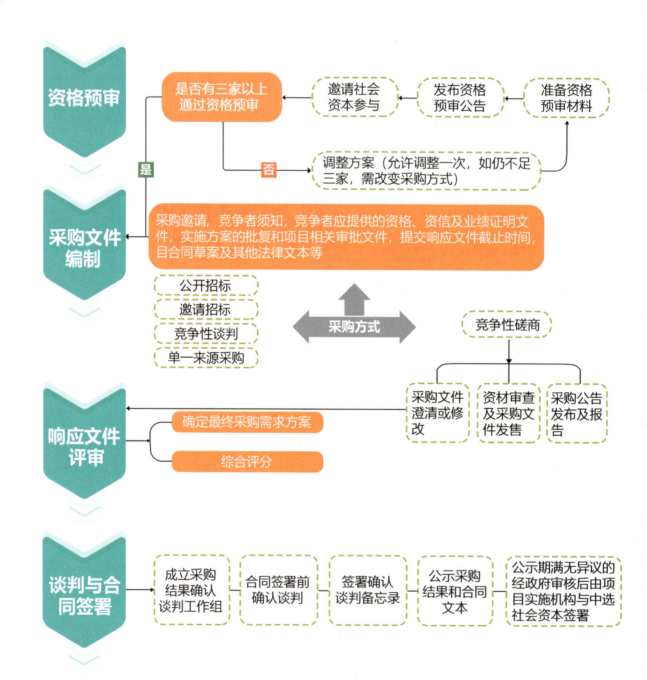

项目采购图

开招标具有范围广、竞争性强、耗时长的特点；竞争性谈判是采购人发布公告，从省级以上财政部门建立的供应商库中随机抽取或者书面邀请不少于三家的供应商就采购事宜进行谈判的方式，首次谈判结束后，供应商提交响应文件，经过单独谈判后谈判小组最后提出三名以上候选人名单并且编写评审报告，采购人根据评审报告确定供应商。

项目采购阶段该注意哪些文件的颁布与提交？

在资格预审时，要准备《资格预审文件》《资格预审公告》《资格预审申请》《资格预审评审报告》；还有一系列项目采购文件，例如竞争者资格、资信、业绩证明文件，政府对项目实施机构的授权、项目相关审批文件，采购程序说明，强制担保的保证金数额和形式，评审方法与标准等相关文件；还要准备一批项目响应文件，如《竞争性磋商公告》《补遗文件》《竞争性磋商响应文件》《采购需求方案》《采购需求方案审评报告》；另外还有一系列谈判和合同的签署，如《确定谈判备忘录》《项目合同》《承继项目合同补充合同》等。

### 8.3.4 项目执行

项目执行包括项目公司设立、融资管理、绩效监测与支付、中期评估四个步骤。

PPP 项目中的项目公司应如何组建？

发改委《政府和社会资本合作项目通用合同指南》中规定，如以设立项目公司的方式实施合作项目，应根据项目实际情况，明确项目公司的设立及其存续期期间法人治理结构及经营管理机制等事项，例如项目公司注册资金、组织形式等的限制性要求，项目公司股东结构、董事会、监事会及决策机制安排，项目公司股权、实际控制权、重要人事发生变化的处理方式。如政府参股项目公司，还

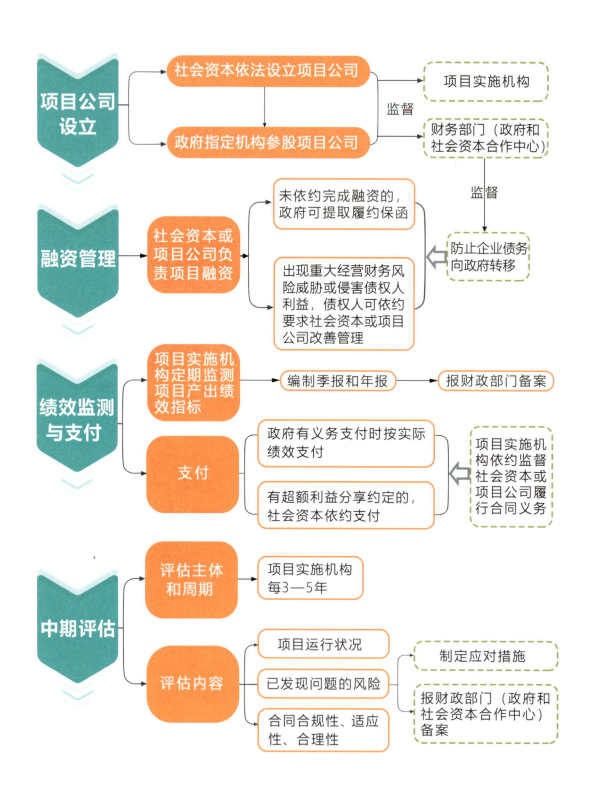

**项目执行阶段的具体流程图**

应该明确：政府出资人代表、投资金融、股权比例、出资方式等；政府股权享有的分配权益，如是否享有与其他股东同等的权益、在利润分配顺序上的安排等；政府股东代表在项目公司法人治理结构中的位置，如在特殊事项上是否拥有否决权等。

政府补贴有哪几种形式？

常见的政府补贴包括固定补贴和变动补贴两种。固定补贴是政府和投资人在签署合同时约定好每年或者每季政府给予投资人补贴的具体金额。无论对于政府还是对于私营企业而言，这种固定补贴操作简单，易于执行，有一定的保障性，但是会降低企业的积极性。变动补贴相比于固定补贴，可以激励 PPP 投资人更好地履行责任，进而获得更多的项目回报率。变动补贴有按照使用量进行补贴、可用性支付补贴、服务水平挂钩补贴三种模式。

PPP 项目中的用地问题如何解决？

PPP 项目的土地权利取得主要有由政府负责提供土地使用权和由项目公司取得土地使用权两种方式。前者是政府部门以土地划拨或出让的方式向项目公司提供项目用地的建设使用权或者项目建设的临时用地，私营企业只负责配合；后者是如果项目公司有能力根据我国法律规定获得土地使用权，则可以自行进行项目使用权的取得，政府则是负责必要的协助。

PPP 项目履约担保方式有哪些？

一般情况下，为了确保新建的项目公司能够完成预期目标，政府会要求项目公司或者承包商就其所要承担的责任做出担保，在PPP 项目中，最为常见、有效的履约担保方式就是保函。常见的保函有建设期的履约保函、运营维护期的履约保函、移交维修保函等。在签订 PPP 项目之前，政府还会要求项目公司签订投标保函、担保合同前提条件成就的履约保函。

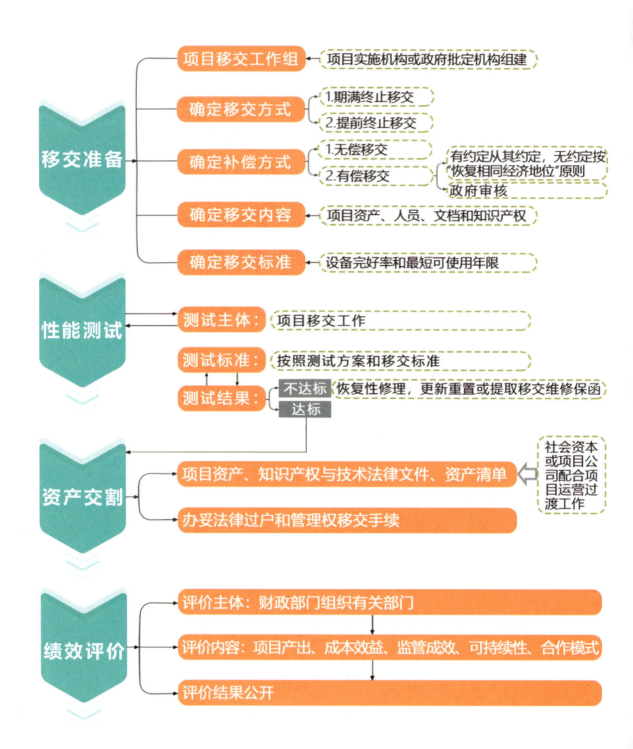

项目移交的具体流程图

项目执行阶段该注意哪些文件的颁布与提交？

在项目公司设立时，应提供项目公司设立的相关文件；在融资管理方面，应该提交《融资方案》与《履约保函》；在绩效检测与支付时，涉及《项目产出绩效指标季／年报》《项目产出说明》《修订项目合同申请》等；在中期评估时要递交中期评估报告。

项目执行阶段的具体流程《项目执行阶段的具体流程图》所示。

### 8.3.5 项目移交

项目移交是 PPP 模式的最后阶段，这个阶段主要有移交准备、性能测试、资产交割和绩效评价四个步骤。

项目移交应该遵循什么程序？

项目移交主要包括权利方面的移交和技术硬件方面的移交两个方面。在 PPP 项目移交前，通常需要对项目的资产状况、硬件使用情况、项目完成效果等进行评估，对项目最终是否达到了合同约定的标准进行测试。评估合格后，按照合同约定，一般项目公司负责相关资产过户和合同转让等手续。

谁来承担项目移交的费用？

比较常见的是由项目公司承担移交手续的相关费用，而且移交手续的相关费用在项目的财务安排中应该有所体现。如果政府和项目公司由于一方的过错导致项目终止，那么将由过错方来承担项目移交手续的相关费用。

绩效监管怎么实行？

在 PPP 模式中，政府监管重点是公共产品及服务的质量和数量，而不必干涉私营企业是通过何种方法满足绩效要求的，这在一定程度上保证了社会资本的主观能动性和创造性。监管要通过监管报告形式进行反馈，而且监管费用由政府和项目公司分担，如果监管结

| | | |
|---|---|---|
| 政府——引导 | 顶层设计 制度建设 执法治理 | 进行产业培育、创造制度环境、建设基础设施、提供公共服务、加强社会治理等 |
| 市场——运作 | 决定性作用 | 通过市场配置资源 |
| 企业——主体 | 特色小镇的主角 | 寻找市场机会 进行资源整合 发挥自身优势 |
| 社会——参与 | 参与 / 监督 | 共同参与实时监督 |

特色小镇运营模式

云栖小镇

果不合格，那么再次监管检测的费用则是由项目公司负责。

项目移交阶段涉及的文件有哪些？

移交准备时，涉及的文件是《移交补偿方案》；在性能测试时，涉及《资产评估和性能测试方案》；绩效评价时要提交绩效评价的相关文件。

项目移交的具体流程如《项目移交的具体流程图》所示。

### ※ 分析案例　特色小镇怎么创新？

2016 年 7 月，住建部、国家发改委、财政部联合发布通知，决定在全国范围开展特色小镇培育工作，提出到 2020 年培育 1000 个左右各具特色、富有活力的休闲旅游、商贸物流、现代制造、教育科技、传统文化、美丽宜居等特色小镇。推进特色小镇规划建设，有利于"三农"问题的解决，推进城镇化进程，有利于经济发展方式的转变、现在经济的可持续发展。

特色小镇得到各地"一呼百应"。随着经济的发展，社会资本的不断增量使其与区域之间的土地开发成为可能。从政策层面上来看，特色小镇的建设与城镇化进程、供给侧改革、政府职能转变等方面相契合，结合 PPP 模式在国内的运用，参与特色小镇建设的企业红利凸显。

目前，我国绝大部分特色小镇的建立都是运用的 PPP 模式。首先，特色小镇的建立涉及产业、规划、宜居、环境等各个要素的内容，当地政府缺乏专业的运作能力，需要引入专业的投资建设运营商，与其进行 PPP 项目的合作，利用其专业的执行力、广泛的社会影响，打破资金不足、专业程度不够的瓶颈，降低建设成本，促进资源整合利用，实现当地的跨越式发展。其次，PPP 模式非常适合于旅游项目及新型城镇化重点项目，土地是特色小镇发展的难点与重点，在

灵山小镇·拈花湾

PPP 模式下，社会资本对土地的成本投入不再是一件头疼的事，通过项目公司融资既避免了政府平台融资的局限，又能够发挥政府诚信在信贷中的最大作用，使其更容易获得金融机构的支持。此外，财政补贴、文化基金的设立，也减轻了社会资本的负担。运用 PPP 模式对特色小镇项目进行建设，是一件"双赢"甚至"多赢"的事。

特色小镇的灵魂是"文化"

中国传统文化源远流长，历史悠久，特别是在中国农村与乡镇，还有着巨大的、尚未开发的文化宝藏。与工业化、城市化的发展成果相比，特色小镇一般都保留着极具特色的地域文化，除人们的风俗习惯和生活方式有一定的特色外，自然风景和生态环境也将是其一大特色。灵山小镇·拈花湾从开发到宣传都相当重视文化的作用，"禅文化"是整个项目的精髓，项目整体规划也是以"禅文化"为指导，如在项目主入口设置了云门谷景点，寓意为过了云门谷就进入了禅境，整个园区像一朵盛开的莲花，住宅区、商业区、生态区的设立都含有一定的寓意，呈现出了质朴、精致的禅意。灵山小镇·拈花湾"文化＋地产＋旅游"的综合盈利模式让其获得 6 亿元年收入，受到了行业内外的关注。

特色小镇的核心是"产业"

一个特色小镇要想获得一定的经济利润，在层出不穷的特色小镇中立于不败之地，必须有自己的产业，新型城镇化的原则就是城镇为本。小镇一定首先要形成一定规模的产业聚集，通过以特色的产业或几个主导产业为核心，形成一定的产业辐射和产业延伸，最后形成完备的产业链。产业链的形成在一定程度上能够吸引就业，进而实现人口流动，接着，公共服务需求会进一步扩大。例如杭州西湖区的云栖小镇，是西湖区依托于阿里巴巴云公司和转塘科技经济园区两大平台打造的以云产业为主的产业小镇，其超级孵化器引

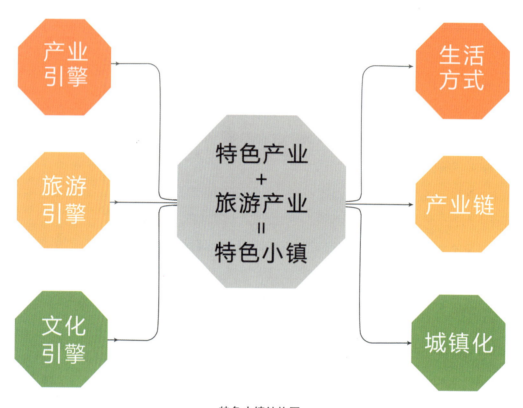

特色小镇结构图

拈花小镇风光

进了众多优秀企业。依托于特色小镇集聚产业，通过产业交流与竞争，实现由资源驱动到创新驱动的经济驱动力，是产业化特色小镇未来发展的必经之路。

特色小镇的骨架是"城镇化"

将产业链与城镇发展相结合，是特色小镇发展的客观规律。公共基础服务是特色小镇发展必须具备的配套设施，公共基础服务完备后，一定的新型城镇化就相应地产生了。特色小镇的城镇化涵盖各个方面，是通过各个因素综合实现的，其中，产业、城市、人口、文化，缺一不可。特色小镇的城镇化是特色小镇发展成熟的标志，也是 PPP 项目的必然要求。当前很多特色小镇项目过度关注房地产开发，却忽视了消费者的服务，产生了"城镇房地产化"的困局。

特色小镇的魅力是"生活方式"

旅游类特色小镇的建设一定程度上为城市人打造了"第二居所"，这就要求人们在特色小镇的生活方式与城市生活方式是有所区别的，与都市快时尚不同的是，特色小镇一般以"慢生活"为基调设计与规划。与城市生活相比，能吸引消费者在特色小镇消费的一般都具有一定的艺术性和文化内涵。例如艺术会展、艺术交流活动、邀请艺术家与艺术爱好者参与创作等，打造浓郁的艺术文化氛围；通过中高端民宿、酒店、餐厅的特色服务在注重基本服务的同时，重视特色小镇生活方式的宣传；在小镇建筑、道路、房屋、生态等方面都重视传递给消费者不一样的生活方式的观念。

虽然特色小镇项目与 PPP 融合在现阶段还有很多弊端和尚未解决的难题，但是未来，特色小镇要完善人才引进政策、提供税收优惠政策、实现专业化的金融支持政策和资产的证券化，提升特色小镇运营管理能力，使特色小镇的发展更加健康、更加便捷。

张普然老师项目地考察与指导

# 小结

扫码听书

在国家的大力推动下，PPP 模式已经成为政府项目建设的主流合作模式，截止到 2017 年年中，全国 PPP 项目库入库项目达 1.35 万个，投资额 16.36 万亿元，有一部分社会资本已经拥有 PPP 项目的运作能力和经验，PPP 模式也日渐成为常态化的公共管理与融资的规范化模式。

"好的 PPP 项目是一场婚姻，而不是一场盛大的婚礼"，PPP 模式不是昙花一现的惊艳，而是一场漫长的合作之旅。由于 PPP 模式导致私营企业融资成本较高、特许经营权导致行业垄断、复杂的交易结构、尚未完善的法律法规等缺点在 PPP 项目实施中逐渐暴露，一系列问题都亟待解决。政府和企业都应该承担社会责任和合同责任，主动促成项目实施、优化工作流程、协商相关争议，在争取自身权利的同时，互帮互助、相互协调，创建新型合作伙伴关系，营造良好的 PPP 环境。

国家和企业正力图解决的融资难题，也是在破解中国经济结构的难题。只有真正发挥好经济社会中各个部分的作用，实现资源的优化配置，才能使社会资源得到高效利用，让经济市场的每一根血管都能顺畅地流动起来，形成更加开放的局面，推动国民经济的发展。

# CHAPTER
## 第九章

文化产业

## "智"赢文化土地资源

WISE WINNING OF LAND RESOURCE
IN CULTURAL INDUSTRY

扫码听书

土地作为生产的基本要素之一，本身具有有限性，加之其具有资源和资本的双重属性，成为影响产业发展的重要因素。随着我国土地资源越来越稀缺，土地利用越来越多元化，文化产业作为产业经济的重要产业，如何抢占土地资源、利用土地资源，赋予土地资源更多的文化内涵，从而实现土地增值，是文化产业的重要课题。

**"智"赢文化土地资源　盘活文化产业用地**

一方水土养一方人，一方特色造就一方文化产业，文化产业的发展要植根于所属的土地。文化产业包含文化产品与文化服务两个方面。一般来说，文化产品不需要与土地直接挂钩，它们只需要销售市场就可以实现盈利，例如图书影视等，而文化服务行业与土地有着密不可分的联系，大到文化旅游行业、文化产业园区等需要在一定规模的场地上运作，小到电影院、图书馆等文化场所也需要一定的占地面积。

近年来，随着文化产业的外溢效应越来越明显，文化产业与实体经济的融合也越来越深入。以传统文化为例，传统文化的发展是依托于民族的或者区域的文化资源及自然资源优势，传统文化与当地民众的生活习惯、生产方式和社会习俗息息相关，不同的地区有不同的文化特色，不同的文化特色产生不同的文化产业。土地特别是文化遗产保护用地在文化产业中不仅仅是自然资源，它承载着中华民族一体多样的价值取向和审美情趣，具有宝贵的社会价值、艺术价值、经济价值和文化承载价值。文化部、财政部《关于推动特色文化产业发展的指导意见》特别指出，在产业发展尤其是特色街区、特色村镇、园区基地建设中，注重保护乡村原始风貌、文化特色和自然生态，突出传统特点，不搞大拆大建，不拆真建假，不毁坏古迹和历史记忆。

　　我鼓励文化产业"拿地"，即通过一系列科学有效的途径实现土地的使用开发权。一方面，文化产业特别是文化服务行业的发展离不开土地资源，大遗址、特色乡镇、创意园区等文化产业都是在一定的土地规模上建立起来的；另一方面，土地自身的商业价值与文化价值极具吸引力，适度而高效的商业转化能够让土地迅速增值，越来越多的企业家都试图在土地项目上分一杯羹，盘活土地资源，进而实现土地天价转换。

　　土地能够给文化产业带来效益，同时文化产业又能够反哺土地，实现土地增值。文化产业与土地的使用开发相辅相成，如果实现文化资源与土地资源的合理配置，产生显著的效益，那么文化产业项目将成为区域文化产业发展的中流砥柱和核心竞争力，实现区域经济发展方式的转变，文化产业在促进地方经济发展、推动城镇化建设、提升居民收入等方面的作用将会更加显著。

扫码听书

## 第一节　如何区分土地用地性质

说到土地，我们并不陌生，百度百科将土地定义为"土地是包含地球特定地域表面及其以上和以下的大气、土壤与基础地质、水文与植物以及动物，还包含这一地域范围内过去和现在人类活动的种种结果，就人类目前和未来利用土地所施加的重要影响"，这个解释更偏向于地质学。除此之外，地理学、政治经济学、经济学、管理学等各个领域对"土地"也都有自己的定义，不同的学科领域对土地的理解各有差异但是也存在着共识，即土地具有资源和资产的双重属性：土地是资源，即土地本身作为一种自然资源而存在，为人们的生存提供基本需求；土地是资产，即人类通过生产活动，利用土地资源并使土地资源获得更多的使用价值。

### 9.1.1　土地的特性

下面，我们讲一下土地作为资产所具备的经济特性。

第一，土地供给的稀缺性。在这里不仅仅表现在土地经常出现"供不应求"的情况，也表现在由于土地质量的差异性和土地位置的固定性，世界某些地区某种用途的土地供给具有稀缺性。土地供给的稀缺性引发了土地所有权垄断和土地经营垄断，在土地买卖、出租的条件下，产生了地价、房租上涨的现象。

第二，土地利用的多样性。由于土地自身位置的固定性，人们只能在固定的位置利用土地，一般来说一块土地不仅仅有一种用途，

土地的经济特性

常常产生两个以上用途的竞争，最终使土地实现高效利用。

第三，土地用途变更的困难性。一般来说，土地一旦投入某种用途，就很难转换到其他用途，一方面是自然条件的限制，另一方面是土地利用方式的转变会投入巨大的人力、物力、财力，得不偿失，所以土地用途一般不会任意变更。

第四，土地报酬递减的可能性。由于"土地报酬递减规律"的存在，如果对土地开发超出了一定的限度，就会产生报酬递减的后果，这要求我们适度开发土地资源。

第五，土地的增值性。土地的增值性在我国城市中的变现尤其显著，随着人口的增长与社会经济的发展，土地供给更加稀缺，进而人们在土地上的投资效益具有显著的增值性。

第六，土地利用后果的社会性。土地的利用不仅仅会影响区域内的自然生态环境，还会产生经济效益，同时也必然会影响到其他周边土地的利用与保护，因此政府应该做好土地的宏观管理、监督与调控。

### 9.1.2  土地的分类

由于上述的土地的经济特性，人们对土地利用的目的和要求不同，就形成了不同的分类系统，目前我国运用最多的土地分类系统，归纳起来主要有三种：土地自然分类系统、土地评价分类系统和土地利用分类系统。在产业经济中，我们使用最多的是土地利用分类系统，2017 年 11 月 1 日，由国土资源部组织修订的国家标准《土地利用现状分类》( GB/T 21010—2017 )，经国家质检总局、国家标准化管理委员会批准发布并实施，土地利用现状分类和编码如下：

| 一级类 | | 二级类 | | 含义 |
|---|---|---|---|---|
| 编码 | 名称 | 编码 | 名称 | |
| 01 | 耕地 | | | 指种植农作物的土地，包括熟地，新开发、复垦、整理地，休闲地（含轮歇地、休耕地）；以种植农作物（含蔬菜）为主，间有零星果树、桑树或其他树木的土地；平均每年能保证收获一季的已垦滩地和海涂。耕地中包括南方宽度 <1.0 m，北方宽度 <2.0 m 固定的沟、渠、路和地坎（埂）；临时种植药材、草皮、花卉、苗木等的耕地，临时种植果树、茶树和林木且耕作层未破坏的耕地，以及其他临时改变用途的耕地 |
| | | 0101 | 水田 | 指用于种植水稻、莲藕等水生农作物的耕地，包括实行水生、旱生农作物轮种的耕地 |
| | | 0102 | 水浇地 | 指有水源保证和灌溉设施，在一般年景能正常灌溉，种植旱生农用物（含蔬菜）的耕地。包括种植蔬菜的非工厂化的大棚用地 |
| | | 0103 | 旱地 | 指无灌溉设施，主要靠天然降水种植旱生农作物的耕地，包括没有灌溉设施，仅靠引洪淤灌的耕地 |
| 02 | 园地 | | | 指种植以采集果、叶、根、茎、汁等为主的集约经营的多年生木本和草本作物，覆盖度大于50% 或每亩株数大于合理株数70% 的土地。包括用于育苗的土地 |
| | | 0201 | 果园 | 指种植果树的园地 |
| | | 0202 | 茶园 | 指种植茶树的园地 |
| | | 0203 | 橡胶园 | 指种植橡胶树的园地 |
| | | 0204 | 其他园地 | 指种植桑树、可可、咖啡、油棕、胡椒、药材等其他多年生作物的园地 |
| 03 | 林地 | | | 指生长乔木、竹类、灌木的土地，及沿海生长红树林的土地。包括迹地，不包括城镇、村庄范围内的绿化林木用地，铁路、公路征地范围内的林木，以及河流、沟渠的护堤林 |
| | | 0301 | 乔木林地 | 指乔木郁闭度 ≥ 0.2 的林地，不包括森林沼泽 |
| | | 0302 | 竹林地 | 指生长竹类植物，郁闭度 ≥ 0.2 的林地 |
| | | 0303 | 红树林地 | 指沿海生长红树植物的林地 |
| | | 0304 | 森林沼泽 | 以乔木森林植物为优势群落的淡水沼泽 |
| | | 0305 | 灌木林地 | 指灌木覆盖度 ≥ 40% 的林地，不包括灌丛沼泽 |
| | | 0306 | 灌丛沼泽 | 以灌丛植物为优势群落的淡水沼泽 |
| | | 0307 | 其他林地 | 包括疏林地（树木郁闭度 ≥ 0.1、<0.2 的林地）、未成林地、迹地、苗圃等林地 |

土地利用现状分类和编码

续表

| 一级类 | | 二级类 | | 含义 |
|---|---|---|---|---|
| 编码 | 名称 | 编码 | 名称 | |
| 04 | 草地 | | | 指生长草本植物为主的土地 |
| | | 0401 | 天然牧草地 | 指以天然草本植物为主，用于放牧或割草的草地，包括实施禁牧措施的草地，不包括沼泽草地 |
| | | 0402 | 沼泽草地 | 指以天然草本植物为主的沼泽化的低地草甸、高寒草甸 |
| | | 0403 | 人工牧草地 | 指人工种植牧草的草地 |
| | | 0404 | 其他草地 | 指树木郁闭度 <0.1，表层为土质，不用于放牧的草地 |
| 05 | 商服用地 | | | 指主要用于商业、服务业的土地 |
| | | 0501 | 零售商业用地 | 以零售功能为主的商铺、商场、超市、市场和加油、加气、充换电站等的用地 |
| | | 0502 | 批发市场用地 | 以批发功能为主的市场用地 |
| | | 0503 | 餐饮用地 | 饭店、餐厅、酒吧等用地 |
| | | 0504 | 旅馆用地 | 宾馆、旅馆、招待所、服务型公寓、度假村等用地 |
| | | 0505 | 商务金融用地 | 指商务服务用地，以及经营性的办公场所用地。包括写字楼、商业性办公场所、金融活动场所和企业厂区外独立的办公场所，信息网络服务、信息技术服务、电子商务服务、广告传媒等用地 |
| | | 0506 | 娱乐用地 | 指剧院、音乐厅、电影院、歌舞厅、网吧、影视城、仿古城以及绿地率小于 65% 的大型游乐等设施用地 |
| | | 0507 | 其他商服用地 | 指零售商业、批发市场、餐饮、旅馆、商务金融、娱乐用地以外的其他商业、服务业用地。包括洗车场、洗染店、照相馆、理发美容站、洗浴场所、赛马场、高尔夫球场、废旧物资回收站、机动车、电子产品和日用产品修理网点、物流营业网点，及居住小区及小区级以下的配套的服务设施等用地 |
| 06 | 工矿仓储用地 | | | 指主要用于工业生产、物资存放场所的土地 |
| | | 0601 | 工业用地 | 指工业生产、产品加工制造、机械和设备修理及直接为工业生产等服务的附属设施用地 |
| | | 0602 | 采矿用地 | 指采矿、采石、采砂（沙）场、砖瓦窑等地面生产用地，排土（石）及尾矿堆放地 |
| | | 0603 | 盐田 | 指用于生产盐的土地，包括晒盐场所、盐池及附属设施用地 |
| | | 0604 | 仓储用地 | 指用于物资储备、中转的场所用地，包括物流仓储设施、配送中心、转运中心等 |

土地利用现状分类和编码

续表

| 一级类 | | 二级类 | | 含义 |
|---|---|---|---|---|
| 编码 | 名称 | 编码 | 名称 | |
| 07 | 住宅用地 | | | 指主要用于人们生活居住的房基地及其附属设施的土地 |
| | | 0701 | 城镇住宅用地 | 指城镇用于生活居住的各类房屋用地及其附属设施用地，不含配套的商业服务设施等用地 |
| | | 0702 | 农村宅基地 | 指农村用于生活居住的宅基地 |
| 08 | 公共管理与公共服务用地 | | | 指用于机关团体、新闻出版、科教文卫、公用设施等的土地 |
| | | 0801 | 机关团体用地 | 指用于党政机关、社会团体、群众自治组织等的用地 |
| | | 0802 | 新闻出版用地 | 指用于广播电台、电视台、电影厂、报社、杂志社、通讯社、出版社等的用地 |
| | | 0803 | 教育用地 | 指用于各类教育用地，包括高等院校、中等专业学校、中学、小学、幼儿园及其附属设施用地，聋、哑、盲人学校及工读学校用地，以及为学校配建的独立地段的学生生活用地 |
| | | 0804 | 科研用地 | 指独立的科研、勘察、研发、设计、检验检测、技术推广、环境评估与监测、科普等科研事业单位及其附属设施用地 |
| | | 0805 | 医疗卫生用地 | 指医疗、保健、卫生、防疫、康复和急救设施等用地。包括综合医院、专科医院、社区卫生服务中心等地；卫生防疫站、专科防治所、检验中心和动物检疫站等用地；对环境有特殊要求的传染病、精神病等专科医院用地；急救中心、血库等用地 |
| | | 0806 | 社会福利用地 | 指为社会提供福利和慈善服务的设施及其附属设施用地。包括福利院、养老院、孤儿院等用地 |
| | | 0807 | 文化设施用地 | 指图书、展览等公共文化活动设施用地。包括公共图书馆、博物馆、档案馆、科技馆、纪念馆、美术馆和展览馆等设施用地；综合文化活动中心、文化馆、青少年宫、儿童活动中心、老年活动中心等设施用地 |
| | | 0808 | 体育用地 | 指体育场馆和体育训练基地等用地。包括室内外体育运动用地，如体育场馆、游泳场馆、各类球场及其附属的业余体校等用地，溜冰场、跳伞场、摩托车场、射击场，以及水上运动的陆域部分等用地，以及为体育运动专设的训练基地用地，不包括学校等机构专用的体育设施用地 |
| | | 0809 | 公用设施用地 | 指用于城乡基础设施的用地。包括供水、排水、污水处理、供电、供热、供气、邮政、电信、消防、环卫、公用设施维修等用地 |
| | | 0810 | 公园与绿地 | 指城镇、村庄范围内的公园、动物园、植物园、街心花园、广场和用于休息、美化环境及防护的绿化用地 |

土地利用现状分类和编码

续表

| 一级类 | | 二级类 | | 含义 |
|---|---|---|---|---|
| 编码 | 名称 | 编码 | 名称 | |
| 09 | 特殊用地 | | | 指用于军事设施、涉外、宗教、监教、殡葬、风景名胜等的土地 |
| | | 0901 | 军事设施用地 | 指直接用于军事目的的设施用地 |
| | | 0902 | 使领馆用地 | 指用于外国政府及国际组织驻华使领馆、办事处等的用地 |
| | | 0903 | 监教场所用地 | 指用于监狱、看守所、劳改场、戒毒所等的建筑用地 |
| | | 0904 | 宗教用地 | 指专门用于宗教活动的庙宇、寺院、道观、教堂等宗教自用地 |
| | | 0905 | 殡葬用地 | 指陵园、墓地、殡葬场所用地 |
| | | 0906 | 风景名胜设施用地 | 指风景名胜景点（包括名胜古迹、旅游景点、革命遗址、自然保护区、森林公园、地质公园、湿地公园等）的管理机构，以及旅游服务设施的建筑用地。景区内的其他用地按现状归入相应地类 |
| 10 | 交通运输用地 | | | 指用于运输通行的地面线路、场站等的土地。包括民用机场、汽车客货运场站、港口、码头、地面运输管道和各种道路以及轨道交通用地 |
| | | 1001 | 铁路用地 | 指用于铁道线路及场站的用地。包括征地范围内的路堤、路堑、道沟、桥梁、林木等用地 |
| | | 1002 | 轨道交通用地 | 指用于轻轨、现代有轨电车、单轨等轨道交通用地，以及场站的用地 |
| | | 1003 | 公路用地 | 指用于国道、省道、县道和乡道的用地。包括征地范围内的路堤、路堑、道沟、桥梁、汽车停靠站、林木及直接为其服务的附属用地 |
| | | 1004 | 城镇村道路用地 | 指城镇、村庄范围内公用道路及行道树用地，包括快速路、主干路、次干路、支路、专用人行道和非机动车道，及其交叉口等 |
| | | 1005 | 交通服务场站用地 | 指城镇、村庄范围内交通服务设施用地，包括公交枢纽及其附属设施用地、公路长途客运站、公共交通场站、公共停车场（含设有充电桩的停车场）、停车楼、教练场等用地，不包括交通指挥中心、交通队用地 |
| | | 1006 | 农村道路 | 在农村范围内，南方宽度 ≥ 1.0 m、≤ 8 m，北方宽度 ≥ 2.0 m、≤ 8 m，用于村间、田间交通运输，并在国家公路网络体系之外，以服务于农村农业生产为主要用途的道路（含机耕道） |
| | | 1007 | 机场用地 | 指用于民用机场、军民合用机场的用地 |
| | | 1008 | 港口码头用地 | 指用于人工修建的客运、货运、捕捞及工程、工作船舶停靠的场所及其附属建筑物的用地，不包括常水位以下部分 |
| | | 1009 | 管道运输用地 | 指用于运输煤炭、矿石、石油、天然气等管道及其相应附属设施的地上部分用地 |

土地利用现状分类和编码

续表

| 一级类 | | 二级类 | | 含义 |
|---|---|---|---|---|
| 编码 | 名称 | 编码 | 名称 | |
| 11 | 水域及水利设施用地 | | | 指陆地水域，滩涂、沟渠、沼泽、水工建筑物等用地。不包括滞洪区和已垦滩涂中的耕地、园地、林地、城镇、村庄、道路等用地 |
| | | 1101 | 河流水面 | 指天然形成或人工开挖河流常水位岸线之间的水面，不包括被堤坝拦截后形成的水库区段水面 |
| | | 1102 | 湖泊水面 | 指天然形成的积水区常水位岸线所围成的水面 |
| | | 1103 | 水库水面 | 指人工拦截汇集而成的总设计库容 ≥ 10 万 $m^3$ 的水库正常蓄水位岸线所围成的水面 |
| | | 1104 | 坑塘水面 | 指人工开挖或天然形成的蓄水量 <10 万 $m^3$ 的坑塘常水位线所围成的水面 |
| | | 1105 | 沿海滩涂 | 指沿海大潮位与低潮位之间的潮浸地带。包括海岛的沿海滩涂。不包括已利用的滩涂 |
| | | 1106 | 内陆滩涂 | 指河流、湖泊常水位至洪水位间的滩地；时令湖、河洪水位以下的滩地；水库、坑塘的正常蓄水位与洪水位间的滩地。包括海岛的内陆滩地。不包括已利用的滩地 |
| | | 1107 | 沟渠 | 指人工修建，南方宽度 ≥ 1.0m、北方宽度 ≥ 2.0 m用于引、排、灌的渠道，包括渠槽、渠堤、护堤林及小型泵站 |
| | | 1108 | 沼泽地 | 指经常积水或渍水，一般生长湿生植物的土地。包括草本沼泽、苔藓沼泽、内陆盐沼等。不包括森林沼泽、灌丛沼泽和沼泽草地 |
| | | 1109 | 水工建筑用地 | 指人工修建的闸、坝、堤路林、水电厂房、扬水站等常水位岸线以上的建（构）筑物用地 |
| | | 1110 | 冰川及永久积雪 | 指表层被冰雪常年覆盖的土地 |
| 12 | 其他土地 | | | 指上述地类以外的其他类型的土地 |
| | | 1201 | 空闲地 | 指城镇、村庄、工矿范围内尚未使用的土地。包括尚未确定用途的土地 |
| | | 1202 | 设施农用地 | 指直接用于经营性畜禽养殖生产设施及附属设施用地；直接用于作物栽培或水产养殖等农产品生产的设施及附属设施用地；直接用于设施农业项目辅助生产的设施用地；晾晒场、粮食果品烘干设施、粮食和农资临时存放场所、大型农机具临时存放场所等规模化粮食生产所必需的配套设施用地 |
| | | 1203 | 田坎 | 指梯田及梯状坡地耕地中，主要用于拦蓄水和护坡，南方宽度 ≥ 1.0 m、北方宽度 ≥ 2.0 m 的地坎 |
| | | 1204 | 盐碱地 | 指表层盐碱聚集，生长天然耐盐植物的土地 |
| | | 1205 | 沙地 | 指表层为沙覆盖、基本无植被的土地。不包括滩涂中的沙地 |
| | | 1206 | 裸土地 | 指表层为土质，基本无植被覆盖的土地 |
| | | 1207 | 裸岩石砾地 | 指表层为岩石或石砾，其覆盖面积 ≥ 70% 的土地 |

土地利用现状分类和编码

　　我们现在讲的大部分文化产业从整体上属于商服用地，使用年限为四十年，而我们常说的文保用地、文化旅游属于特殊用地的范畴。

　　文化产业用地申请时要分清楚用地分类类别，土地用地分类类别是用来规范化管理土地的分类标准和依据。例如我们现在要做一个文化旅游项目，那酒店、公园、绿地等在项目批报时要按照其在用地分类标准中对应的种类或者小类分别阐述所对应的土地性质，而不能用单一的形式对项目进行分类。

张普然老师项目地考察与指导

扫码听书

第二节
如何明确土地产权内容

土地产权，简称"地权"，是不动产物权的一种，是指存在于土地中的一系列排他性权利束。简单讲，权利束是一个土地所有者所有具有的完备的权利，是一个理想的概念，一个土地所有者拥有的最大权利束是完全所有权或者是无限制条件继承的所有权。然而，由于土地产权要服务于公共目的，土地产权只有相对的权利，权利的运用仍然要受制于社会其他要素。

### 9.2.1 土地产权的内容

就土地产权来说，根据相关法律法规，中国土地产权一般包括土地所有权、土地使用权、土地租赁权、土地抵押权、地役权。

土地所有权：《中华人民共和国宪法》规定，"城市的土地属于国家所有。农村和城市郊区的土地，除由法律规定属于国家所有的以外，属于集体所有；宅基地和自留地、自留山，也属于集体所有"。在中国，土地所有权的主体只能是国家或集体。

土地使用权：土地使用权有广义和狭义之分。狭义上的土地使用权是对土地的实际使用，是包含在土地所有权之内的；广义上的土地使用权是独立于土地所有权之外的权利集合。我们国家实行的土地使用权的转让和出让制度主要是广义上的土地使用权。土地使用权的取得可以是有偿的，也可以是无偿的。无偿取得的土地使用权也就是划拨土地使用权，有偿取得土地使用权一般要通过土地的出让、转让

土地产权的内容

方式进行。另外，由于土地所有权的不同，我国土地使用权可以分为国有土地使用权和集体土地使用权。 国有土地使用权可以通过划拨、出让、出租、入股等方式取得，集体土地使用权又可以分为集体土地承包经营权、宅基地使用权和集体非农建设用地使用权。

土地租赁权：土地租赁权是出租人通过租赁合同将土地使用权、狭义的土地租赁权和部分收益权转让给承租人。在我国，土地租赁权中的出租人必须对土地享有所有权或使用权，土地租赁权也都是具有期限的。

土地抵押权：土地抵押权是"使用权人在法律许可的范围内不转移土地占有而将土地使用权作为债权担保，在债务人不履行债务时，债权人有权对土地使用权及其上建筑物、其他附着物依次进行处分，并以处分所得的价款优先受偿的担保性土地他项权利"。设定抵押权时，土地仍是被抵押人占管，抵押人只是将土地的某项权利（如使用权等）作为担保，只有抵押人没有如期履行债务时，抵押权人才有权将土地使用权拍卖并优先受偿。如果抵押人如期偿还债务，那么抵押权就会自动消失。

地役权：地役权是一种他项权利，是指因自己条件环境所限，不得不使用他人土地的权利。简单地说，就是土地所有人因为一定的土地权益，有义务允许他人在自己的土地上实施某种行为，土地所有人因此也会获得相关的赔偿费用。地役权主要包括建筑支持权、采光权、取水权、道路通行权等。

由于我国实行的是国家所有和集体所有两种形式的社会主义土地公有制，因而，土地必然会在这两种公有制形式内流动。同时，我国还存在着从集体所有权向国家所有权转移的特殊的土地征收市场。两种公有制形式使我国土地市场包含两个方面：国有土地使用权的转移、集体土地所有权和使用权的转移。

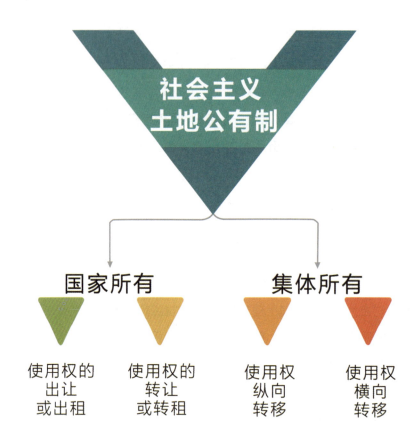

我国社会主义土地公有制形式

根据土地产权结构和法律限制，我国土地市场分为城市土地市场和农村土地市场。国有土地使用权的转移包含以下两个方面：土地使用权的出让或出租、土地使用权的转让或转租。集体土地所有权的转移包含以下两个方面：集体土地所有权向国家的转移、集体所有者之间的所有权转移。集体土地使用权的转移也包含两个方面：土地的横向转移（土地使用者之间的使用权转移）、土地的纵向转移（集体将土地的使用权承包或租赁给农户或其他单位）。

### 9.2.2　建设用地使用权的取得

文化产业的"拿地"行为一般是指对建设用地使用权的取得。建设用地使用权作为一种不动产物权，拥有不动产物权的一般取得方式，例如继承权等。我们下面介绍一下文化用地使用权取得的主要方式。根据土地的法律属性，可将建设用地使用权的取得分为两大类：在国家所有的土地上设立的建设用地使用权、在集体所有的土地上设立的建设用地使用权。

在国家所有的土地上设立的建设用地使用权，产生方式包括：

①划拨方式。《中华人民共和国城镇国有土地使用权出让和转让暂行条例》第四十三条规定："划拨土地使用权是指土地使用者通过各种方式依法无偿取得的土地使用权。"根据《中华人民共和国土地管理法》的有关规定，文化产业可以通过划拨方式取得建设用地，利用政府的扶持政策或者 PPP 项目来获取划拨土地是文化企业获得建设用地常用的方法，划拨土地须经县级以上地方人民政府依法批准。

②出让方式。建设用地使用权出让是国家将建设用地的使用权让与建设用地使用者。建设用地使用权出让有协议、招标和拍卖等方式。根据我国物权法的规定，工业、商业、旅游、娱乐和商品住

宅等经营性用地以及同一土地有两个以上意向用地者的，应当采取拍卖、招标等公开竞价的方式出让。无论是以哪种出让形式取得使用权，都应以书面形式签订相应合同并进行登记。

③流转方式。建设用地使用权流转是土地使用者将土地再转移的行为，如转让、互换、出资、赠予等。无论是哪种方式的转移，都应当向登记机构申请变更登记。

在集体所有的土地上设立的建设用地使用权，按照《中华人民共和国土地管理法》和《中华人民共和国土地管理法实施条例》的规定，乡（镇）村公共设施、公益事业建设，需要使用土地的，要经过乡（镇）人民政府审核，并向县级以上地方人民政府土地行政主管部门提出申请，最终由县级以上地方人民政府批准。在此不再展开论述。

扫码听书

第三节
如何了解土地优惠政策

文化产业健康发展，土地的基础性支撑作用不可或缺，文化产业如果能掌握丰富的土地资源，那么所获得的社会价值和经济利润是巨大的。文化产业企业，尤其是在其早期阶段，大多是"轻资产"运营，普遍难以承受较高的土地和房屋成本支出。目前，我国大部分文化产业的用地仍然需要国家政府的扶持。

我国政府关于文化用地的优惠政策首先体现在存量土地的使用上，2014年《国务院关于推进文化创意和设计服务与相关产业融合发展的若干意见》提出，支持以划拨方式取得土地的单位利用存量房产、原有土地兴办文化创意和设计服务，在符合城乡规划前提下土地用途和使用权人可暂不变更，连续经营一年以上，符合划拨用地目录的，可按划拨土地办理用地手续，不符合划拨用地目录的，可采取协议出让方式办理用地手续。

鼓励存量土地和房产的使用是文化产业用地优惠政策的重要一部分。其次，政府对文化产业用地的优惠政策还表现在降低文化产业用地成本。主要体现为以下几个方面：

第一，在提供用地时予以倾斜。将文化产业建设用地纳入城市专项规划，优先安排文化产业重大项目和当地领军企业新增建设用地指标，在供地安排上予以倾斜。

第二，对文化产业减免一定的税费。除公益性文化场所的自用房产和土地可免征税费之外，经认定的高新类文化产业和省级文化

张普然老师项目地考察与指导

企业在规定年限内也可减免一定的税费。

第三，给予土地出让价格优惠。文化产业用地地价，可低于一定的商业用地，对大型文化产业项目具体问题具体分析，针对性地给予更加优惠的土地价格。

第四，允许分期缴纳土地出让金。利用存量房产与土地资源兴办文化产业，并在规定年限内逐年收取出让金。

第五，支持文化产业配套建设。文化产业重点项目在规定时间内获得规定收益后，可在同一区域以公开出让方式，为文化企业安排适当面积的配套经营性项目用地，支持其可持续发展。

第六，给予资金奖励。对文化用地建立专项奖励资金，对项目建成达产后成效显著、亩均税收贡献大或安置吸纳就业人数多的文化企业或文化产业园区实施奖励。

综上所述，文化产业的用地优惠政策多种多样。每个地区政府对文化产业用地的优惠政策都是不同的，不同文化行业所享受的优惠政策也各有差别，这就要求广大文化企业时刻关注当地政府和国家的政策制度，抓住时机，用合法、科学、便捷的方式抢占土地资源，搭乘优惠政策的便车，实现土地的天价转换。

扫码听书

第四节 如何操作土地拿地流程

前面我们梳理了土地特性和土地分类、土地产权和土地市场，并详细了解了建设用地的取得方式，在此基础上，企业才能知道自己所需要的土地资源到底是什么属性、属于什么市场，企业要运用的是什么产权。下面，我们对拿地的流程进行简单的梳理。

文化企业要根据自身实力与实际需要，通过市场调研与投资分析，对所搜集的土地资源信息进行初步的分类、筛选，企业要对土地可能形成的项目进行商业定位，并对项目定位做投资的可行性研究，最终锁定土地目标。以城市土地市场中的一级市场为例，土地使用权的出让主要通过协议出让、招标出让、拍卖出让、挂牌出让等方式进行。

### 9.4.1　土地使用权的出让

（1）协议出让

协议出让是指管理部门根据法律法规和实际情况与申请人协调用地价款和条件，根据双方协议出让土地使用权，一般程序是：

第一，用地者持经过政府批准的相关文件，向土地所在地的土地管理部门提出申请。

第二，土地管理部门批准后，通知申请用地者洽谈用地条件及相关价款，签订《土地使用权出让合同（草案）》。

第三，土地管理部门收齐有关材料，按照规定进行审查和报批。

第四，经批准后，由土地管理部门与申请用地者正式签订土地

协议出让的简易程序

使用权出让合同，受让人根据合同交付相应的土地出让价款，到土地管理部门办理土地使用权的登记手续，领取"国有土地使用证"，取得土地使用权。

（2）招标出让

土地使用权的招标出让分为邀请招标和公开招标。邀请招标是向符合规定的单位发出《招标邀请书》；通过公共传播媒介发出招标公告的为公开招标。招标出让的一般程序是：

第一，土地管理部门向符合规定条件的单位发出《招标邀请书》或者向社会公开发布《招标公告》，并且印制好相关材料。

第二，有意参加投标的企业或组织按照指示领取招标文件。

第三，投标者在投标截止日期之前到指定的地点将密封的投标书投入标箱，并按规定交付投标保证金。

第四，土地管理部门组织开标会议，在公证员现场监证的情况下，当众开标、验标，宣布不符合投标规定的标书无效。

第五，土地管理部门组织招标机构评标、定标。

第六，中标人在接到中标通知书后，按规定的时间与土地管理部门签订土地使用权出让合同。

第七，中标人按合同规定交付招标价款后，持相关付款凭证，到土地管理部门办理土地使用权登记手续，领取"国有土地使用证"，取得土地使用权。

（3）拍卖出让

拍卖出让国有土地使用权，是相关管理部门委托合法的拍卖机构，在特定的时间、地点内，向社会公开竞投，并向报价最高的企业出让土地使用权。拍卖出让的一般程序是：

第一，土地管理部门印制好土地使用权拍卖须知、土地使用权出让合同样式等文件，并在拍卖前不少于三十天的时间里将有关事宜进行公告。

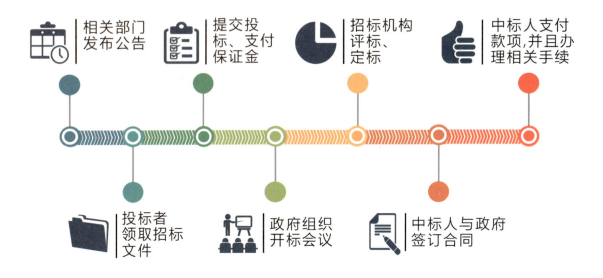

招标出让的简易程序

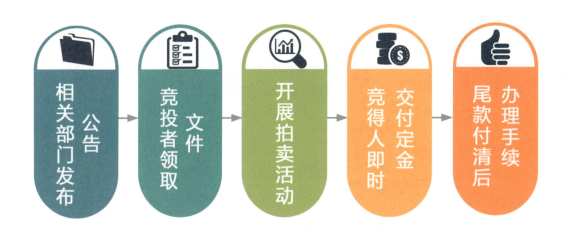

拍卖出让的简易程序

第二，有意参加拍卖竞投的企业或组织按公告指示领取有关文件。

第三，土地管理部门在规定的时间、地点开展拍卖会。

第四，竞得人即时与土地管理部门签订拍卖成交确认书、土地使用权出让合同并按规定交付定金，余额按出让合同规定的时间、方式交付。

第五，竞得人付清地价款后，持付款的凭证到土地管理部门办理土地使用权登记手续，领取"国有土地使用证"，取得土地使用权。

### 9.4.2 土地使用权的利用

讲完了土地使用权的获得，接下来，企业该如何利用土地使用权？从哪一步开始？还需要办理什么证呢？

项目立项：拟定立项批文，需要材料有项目立项申请报告、项目建议书或项目可行性研究报告（其中包含项目必要性和可行性分析；拟建项目的建设规模、地点及推荐的初步方案；项目的社会、经济及环境效益分析；投资估算及资金来源分析；项目建设的工期安排；项目建设的保障条件；与项目立项有关的其他相关资料图纸等）。

办理建设用地规划许可证：主要是指总体规划方案设计和总体规划方案报审两部分。首先要拟定建设项目地点征求函，其中包括本单位报批函、项目建议书代可行性报告、房地产开发企业资质证明文件等。其次要到规划部门办理规划意见书，其中包括建设单位项目地点征求意见函、建设项目规划审批审报表、建设单位用地申请及拟建项目情况说明、立项前环境保护意见书、拟建方案设想总平图等。建设用地规划许可证由规划局审批下发企业需持定位图、意见书、用地申请到用地处审查，经主管局长、主管局市长批准领取。

西安曲江新区

西安曲江芳林苑

项目用地预审：申请用地预审的项目建设单位，应当提交建设项目用地预审申请报告（内容包括拟建项目的基本情况、拟选址占地情况、拟用地是否符合土地利用总体规划、拟用地面积是否符合土地使用标准、拟用地是否符合供地政策等）、审批项目建议书、项目建议书批复文件、产业政策的文件等。与此同时，要进行项目边界钉桩、项目征地及建设用地预审、土地审核等。

办理建设工程规划许可证：规划许可证办理需要的材料包括组织机构代码证、建设项目的正式批准文件、国有土地使用权证、建设用地规划许可证、现势性地形图等，另外，涉及环境保护、道路交通、卫生、消防、国防、人防、电力电讯、水系江堤、园林、绿化等公共设施，建设单位应事先征求有关主管单位书面意见，规划许可证办理后才能进行。

桩基单位的招标及进场：这一阶段，研发部门完成桩基施工图设计和审查，招标部门完成桩基相关单位招标，前期部门完成桩基施工许可证办理，工程部门完成桩基、监理单位的进场及桩基施工等工作。

最后，各个部门准备就绪，开始进行具体施工。上述拿地流程与后期运作只是固定的模式，在此主要是进行简单的梳理，俗话说："制度是死的，人是活的"，企业无须机械套用，在具体操作中要根据实际情况进行。

※ **分析案例　西安市文化旅游综合收入近 300 亿元怎么做到的？**

2002 年，曲江新区的前身"曲江旅游度假区"还是一个默默无闻的地方。西安人对其印象也是寒窑、秦二世陵等小景点，这些景区规模小，设施旧，游客也稀少，由于经营管理落后、缺少资金注入，基本处于入不敷出的状态。

西安曲江夜景

2010 年，曲江新区成功晋级国家 5A 级旅游景区和国家生态区，并被住建部授予"中国人居环境范例奖"。近年数据显示，曲江核心区游客人数从 2003 年的 360 万人次跃升到 2016 年的 5000 万人次，为西安市带来近 300 亿元的文化旅游综合收入，成为享誉海内外的旅游目的地和文化示范区。

随着曲江新区取得耀眼的成就与利润，"曲江模式"应运而生，具体来说，就是西安曲江文化产业投资集团打造的"征地—文化包装—高水平高思想策划规划—贷款—基础建设—招商引资—地价增值—出让土地获得资金—宣传文化概念、创建主题公园—土地再次增值"的一套发展模式，其代表作品为大明宫景区、大雁塔景区、大唐芙蓉园景区、财神庙景区。在这里，我们将曲江模式的各个环节进行分解，可发现曲江模式下的各种新模式：

理念模式：特质文化内核 + 价值传播 + 新城市主义

段先念先生（曾任西安市副市长）曾说："曲江的发展核心，第一是文化产业，第二是文化产业，第三还是文化产业。"曲江新区的特质文化内核是指以唐文化为核心的古老纯正、发育完善的根派文化，通过对文化内核的挖掘与传播，实现文化的再创造，整合资源、放大效应、迎合消费者的消费心理，进而实现曲江独特的新城市主义。

区域发展模式：把城市规划纳入城市经营

整个曲江新区在规划格局上形成"一心、两带、三轴、四板块"，即以大雁塔为核心，形成唐城遗址保护绿带和环城高速两侧共100 米宽的绿化景观带，建立雁塔南路旅游商业发展轴线、芙蓉东路生态休闲发展轴线和曲江大道景观轴线，将曲江新区划分为唐风商业板块、旅游休闲板块、科教文化板块和会展商务板块。使自然资源与文化资源相结合，将特色商业、商务配套和办公、低密度居

西安曲江寒窑

西安城墙

住交相呼应，形成以唐文化为核心的新城市主义。

产业集群模式：打造顶级全文化产业链条

曲江新区形成了以曲江文化产业投资集团为中心组建的 16 个大型文化企业集团，覆盖文化产业各行各业，产业集群蔚为大观。文化旅游业、影视演艺业、会展创意业、传媒出版业成为曲江文化产业的重头戏。2017 年 4 月 19 日，曲江文旅发布 2016 年年报，报告期内，公司实现营业收入 10.48 亿元，同比增长 5.97%；净利润为 5340.10 万元，同比增长 11.43%。以主题文化园区为发端，通过文化要素注入，关联产业协同，多种业态融合，曲江文化产业投资集团积极向影视演艺、会展、出版传媒、文化金融等文化产业门类延伸，壮大文化产业集群，形成了文化、园区、产业协同发展的良好局面。

投融资模式：以地生财，自主配套，负债开发，收支平衡

曲江新区实行流程再造，一次性征地、配套、规划、分批次招商拍卖。遵循"以地生财，自主配套，负债开发，收支平衡"的原则，对新区土地进行全面系统的开发，经过科学分析和评估，制定了新的流程：征地—举债—市政配套—招标拍卖挂牌—卖地—项目规划策划—招商—项目管理，实现了天价土地的转换。

运营模式：政府搭台，文化唱戏

曲江模式里，政府是必不可少的环节，政府通过文化基金、贷款担保、风险投资、财税补贴、房屋补贴等优惠政策，真正意义上降低了文化产业的土地成本，曲江管委会拨款给园区开发公司，并对其进行监控，园区开发公司通过土地使用权抵押向相关金融服务机构进行贷款，并且租让土地使用权给入园企业和房地产开发商获得收入，投资建设公共基础设施，并最终实现与政府的互利双赢。

曲江海洋馆

曲江新区并非一个自然地理概念。在经济上，它是西安市政府为了将旅游文化资源整合到一起而在城区东南方向二、三环之间新设立的经济区域；在自然资源上，它拥有大唐芙蓉园内北湖和曲江池遗址公园内的南湖共 1200 亩的水面，这是西安面积最大的城市湖景资源，它还拥有杜陵 10000 亩的生态森林；在旅游资源上，它以大雁塔和曲江皇家园林遗址为中心，有秦二世陵、杜陵、曲江寒窑等文物古迹，并且建成了大雁塔北广场、大唐芙蓉园、曲江海洋馆等旅游项目……

近年来，曲江模式正在被全国各地迅速复制。但要注意的是，商业模式并不是能够完全复制的，由于各种内在的、外在的原因，同一时间不同地点、同一地点不同时间所面临的问题都是不同的，不能一言以蔽之。曲江模式存在过度商业化开发的弊端，未来，曲江将会更加重视文化与历史的存在，让传统文化融会贯通于现代商业模式当中。

张普然老师全国各地经验分享

**小结**

扫码听书

　　"皮之不存，毛将焉附"，土地在经济发展中处于基础性地位，是一切社会经济、人类生活、文化流通的载体，文化产业的发展要植根于自己所属的土地，在土地上寻找独特的文化内涵，具体问题具体分析，合理利用文化资源与土地资源，形成独具特色的、既是民族的又是世界的文化产业。土地资源并不是取之不尽、用之不竭的，在土地开发利用时，也要注意对土地的保护。同样的，附着在土地之上的文化资源也应该合理开发，既要让其适应时代的发展，古为今用、推陈出新，又要防止过度商业化的现象出现。

　　一个好的文化产业项目一旦能够获得土地使用开发权，合理规划与利用，就能够赋予土地除商业价值以外的文化价值。与普通土地开发不同的是，文化产业项目一般具有一定的特色与精神内涵，它在使用和开发时会使所利用土地甚至周边土地都带有一定的文化标签，而这些文化标签最终也将转化为商业价值与社会价值。

　　文化产业作为典型的"五少两高"产业，具有占地少、耗能少、用水少、污染少、物耗少和高新技术、高附加值的特点。一方面，应该抓住时机，借助土地资源获得发展势能，形成自己的产业规模与经济实力，利用好土地与文化的增值特点，使两者相辅相成、共同促进；另一方面，应该努力发挥自己的产业优势，与现行的土地优惠政策与使用制度相结合，通过自身的发展带动产业经济的发展和土地的增值，实现国民经济又好又快的发展。

# CHAPTER
## 第十章

复兴文明

---

文化产业

## "智"策文化营销创意

WISE DESIGNING OF MARKETING
MANAGEMENT IN CULTURAL INDUSTRY

扫码听书

先讲一个把木梳卖给和尚的故事。一家大公司在招聘销售时，给销售出了一道题：把木梳卖给和尚。以十天为限，十天以后谁卖出的木梳多谁就是胜出者。听到这个命题，很多竞争者纷纷表示这是一项无法完成的任务，于是就退出了应聘，只留下了三个人。十天后，三位应聘者回来了。第一位只卖出了一把梳子，还是历经千辛万苦找到了一个头上长癣的小和尚；第二位卖出了十把，他跑到住持那里说山风吹乱了香客的头发对佛祖不敬，住持才勉强买了十把梳子；第三位回来说他已经把梳子卖脱销了。主事者惊讶地问第三位是怎么做到的。原来，第三位应试者找到一个香客络绎不绝的寺庙，他对住持说，他将梳子卖给住持，住持可以在梳子上刻上字或者为梳子开光，然后将梳子赠送或出售给前来烧香的善男信女。于是，寺庙的香火更旺了，住持大喜，并且还要第三位应聘者为他长期提供木梳的货源。

毫无疑问，第三位应聘者被录用了，因为他是通过"智慧"把产品卖出去的。

这是一个非常老套的故事，但对现代文化产业的营销仍然具有启发意义。随着新媒体时代的到来，"媒体"的含义也越来越多元化，网络时代也从传统网络走向移动网络，"信息爆炸"对于文化产业来说，既是机遇也是挑战，文化产业不能再拘泥于传统的营销模式，越来越多的企业更加重视营销渠道、营销方式的创新与创意。

**"智"策文化营销创意 迎接营销革命新时代**

营销之父菲利普·科特勒把世界营销发展分为三个阶段。营销1.0 时代其实就是卖方市场，正如亨利·福特所说："无论你需要什么颜色的汽车，福特只有黑色的"，这个时代，消费者没有选择权，厂商生产什么，他们就买什么；随着经济的发展，产品日益丰富，

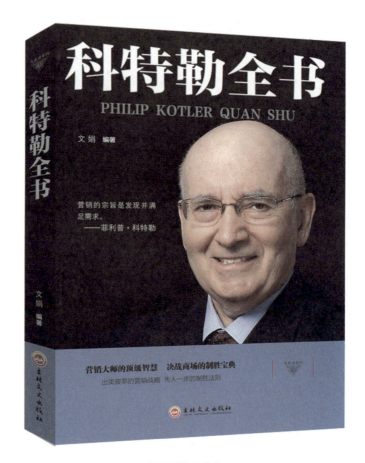

《科特勒全书》

买方市场也就慢慢出现了，营销 2.0 时代的核心标志是 STP 战略的出现，它强调 Segmentingmarket（市场细分）、Targetingmarket（目标市场）、Positioning（定位），事实上，这也是我国目前最常见的营销策略；营销 3.0 时代是随着互联网时代的到来而产生的，当然，3.0 时代依然要求企业能有自己的 STP 策略，科特勒认为，营销应该重新定义为由品牌、定位和差异化组成的等边三角形，强调从产品到顾客再到人文精神的整体开发，认为 3.0 时代的营销是多维度性。

首先，我们必须了解营销 3.0 时代的背景，即媒体化时代、经济全球化和创新型社会的进一步加深。互联网使地球村成为现实，"媒体"的定义越来越多元，内容将越来越丰富，影响力越来越广泛，所涵盖的行业也将越来越广；经济全球化的进一步加深，对于我们来说是一把双刃剑，我们既可以学到先进的营销理念与方式方法，又不得不接受外国先进理论与技术的挑战；通过党和国家制度与改革引领，文化产业涌现了一批新商业模式、新管理机制、新投融资模式等，激励着"大众创新，万众创业"。

我从本书一开始就十分强调"智"的重要性，文化产业从项目开发到衍生品开发，任何一个环节都缺不了智慧的存在。一方面，随着信息时代的到来、政府政策的调控、消费市场的升级，文化产业的发展必定不再是传统的模式，没有"智慧"，只会被时代淘汰；一方面，文化产业的特殊性要求文化产业从业者从各个层面不断创新，思考新的出路，在瞬息万变的市场中站稳脚跟。

此外，文化产业企业应该意识到，文化产业的营销不仅仅是表面上的产品传递，而且是意识形态和文化价值的传播。因此，相比于其他产业，文化产业的责任更加重大。下面，我就如何了解用户需求，如何把握时代趋势，如何建立高效营销渠道，跟大家详细聊聊。

扫码听书

## 第一节 如何了解用户需求

在现代市场经济高度发达的条件下，已经很少有行业仍然处于"卖方市场"了；文化产业的大发展大繁荣也使文化产品层出不穷，消费者的选择越来越多样；随着时代的发展，消费者的消费水平、认知水平、消费观念也都发生了翻天覆地的变化。所有这一切，都要求企业必须即时洞察消费者行为，获取消费者需求信息，研究消费者的消费动机与层次，有针对性地制定相应的营销策略，增强企业的竞争力。

消费动机，即消费者购买产品或服务的驱动力。如今，人们总结了众多的消费驱动理论：本能理论、驱动理论、期待理论、诱因理论、潜意识理论、马斯洛需求层次论等。下面，我们将文化消费的动机分为内部动机与外部动机两部分进行探讨。

### 10.1.1 内部动机

我们从马斯洛需求层次理论来分析影响消费者进行文化消费的内部动机。马斯洛需求层次理论由美国心理学家亚伯拉罕·马斯洛在《人类激励理论》一文中所提出。在马斯洛看来，人类对外界的需求存在两种不同的价值体系：一类是低级需求，是人类作为生物而生存在地球上的本能或冲动；一类是随着人类生活而逐渐显现的潜能或需求，称为高级需求。这两类需求像阶梯一样从低到高按层次分为五种，分别是生理需求、安全需求、社交需求、尊重需求和自我实现需求。

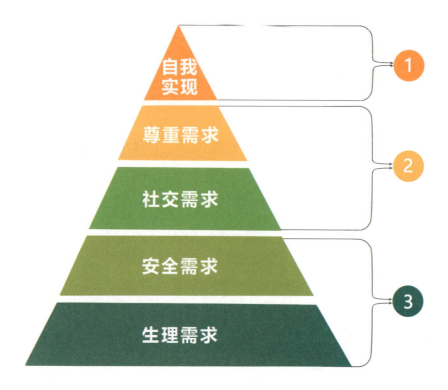

马斯洛需求层次理论

生理需求：这是人类维持自身生存的最基本要求，包括饥、渴、呼吸、分泌、睡眠等方面的要求。如果这些需要得不到满足，人类的生理机能将无法正常运转。生理需求是人类生存的基础需求，也是最根本的需求。例如一个人在极度口渴的时候，他会就近买一瓶矿泉水，至于这瓶矿泉水到底是"农夫山泉"还是"娃哈哈"，对他来说并不重要，他首先要解决的是自身生理机能的问题。在这个意义上说，生理需求是推动人们行动最强大的动力。马斯洛认为，只有这些最基本的需求满足到维持生存所必需的程度后，其他的需求才能成为新的激励因素。

安全需求：这是人类要求保障自己的人身安全、财产安全、家庭安全等方面的需要。人在满足了自己的生理需求后，就开始关注安全问题。还是同一个人，他喝完水以后发现自己喝的是假冒伪劣产品，就不由得对矿泉水的质量起了疑心，担心自己的身体会因为喝了水而生病，这就是对安全的需求。人的感知器官、智力都是寻求安全的工具，甚至可以把科学和科学观都看成满足安全需求的一部分。同样的，人们满足了安全需求后才能产生新的激励因素。

社交需求：这一层次的需求包括两个方面的内容。一是友爱的需要，即人作为社会成员中的一分子，都或多或少与他人发生联系，例如确保自己与家人、同事、朋友的关系。二是归属的需要，即归属感，希望成为群体中的一员，并得到一定的关心和照顾。"看到大家买什么他就买什么"这种从众的消费心理就是追求归属的具体体现。

尊重需求：一个人的社交需求得到满足后，就需要确定自己在别人心目中的位置，得到别人的肯定，从而确立自己的社会地位。尊重的需要又可分为内部尊重和外部尊重。内部尊重也就是我们所说的自尊，外部尊重是指一个人希望自己的某一个或者全部优点受

水的选择

到别人的尊重、信赖和高度评价。例如有一个人有能力选择大众品牌后，他会选择价格更高的品牌，选择能够与自己身份相配的品牌。马斯洛认为，尊重需求得到满足，能使人对自己充满信心，对社会满腔热情，体验到自己活着的用处和价值。

自我实现需求：自我实现需求是最高层次的需求，也就是人的理想、目标得以实现的需求。自我实现能够让人得到精神上的愉悦，其中，审美的实现也是自我实现的一部分，例如刚刚那个喝水的人不再追求生理需求和社会地位、其他人的肯定，而更加重视自我的审美，他在买矿泉水的时候更加看重的是矿泉水的包装是否精美，那么他所获得的就是自我实现的价值。马斯洛提出，为满足自我实现需求所采取的途径是因人而异的。自我实现需求是努力实现自己的潜力，使自己越来越成为自己所期望的人物。

人都潜藏着这五种不同层次的需求，但在不同的时期表现出来的各种需求的迫切程度是不同的。现如今，人们的消费观念并不像马斯洛所说的一定是层层递进的，人在消费时将最需要的一个层次作为刺激消费的动机，人的需要是从外部得来的满足逐渐向内在得到的满足转化。高层次的需求比低层次的需求具有更大的价值，但是高层次的需求一般是存在于人们的意识之中，需要企业了解消费者的消费心理。

### 10.1.2  外部动机

马斯洛需求层级基本涵盖了消费的内部动机，而那种不是由消费者本身引起的消费行为则是由外部刺激而诱发出来的。在这里，我们主要讲一下文化产业消费的外部动机，主要有以下三种：特定时间动机、广告诱导动机、受到邀请的动机。

特定时间动机：就是消费者所处的时间段具有特殊性，这种特

《火星情报局》宣传海报

《火星情报局》微博话题

殊性要求消费者进行一系列的消费行为。例如圣诞节的时候买圣诞树唱圣诞歌,大年三十晚上看中央电视台的春节联欢晚会,等等。

广告诱导动机:在新媒体时代,广告成为促进消费者进行消费的一大原因,广告营销与宣传也是企业营销的主要手段。例如某某明星代言了一款饮品,那么他的粉丝面对同类产品时会毫不犹豫地选择明星代言的那款。另外,促销方式也是诱导消费者消费的一大因素,很多消费者自身并不需要此类产品,但是看到了低价促销的广告后,就会产生消费行为。

受到邀请的动机:很好理解,即消费者本身并没有这方面的消费需求,但是由于亲朋好友的邀请,比如一起看电影、旅游、唱歌等,由他人带领而产生的消费行为。

### ※ 分析案例　那些令人拍案叫绝的营销手段!

·《火星情报局 2》:少即是多

《火星情报局》是优酷自制的一档综艺节目,它是首档用综艺手法检验全民新奇发现的网综节目,火星情报局被定义为某地外情报机构,由汪涵出任局长统领局内事务。明星作为火星特工代表,定期向局长汇报新奇有趣的新发现,并给出建设性提议,引发全民提案风潮。

据统计,《火星情报局》三季的累计播放量将近 40 亿次,并多次蝉联百度风云榜综艺榜第一名,其微博主话题 # 火星情报局 # 阅读量超 4 亿人次,节目相关总话题阅读量更是高达 42.7 亿人次,官微参与互动人数高达 483 万人次,节目火爆程度不言而喻。2017 年 10 月 17 日,《火星情报局 4》在金投赏最具期待媒体资源竞标会上以 8000 万元拍售特约赞助,登顶第十届金投赏标王。

在《火星情报局 2》开播前,在京沪两地公交站点都能看到他

味全每日 C 新品桃汁

味全每日 C 理由瓶

味全每日 C 拼字瓶

们的出街海报。不同于其他综艺节目线下广告五彩缤纷，恨不得把一切华丽的元素全都堆砌在一起，来彰显节目的丰富多彩，《火星情报局2》反其道而行之，只用简单的白色背景配红黑两色文字，希望人们能把更多的关注投在"我发现"上。

在海报投放上，上班族、学生党、年轻女性是《火星情报局》的主要受众，《火星情报局》广告投放也放在了这三种人群密集的地方，而且重视文案与投放地点的匹配，对商圈、美食街、学校、CBD周边的文案都做了详细的区分。例如：CBD附近的更加贴合上班族，"我发现，下班前是一天中最忙的时候"；在学校附近的更加贴合学生群体，"我发现，你喜欢的人都不喜欢你"。

良好的创意口碑带来了网友们自觉或不自觉的追随，纷纷用"我发现"进行造句。"发现"不仅仅是发现广告海报，也不只是发现生活中的细节，或是《火星情报局》节目中经常出现的话题。这样，把"我发现"由内而外贯穿起来，启发每一个观众有一双发现的眼睛，打开脑洞，发现生活中点滴。

"味全每日C"：玩转拼字包装

最近，味全每日C的拼字包装在社交网络上火了，"每日C"瓶身上的字被网友们随意组合，拼成了各种各样的一句话，人们纷纷把自己拼出来的话放在网络上，使"斗图"成为一时的潮流。这一切源自味全"拼字瓶"的推出。

味全每日C最近几年做过三次改良。第一次包装是"理由瓶"，也就是在瓶身上写上各种喝果汁的理由，例如"加班辛苦了，你要喝果汁""听妈妈的话，你要喝果汁"等共36款包装，随后，新品桃汁上架，又有了"来点桃花运，你要喝果汁"等标语。第二次包装为"Hi瓶"，这次希望消费者关心身边的人，买瓶果汁送给他，并

电视剧《微微一笑很倾城》中出现的对白瓶

在瓶身上写下对他说的话，随着《微微一笑很倾城》的上映，味全每日 C 又推出了"台词瓶"，将《微微》的台词印在瓶身上，恰逢夏季，这次营销让味全每日 C 的销量同比增长了 90%。第三次包装更新换代也就是"拼字瓶"的推出，考虑到冬季饮料难卖的情况，最初策划者的预期是以买二赠一的方式来进行促销，因此拼字瓶上的字都是三个字为一组，如"别感冒""天冷了""抵抗力"等，结果商品上架以后，果汁出乎意料地好卖，因此不再进行促销活动。春节期间，味全每日 C 又推出了祝福语的拼字系列，让味全意想不到的是，消费者自发拼出来的句子却完全"超纲"了。网友们乐此不疲地拼出诸如"你别爱我""你好色""求我"等带着恶搞性质的句子，让人忍俊不禁。味全大陆冷藏事业饮料品牌经理江泓一对《第一财经周刊》说，消费者的恶搞发挥着实让味全有过一阵慌乱。其最大的担心莫过于长期主推温暖健康的果汁品牌形象可能由此招来负面影响，而事实并非如此。

据公开数据显示，味全每日 C 推出文字瓶以来，每个月的销量同比增长 40%，市场占有率从 7 月到 10 月都是国内 100% 纯果汁品类的第一名。味全每日 C 在 2016 年 12 月的销售额比 11 月增长了 7%，作为一款冷藏果汁饮品，味全每日 C 夏季高峰和冬季低谷之间的销售差额约有 30%，而 12 月不降反增，也说明了这次营销的成功。

目前，味全每日 C 的目标消费者已经从 25 岁至 35 岁调整到了 20 岁到 30 岁，并且在不断创新营销渠道，以越来越年轻、充满活力的姿态出现在消费市场中，吸引了越来越多年轻人的眼球，获得经济与社会效益的双丰收。

扫码听书

第二节

如何把握时代趋势

消费者消费观念的转变、大众传媒的变革势必会带来文化产业营销的变革，互联网时代的到来，让消费者有了极大的参与和选择空间。在互联网搭建的虚拟平台上，面对巨大的信息流量，每个人对信息的摄取和整合都不再相同，人们可以在这里实现对文化的生产、消费、传播、同化，文化产业也有了新的营销阵地，更产生了前所未有的新的市场营销趋势：

第一，从线下宣传到线上线下宣传。文化产业作为互联网时代的重要受益产业，越来越以互联网为载体进入人们生活的方方面面。文化产业相关企业要做好线上推广，例如通过微博转发、微信点赞、网站合作、弹窗广告、电子邮件等方式让消费者更加便捷、快速地了解产品和获得相关福利。社交媒体的内容将越来越丰富，影响力越来越广泛，所涵盖的行业也将越来越广，现阶段我国的社交媒体主要是微博、微信、知乎、各大论坛等。人们在这里可以分享彼此的心情、见解、经验和观点。近几年，在微博、微信平台上，每天都有层出不穷的热门话题。2017年4月24日，腾讯旗下的企鹅智酷公布了最新的《2017微信用户＆生态研究报告》。根据这份报告数据显示，截止到2016年12月微信全球共计8.89亿月活跃用户，而新兴的公众号平台拥有1000万个。微信这一年来直接带动了信息消费1742.5亿元，相当于2016年中国信息消费总规模的4.54%。社交媒体成为文化产业营销不得不借助的东风。另一方面，线下营销也不容忽视，除传统的交通广播、纸质传单、动漫形象出街等，还要重视与线上营销的配合，注意宣传风格、优惠活动、企业形象的一致性。

# 微信的 2016
# 8.89 亿月活跃用户

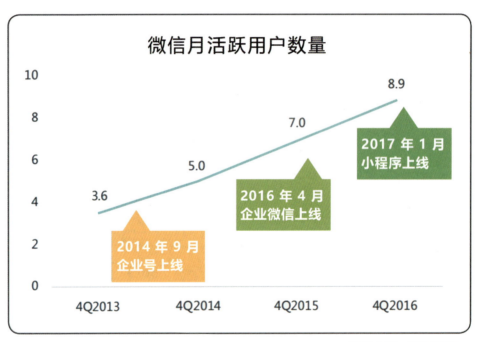

微信月活跃用户数量

数据来源：腾讯财报

《2017 微信用户 & 生态研究报告》用户活跃度

第二，从海量投放到精准推送。随着文化市场的进一步细分，企业的宣传营销也不再追求"又大又全"，尤其对于文化产业来说，有着各种各样的细分市场，每一件文化产品或服务都有着特定的目标消费者，将广告投放到真正需要并且具有一定消费能力的受众那里，是文化产业营销未来需要更加注意的地方。

第三，从大众传媒到亚文化社群。无论一个文化产品最初是以何种形式进入大众视线的，它如果要长期获利，就离不开一部分粉丝的追随，这些粉丝或是自发形成，或是由运营方组建，都会形成一定的社群，像天涯社区、豆瓣小组、QQ群、微信群、明星粉丝群等。亚文化给人的归属感是强大的，随着移动网络的发展，社群里的人可能互相并不相熟，却因为某一种爱好在网络上结为一体，文化产品赋予了亚文化社群独有的群体记忆和特殊的话语体系，让社群成员很难脱离。

第四，从大众营销到个体传播。传统的大众营销是面对大众的无差别化营销，它要借助一定的社会媒介才能实现，一般是企业传达给消费者的。而随着互联网特别是移动网络的发展，消费者自身不仅是营销的受众，也可能成为营销的人格化渠道。例如微博上的美妆网红，她们随口提起的化妆品可能就是一个营销爆点，但当她们以消费者的身份推荐给粉丝的时候，粉丝就更容易接受，这时候消费者信任的不再是企业，而是一个看似与品牌无关的个体。

第五，从单一营销到多元营销。文化产业的产业链不断完善以后，衍生品也就相应出现了，美国学者舒尔茨倡导整合营销传播，在新时代的文化产业营销传播过程中，将各种文化产品进行集中的、多元化的营销，形成整合营销传播的能量总和，集中打造文化产业的自主品牌，例如我们前面讲到的华强方特，将旗下的方特主题乐园、《熊出没》等元素进行多元又整合的营销，产生了比单一营销更好的效果。

2017 年天猫双十一成交额

第六，从传统营销到创新营销。未来，文化产业的产品要想占领市场高地并且立于不败之地，不断的创新营销方式是必不可少的。要深入掌握目标顾客的消费观念甚至文化素养、价值观念，更好地利用互联网的基础设施，找到适合自己的创意营销点，才能不被时代所淘汰。

### ※ 分析案例　天猫双十一：巅峰营销模式如何打造？

在社会经济与互联网的不断发展下，一种全新的营销模式——电子商务，应运而生。电子商务的出现有效地将商务技术、信息技术、管理技术等进行融合，从而实现了一系列的网上购物、网上交易、在线支付等综合服务活动，显示出自身交易方便性、整体性、普遍性的特点。要提到我国的电子商务，不得不提阿里巴巴集团，要提到阿里巴巴集团的营销，不得不提他们的"天猫双十一全球狂欢节"活动。

从 2009 年淘宝首届双十一至今，天猫双十一活动已经走过了九年的时间。自 2012 年淘宝商城改名为天猫商城后，双十一的战绩越来越辉煌，交易额成倍上涨，双十一真正成为全民的一个购物狂欢节。与此同时，各大电商巨头也纷纷加入战争想要分一杯羹，京东、苏宁、聚美等电商大佬们也纷纷借助"双十一"这个大平台获利。2017 年双十一当天交易额达 1682 亿元，再创世界纪录，在 2017 年双十一之前，业界很多呼声表示 2017 年的双十一交易额将难以超越 2016 年的 1207 亿元，但在当天 13 时，2017 年交易额将 2016 年交易额甩在身后。天猫双十一的成功不仅仅因为是一次电商促销活动，它带给消费者的感受是丰富而又多层次的，仪式感、饥饿感、提前参与感、社群感、视觉感、卷入感、新奇感等感觉汇集到一起，让消费者不自觉地关注并且被卷入其中，他们消费的不仅仅是商品本身，而是通过消费获得自身感受的认同与共鸣，这也是未来营销方式的一大趋势。

双十一强攻略海报

### 仪式感

双十一不再是传统的一次营销活动，而是一场仪式性的狂欢，随着生活水平的提高，消费者对商品功能层面的需求不再是第一位的，商品消费已经从纯粹的功能消费渐渐转变为精神消费或体验消费。11 月 11 日的光棍节含义本身就带有一定的文化内涵，而最初，双十一的活动就是针对单身人士而举办的，希望那天他们通过购物获得心情的愉悦。消费者通过这种仪式感感受到了卷入感，这种群体性的价值认同通过"仪式化"的节日表达出来，而这种仪式化的节日又填充着商品交易，商业价值自然就会上涨。

### 饥饿感

饥饿感也就是饥饿营销，天猫双十一给消费者塑造了一种紧张的气氛，所有的商品、优惠券几乎都是仅限双十一当天使用，给消费者一种"过了今天，再等一年"的感觉，很多限量版、限量抢购的商品也让消费者在哪怕荷包紧张的情况下也不惜"剁手"。

### 提前参与感

每年天猫双十一都会提前造势。一方面，预约、定金的购买形式在各个店铺流行起来，这种购买形式不仅让消费者获得一定的优惠与心理稳定，也让店铺有了第一波相对固定的双十一消费者；另一方面，每年各大购物类的大 V 都会发布"天猫双十一预售爆款清单""天猫双十一红包攻略""天猫双十一口令列表"等，这些看似隐秘的促销方式让消费者对天猫双十一更加感兴趣，一般双十一活动未开始，消费者已经通过各种途径有了自己当天的消费清单。

### 社群感

天猫双十一作为全民性的购物狂欢节，本身就是一场集体性的购物，对广大网民特别是年轻人来说，双十一不买点东西，会让其他人有"不合群"的印象。近几年，天猫会员要想打开双十一红包

2017 年双十一主题 "双 11 快乐"

2018 天猫双十一

必须要通过其他会员的"帮助",消费者要想享受更多的优惠,不得不自发成为天猫双十一的宣传者,发动网络周围的人参与。于是,微信、淘宝的很多红包分享群、红包点亮群就应运而生,更加加深了消费者的社群感。

视觉感

每年的天猫双十一都特别重视视觉设计。主会场、分会场各有特色,从颜色、角度、标题等方面刺激着消费者,塑造了非常强烈的购物情景代入感,并且主题存在于每一个页面中,强调品牌的形象,2017 年双十一的主题为"双 11 快乐",2016 年为"双 11 来啦",这些主题遍布在双十一主会场甚至双十一商品的角角落落里,使消费者不自觉地加深了印象。

卷入感

一方面,随着口碑的传承,天猫双十一的影响力得到彰显,九年的广告与口碑积累让人们自觉或不自觉地卷入天猫双十一的交流、交易;另一方面,每年巨量的广告与宣传投入也让消费者无法忽视,2017 年天猫再次与浙江卫视联手,并拉来了北京卫视和深圳卫视进行合作。邀请了 TFBOYS、李宇春、陈奕迅、梁朝伟、贝克汉姆、SNH48 等前来造势,让天猫双十一成为全民热议的话题。

新奇感

科技的融入让消费者对双十一的营销不再感到乏味,智能终端的创新让消费者对营销方式充满新奇感,同时,阿里巴巴集团利用阿里云等大数据,准确分析消费者购物习惯,利用 AR、VR 等技术,让消费者参与高科技的营销方式,极大地提高了用户的消费者体验。

天猫双十一不再是通过单纯的打折促销来满足消费者的需求,低价出售只是一个基础或前提,在此之上运用营销思维去加以宣传和创新,让消费者获得各种自己最想获得的感受,最终成为全民认可的节日,不仅切实提高企业知名度与影响力,更让企业长久获利。

第三节
如何制定高效策略

随着买方市场的进一步深化，企业竞争日趋激烈，企业要想发展、壮大，离不开一批忠实消费者，因此要与消费者建立良好的关系。关系营销能够帮助企业更加了解消费者的消费理念与消费行为，更好地抓住消费者的消费需求，满足消费者消费心理。这样，良好的顾客关系能够为企业带来口碑效益，实现负成本连接，特别是在互联网时代，谁能抓住消费者的心，谁就能抓住自身发展的命脉。

关于关系营销理论的产生与历史，我们在这里不再详述。简单地说，关系营销的本质特征是双向沟通、合作、双赢、亲密与控制，在这里我们重点讲的是企业如何培养顾客忠诚度，这也是关系营销的中心。我们以现如今最火的度假村为例，简单介绍几种方法。

（1）设立顾客关系管理机构

建立顾客关系管理机构，例如客服部、公关部等，选派业务能力强的人任该部门总经理，同时下设若干关系经理。以农家乐为例，部门总经理负责所有关系经理的管理和活动方针的制定，关系经理主要负责与顾客的直接沟通，关系经理要经过专业训练，能够为自己的每一位顾客制定游玩计划和提供服务，并且时刻重视与顾客的沟通，定期提交报告，维护企业的利益，具有一定的危机意识，维持与客户的良好业务关系。执行者学会运用 CRM 客户管理系统、为知笔记、总管家等顾客管理系统。另外，尽最大可能让每一位前来度假的顾客关注度假村微信、微博公众账号，方便顾客即时获得相关信息。

张普然老师全国各地经验分享

（2）建立长期个人联系机制

个人联系即通过营销人员与顾客的密切交流增进友情，强化关系。关系经理应该与顾客互加微信、互留电话。以度假村为例，有的顾客是自己来的，那么关系经理可以主动邀请顾客参加一些度假村里的娱乐活动，例如野炊、钓鱼、爬山等，顾客离开度假村后，关系经理依然可以邀请顾客就餐、打球、KTV 等，从而与顾客产生密切友好的关系。另外，关系经理应该随时关注顾客系统中顾客及顾客家人的生日、年龄、种族等，能够及时为顾客送上生日祝福，并且注意规避顾客的忌讳。比如有些顾客从度假村采了一些花花草草，走的时候一般不会带走，那么关系经理也可以自己把这些植物种起来，这样顾客下次来的时候，就会倍感温暖。开展个人联系的缺点在于，对于管理者来说，如果关系经理与顾客建立了密切、信任的联系，顾客过分依赖自己的关系经理，那么关系经理一旦离开公司，就会带走一批忠实顾客。

（3）推行频繁营销规划

频繁营销规划也称为老主顾营销规划，指设计规划向经常购买或大量购买的老顾客提供奖励。奖励的形式有折扣、赠送商品、抽奖等，通过建立长期的关系，确定、保持和增加顾客的忠实度。例如度假村会向经常购买（消费十次及以上）或大量购买（累计消费 5 万元以上）的顾客提供奖励，奖励的形式有折扣（6.6 折消费一次）、赠送一次顾客生日定制晚餐、赠送纪念奖品、举行开业纪念日大酬宾活动等。频繁营销规划的缺点是很容易被同行模仿，同时，促销、赠送的价格竞争可能会降低服务水平。

（4）定制顾客个性营销

把每一位顾客视为一个潜在的细分市场，满足顾客的一些可以改造的条件。以度假村为例，就是能够根据每一位顾客的特定要求，

张普然老师全国各地经验分享

对客房、餐厅包间等进行单独的改良，并且能够为顾客做定制化的游玩规划。另外，要时刻谨记一些大顾客的个人习惯，以及其对装饰风格、菜品口味的偏好，一定让顾客知道他对于企业而言是独特的存在。定制顾客个性营销的核心目标是以顾客愿意支付的价格并以能获得一定利润的成本，高效率地进行产品定制。

（5）实现目标社群营销

社群营销其实就是我们现在所说的粉丝营销，吸收具有一定支付能力并且长期稳定的顾客成为会员。企业可以大力借助移动网络，创建会员微信群、QQ群，在俱乐部里，顾客可以相互交流，有条件的可以线下聚会，满足顾客对社会地位、社交的自信心。以度假村为例，企业一旦将有一定资格的顾客培养成会员，所形成的社群成员大部分是非富即贵的，这样，会吸引更多的人参加到俱乐部当中。而会员俱乐部一旦建立，顾客一般不会脱离。

随着经济的发展，居民收入得到了提升，居民消费结构不断变化升级。文化产业要想实现经济效益与社会反响的双丰收，就必须抓住消费者心理，审时度势，最大限度地迎合消费者的需求和消费愿望，根据中国市场需求驱动消费行为的力量和元素，进行中国式的营销。

文化产业的受众多为青年消费者，他们追求完美、新奇与娱乐，对某一品牌会有疯狂的忠实度，但有时冲动消费，并且容易产生"选择恐惧症"（无法决策自己的消费目的）。根据这样的目标消费者，文化产业要制定相应的营销方式，重视文化产品的时代性，培养消费者的忠诚度，创造出高质量并且充满活力的文化产品和服务。

除电商、影视等行业的创意营销以外，我国的传统文化同样也需要进行创意营销，传统文化要想发展并且长久获利，就要与时代接轨，面向市场，整合文化资源，实现高效营销。近几年，我们对

江西青花瓷舞

景德镇陶瓷店

传统文化的创意营销还远远不够。一方面，创意性人才更多地流向互联网企业、新媒体企业；另一方面，虽然我们在逐步开拓万众创新的局面，但是我国思想意识、商业模式等方面的创新仍然欠缺，与发达国家相比，还有很大的差距。

### ※ 分析案例　从没落到世界瓷都，是什么拯救了景德镇？

有着一千八百多年历史的景德镇陶瓷，在市场经济的激烈竞争下逐渐没落。景德镇自身具有悠久的历史和丰富的文化遗存，这座享誉世界的"瓷都"至今仍保存着完整的古瓷业文明体系，不仅拥有众多瓷器文化遗存，还有丰富的瓷器非物质文化遗产。面对日益激烈的文化产业竞争，景德镇人挖掘千年瓷都的历史文化以及非物质文化，用现代化的视角将传统文化重新包装打造，使其成为陶瓷文化产业链的核心，而景德镇瓷器本身，也成了产业链中的一个环节。景德镇陶瓷和景德镇从没落走向世界化，离不开以下几个关键词：

"美女瓷乐团"

景德镇歌舞剧团艺术家经过十几年的探索，研制出一套瓷制中国民族乐器，这套瓷乐器包括瓷瓯、瓷钟、瓷笛、瓷箫、瓷鼓等十一个品种，将声学、物理学原理与陶瓷工艺巧妙结合，演奏起来清新悦耳，美妙动听，在世界上尚属首创。景德镇歌舞团自1991年组建瓷乐团以来，演出600余场，先后赴海内外多地演出，参加了众多文化活动，所到之处，均受到热烈欢迎，并引起强烈反响。瓷乐器是传统工艺与现代艺术的结合，景德镇美女瓷乐团以完全商业化的形态早早进入市场，以演奏团体的形式出现在国内省市大型演出、晚会、赛事、仪式上，把景德镇瓷器以音乐的形式展现出来，成为景德镇瓷器宣传的先行使者。

陶瓷埙

瓷编钟

江西景德镇民俗博览区

景德镇创意集市

景德镇古窑民俗博览区

景德镇御窑厂龙珠阁

"人才基地"

和普通工艺品的人才培养方式不同，景德镇建立了现代的、科学的、系统的人才培养基地——景德镇陶瓷大学、景德镇学院、江西陶瓷工艺美术职业技术学院、景德镇陶瓷职业技术学院。四所学校以陶瓷工程和艺术设计为特色，培养了一大批国家级乃至世界级的陶瓷艺术家和工艺美术大师，并为中国陶瓷业、美术设计业培养了无数的优秀技术性人才，也为海内外广大热爱美术与陶瓷的学子提供了学习交流的广阔平台。

"创意园区"

为了吸引更多的年轻人与陶瓷美术爱好者，景德镇打造了一大批创意园区，例如创意集市、名坊园、建国陶瓷文化创意园、陶溪川等。景德镇陶瓷创意集市为年轻人提供了一个与市场接轨的舞台，将旧厂房变为创意产业基地，吸引了一大批景德镇陶瓷大学、中央美术学院、中国美术学院、清华大学美术学院的艺术生前来进行个性化创作。建国陶瓷文化创意园位于市中心，园区设有艺廊、展厅、设计室、工作室、时尚餐饮酒吧等，能够满足陶瓷从生产到交易的全部过程。此外，"中国景德镇国际陶瓷博览会"自2004年举办以来，吸引了世界各地的瓷器制造商、经销商以及陶瓷艺术家和爱好者纷纷参与其中，数以万计的游客与业内人士来到这里，使博览会成为世界陶瓷盛会、国际交易平台，促进了世界陶瓷在商贸、文化、技艺等方面的交流与合作。

"历史民俗"

除了创意园区的建设，景德镇还重视历史民俗类的景点建设，开发挖掘众多历史遗址，建设了一批以景德镇瓷器为核心的旅游景区，例如古窑民俗博览区、御窑厂、浮梁古县衙、彭家弄历史文化街区等。古窑民俗博览区是国家5A级旅游景区，是目前全国唯一一

景德镇陶溪川

黄昏时的名坊园                建国陶瓷文化创意园

家以陶瓷文化为主题的 5A 级景区，景区清代镇窑是景德镇清代蛋形窑的唯一遗存，集中再现了瓷都景德镇千年制瓷历史，被人们誉为最具中华神韵的陶瓷文化景区。景德镇御窑厂遗址历史遗存丰富，包括明清时期御窑厂窑业遗迹、窑炉遗迹、墙体遗址、道路遗迹、衙署建筑遗迹等，另外还包括与明清御窑紧密相关的元代官窑遗迹，御窑厂遗址区周边传统街巷、民居、民窑作坊等，也是其遗存的重要组成部分。

创新、创意在营销策划中具有很高的价值，是发现市场机会的钥匙。创意营销方式，能够创造市场、赢得市场，最终提升品牌在市场中的影响力。瓷器作为宣喻中华文明的最好器物，其丰富的形态、色彩以及独特的文化内涵是景德镇乃至中国传统文化的一张名片，瓷器在这里实现创意化生产与营销，传统文化的篝火代代相传。

文化既是民族的，也是世界的。现如今，数以万计来自世界各地的陶瓷业者云集景德镇，在交流互鉴中创新传奇，以现代工匠精神续写瓷器文化的新篇章。目前，景德镇已构建了陶瓷、航空、汽车、旅游产业体系，致力打造一座世界手工艺与民间艺术之都，一座与世界对话的城市。

张普然老师项目地考察与指导

**小结**

扫码听书

在激烈的市场竞争中，文化产业要及时对市场变化和消费者消费心理做出反应，必须创新营销方式，创造产品文化价值，建立高效营销渠道。营销策划就是要通过调查市场、了解消费者来宣传产品、创造需求，从而进一步调整结构、引导生产。

在对美国 250 家主要公司的调查中，大多管理人员认为公司的第一任务是制定市场营销策略，其次是控制生产成本和改善人力资源。文化产业需要通过对市场的调查，找到潜在客户，了解目标顾客需要什么样的文化产品、需要多少，然后制定相应的市场策略，指导生产，满足顾客的需求，提升顾客满意度。

同时，企业在经营活动中对外会涉及与供应商、分销商、顾客等的各种关系，其中需要营销部门处理千丝万缕的联系，不断协调各方利益，实现最终的互利共赢。在企业内部，营销也会涉及企业内部人力、物力、财力的协调与配置，需要企业为营销活动创造硬件条件，打造一支充满激情与战斗力的营销团队。

在互联网时代，营销成为企业活动的关键，不仅文化产品需要营销，企业形象也是在文化产品的一步步营销中实现的。随着市场竞争的加剧，营销策略将会越来越被重视，营销系统作为企业的生命线已经成了不争的事实。

# CHAPTER
## 第十一章

文化产业

## "智"拥互联网+文化

WISE APPLYING OF THE INTERNET
IN CULTURAL INDUSTRY

近几年，"互联网＋""黑科技"等新兴词汇时常出现在大众的视线里，消费者已经从适应阶段走向了享受阶段，互联网与科技给消费者带来的变化已经体现在生活中的方方面面，"互联网""科技""文化"成为产业经济喜闻乐见的板块，包括文化产业在内的各个行业纷纷试图构建自己的互联网平台，搭乘"互联网＋"的快车，使产品与服务进一步与科技融合，在满足消费者需求的同时，实现自己的商业价值与社会价值。

**"智"拥互联网＋文化　让文化产业插上双翼**

"文化＋科技""文化＋互联网"已经成为当前文化建设的一大亮点和重要前进方向，在我国经济社会发展到当前的形态，面临产业的升级换代，文化的重要性日益凸显，上升为社会发展的核心要素。同样的，今天，社会经济发展的各个门类都需要"＋文化"，加上文化内涵的传统产业获得了令人惊艳的成绩。文化产业即将成为我国的支柱型产业，影视、游戏、动漫、文学、旅游等文化产业相关行业都与互联网、科技有着密不可分的关系，特别是 BAT 等前沿企业及品牌，在互联网、科技以及文化资源的运用上更是炉火纯青，值得我国企业家们学习和借鉴。

2015 年是我国"大众创新，万众创业"的元年。李克强总理在 2015 年《政府工作报告》中提出，制定"互联网＋"行动计划，推动移动互联网、云计算、大数据、物联网等与现代制造业结合，促进电子商务、工业互联网和互联网金融的健康发展，2015 年 7 月 4 日，国务院印发《国务院关于积极推进"互联网＋"行动的指导意见》，"互联网＋"上升为国家战略。

通俗地说，"互联网＋"就是"互联网＋各个行业"。"互联网＋出行"，出现了滴滴打车；"互联网＋外卖"，出现了饿了么；"互联网＋超市"，出现了天猫超市……我们可以看到，"互联网＋"并不是简单地将互联网与某种行业相加，而是利用通信技术和互联网信息平台，将两者深度融合，产生新的发展模式和盈利手段。"互联网＋"代表一种新的社会形态，即充分利用互联网在社会资源中的优化配置作用，将互联网技术融入经济发展的各行各业和用户的生活，实现以互联网为基础工具的经济发展新形态和社会生活的新局面。

"互联网＋"的提出具有划时代的历史意义，其肩负着我国经济发展方式的转变、产业结构优化升级的重任，"互联网＋"经济将成为新常态下的经济增长引擎。一方面，互联网企业积极与其他产业融合，将企业模式和互联网思维渗透到其他行业中；另一方面，包括文化产业在内的各个产业在运作中的各个环节都在尝试与互联网结合，寻求商业模式、营销手段的突破口。"互联网＋产业"将是中国产业转型的重要方向。

扫码听书

第一节

如何构建『互联网＋』思维方式

"互联网＋"是在创新 2.0 时代下发展而来的，如果说创新 1.0 是工业时代的创新形态，那么创新 2.0 则是指信息时代、知识社会的创新形态。创新 1.0 是以技术为出发点，创新 2.0 是以用户为本、以应用为本，《复杂性科学视野下的科技创新》一文认为创新 2.0 是"以用户为中心，以社会实践为舞台，以共同创新、开放创新为特点的用户参与的创新"。

### 11.1.1 "互联网＋"的八大理念

创新 2.0 时代的到来催生了"互联网思维"的出现，我在本书前面也强调过思维的重要性，我们做文化产业，不是普通制造业，无论是想要转变企业发展方式还是想要调整产业结构，文化企业首先都要有思维上的转变，我们前面提到的庄家思维在一定意义上就是互联网思维的演化。互联网思维最早是百度创始人李彦宏提出的，近几年各行各业的人纷纷对"互联网思维"演变出了不同的解释，我认为互联网思维主要包括用户理念、共享理念、开放理念、速度理念、流量理念、社会化理念、大数据理念和跨界理念等。

互联网思维的八大理念

用户理念：目前，我国的经济市场很大程度上已经进入买方市场，买方市场要求生产商更加重视消费者的意愿，把握消费者的消费心理和趋势，"对症下药"，这样才能在庞大的互联网用户基数中获得稳定的忠实用户。用户思维的盈利化也就是我们前面讲到的社群模式。

共享理念：互联网本身就是具有共享性的，特别是在大数据时代，任何人都不能摆脱其他行业或者竞争者，在零散、分割、封闭的状态下实现利润的产出与企业的发展。我们前面讲的庄家思维，重视"互利共赢"，在一定程度上与共享思维有很多相同之处。

开放理念：互联网的开放理念不仅仅体现在信息传播的开放性上，更体现在思维空间的开放上，是人们打破之前的思维定式，以更加开放包容的心态面对经济发展与社会生活。我们前面说的发散思维也与开放理念有相同之处。

速度理念：互联网讲求时效性，在互联网上，谁能拿到一手信息，谁就能吸引一手流量，互联网思维要求信息传递时要快、创意营销要新颖。以新浪微博为例，"实时热搜"可以说是其作为信息平台最大的卖点，同时也带来了一定的经济效益。

流量理念：如果说速度理念是互联网思维的纵向理念，那么流量理念就是互联网思维的横向理念。流量对于互联网来说就是盈利和关注度的入口，无论是微信、QQ还是360，都是首先得到丰富流量后，再通过巨大的流量基数实现变现的。

社会化理念：互联网使"地球村"成为现实，在互联网时代，社会化就是互联网的内部世界。用户以某种社会身份存在于互联网的各个角落，社交媒体是社会化的重要载体，利用好社交媒体，产生口碑营销，让更多的目标受众接收到信息，重视用户的参与，是社会化理念的体现。

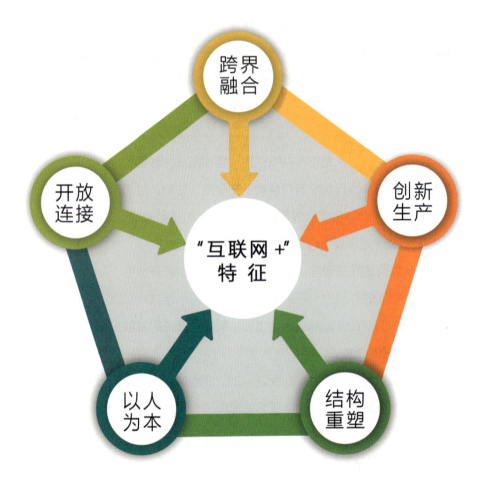

"互联网+"的五大特征

大数据理念：无论是领军企业还是小企业，都要有自己的大数据理念。用户在网络上通常会形成信息、行为、关系三个层面的数据，大数据有利于企业进行预测和决议，透过现象看到本质从而进行结构调整和战略布局。

跨界理念："互联网＋"可以说在一定程度上实现了连接一切的可能性。世间万物都是普遍联系的，近几年，无论是以平台跨界、用户跨界为特点的线上跨界还是以O2O模式、电子商务为特点的线上线下跨界屡见不鲜，跨界理念产生了商业模式中的跨界模式。

无论是我们前面讲到的庄家思维、发散思维还是现在所讲的"互联网＋"思维，其实实质上是一样的，即打破传统的封闭思维，多角度、多层级地考虑问题。从文化产业项目开发到产业链塑造，实现文化产业上中下游的智慧开发，都应该时刻具备上述三种思维。

### 11.1.2 "互联网＋"的五大特征

在"互联网＋"的思维方式下，广大文化产业从业者能够利用思维指导行动，从项目策划到营销策略、衍生品开发等方面，获得充满活力的思维源泉，而其中蕴含着"互联网＋"的五大特征：

一是跨界融合。"＋"的意思在经济领域就是跨界，不同行业纷纷打破自己固有的经营模式，试图在各个环节与互联网产生关系，而融合不仅仅是互联网与行业的融合，还包括消费者与企业的融合、营销与产品的融合等等，打破了地域、行业、渠道等方面的壁垒，让信息传递更加畅通、资源利用更加高效。

二是创新生产。互联网给企业的发展提供了各种变量和丰富的想象空间，创新依然是引领发展的第一动力，也是文化产业上游所必须具备的特质。创新不仅仅能够带来互联网企业的飞速发展，对于传统企业来说，利用创新思维融合到互联网当中，也将会获得不可估量的经济与社会效益。

三是结构重塑。"互联网＋"不仅能够重塑经济发展的产业结构，在地域结构、消费结构、价值结构等方面也产生了颠覆性的效果。

四是以人为本。在"互联网＋"的创新业态下，企业将越来越关注消费者的消费心理，产品和服务也更加人性化。随着网红、意见领袖的出现，商品不再是单纯满足消费者客观需求，更多的是一种精神世界的认可与满足。

五是开放连接。这一点跟我们前面讲的 IP 很像，IP 作为"互联网＋"与文化产业融合的重要产物，连接性是其突出特征，而"互联网＋"则具有比 IP 更加广阔的连接性，可以说，一切行业在"互联网＋"的生态环境中都能产生连接。

扫码听书

第二节

如何打造『互联网＋』产业模式

实际上，在"互联网＋"的概念提出之前，互联网与文化产业的融合已经常见了：网络音乐、网络文学、电竞游戏等的一大批互联网文化公司已经在自己所在的行业内摸爬滚打多年。

李彦宏就曾表示："文化产业方方面面都能与互联网、移动互联网结合，结合的过程会产生新的用户消费习惯，会不断产生新的市场需求，也会产生一批新的伟大的公司。文化企业能与互联网、移动互联网结合，垂直打通各个文化产业环节，把文化产业做大，给用户带来各种各样好的理念，在这样的大背景下，我们就有望共同创造适合于移动互联网的新型文化产业生态。"

下面，我给大家详细介绍一下"互联网＋"到底给文化产业带来了什么？

### 11.2.1 "互联网＋"颠覆了网络文化消费

长期以来，中国互联网用户对内容消费习惯都是免费思维，互联网企业需要通过其他途径获得利润，一旦其他方式无法变现成功，那么这种依靠内容之外的盈利模式也将难以生存。

随着创作者版权意识的增强和知识产权保护体系的不断完善，

腾讯、芒果、爱奇艺视频应用平台

越来越多的消费者开始接受并且愿意为文化产品买单。以网络文学为例，中国网络文学已成为移动互联网核心内容和中国最大的 UGC（用户原创内容）文化产品，2016 年阅文集团用户规模突破 3 亿，用户愿意付费比例达到 28.9%。不仅如此，"互联网+"打破了内容生产与内容消费的壁垒，消费者既可以是网络内容的受众，也可以是网络内容的生产者。除线上内容消费以外，O2O 模式还带动了广大消费者的线下文化消费，例如电影、演出、景点门票等。

"互联网+"基于大数据分析与个性化的文化产品服务，使网络文化消费体现出了内容多元化、终端集成化、渠道虚拟化的特点，不但在潜移默化地改变着人们的消费意识，还在一定程度上促进了经济发展方式的转变和产业结构的调整。

### 11.2.2 "互联网+"颠覆了文化产业市场竞争

在"互联网+"的背景下，文化企业或品牌一方面可以借助互联网实现价值最大化，但是又不得不迎接互联网时代带给企业的挑战。以互联网移动平台为例，随着我国移动互联网发展进入稳健发展的状态，行业洗牌调整在不断变化，很多行业出现了多足鼎立，一时难分高下，例如以优酷土豆、芒果 TV、爱奇艺、腾讯视频为领军的视频应用平台，以网易云音乐、酷狗音乐、QQ 音乐为领军的音乐应用平台等。互联网移动平台正朝着行业规范化、平台一体化、内容品质化和模式创新化发展，各大移动平台纷纷追求差异化竞争，进一步抢占细分出的空白市场，例如以原创音乐为重点的网易云音乐、以流行音乐为主的 QQ 音乐和以网络音乐为主的酷狗音乐。

其次，"互联网+"与文化产业相互促进，在项目开发、创意激发、融资方式、传播途径、商业模式等环节给予文化产业巨大的推动力，"互联网+"以高速发展的状态带动甚至倒逼文化产业在各个

2017Q2

我国互联网投融资

135亿美元

## 互联网投融资重点领域

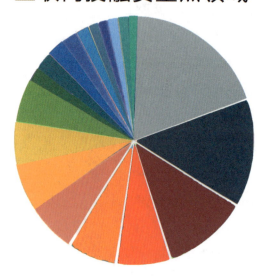

- 互联网金融
- 电子商务
- 企业服务
- IT服务
- 出行旅游
- 在线教育
- 音视频
- 其他
- 文化娱乐体育
- 医疗健康
- 本地生活
- 房产
- 广告营销
- 应用基础设施
- 在线信息
- 安全信息服务
- 游戏
- 社交网络
- 搜索引擎

2017 年二季度互联网投融资运行情况

环节与互联网融合。数字出版、新媒体、电子商务等一系列新型融合类行业出现，使企业不得不树立竞争意识，以 BAT 为代表的民营企业成为更具活力的市场主体。

### 11.2.3 "互联网 +"颠覆了文化产业商业模式

在互联网带来的虚拟经济场景下，商业形态已经发生了巨大的变化。文化产业商业模式受到互联网的巨大冲击，出现了多种多样的形式，以跨界模式、O2O 模式、免费模式、社群模式为代表的商业模式利用互联网平等、开放、协作、分享的精神，颠覆了传统文化产业的商业模式。文化企业在产品与服务方面更加重视用户需求，将 IP 作为流量入口，实现差异化的产品服务和营销宣传。

"互联网 + 文化产业"形成了基于网络平台的内容经济，在电影、游戏、文学、动漫等多领域，基于互联网兼容性、时效性、共享性的特点，文化企业与互联网融合，实现线上营销、线上线下联动的局面。文化企业的信息传播不再是由上而下的，正向"扁平化"甚至"网状"转变，形成"大平台 + 小团队"的组织结构。新媒体精准营销、网络直播模式、广告植入模式、粉丝经济等新型运作模式不断涌现。

### 11.2.4 "互联网 +"颠覆了文化产业投融资市场

中国信息通信研究院政策与经济研究所互联网运行分析团队发布了《2017 年二季度互联网投融资运行情况》报告。根据报告，2017 年第二季度，我国互联网投融资规模达到 135 亿美元，国内资本市场活跃度及投资额度环比均大幅提升。数据显示，2017 年二季度，我国互联网投融资案例共 220 起，环比增长 91.3%，同比增长 105.6%。其中，音视频、文化娱乐体育、游戏等行业占了相当的比重。

综艺《极限挑战》海报

综艺《奔跑吧兄弟》爱奇艺视频网站宣传海报

综艺《中国新歌声》爱奇艺视频网站宣传海报

随着政府投入力度持续加强，越来越多的社会资本进入"互联网＋文化产业"。在互联网平台下，并购重组、众聚众筹、股权投资、版权抵押等开辟了文化企业投融资新渠道。互联网企业日渐主导文化产业并购和资源整合。以众筹网站为主要增长点的文化产业互联网金融将大有可为，小微文化企业通过在专业众筹网站展示创意，出售文化产品"期货"，预先向大众募集资金。

此外，互联网企业对文化企业的并购越来越多，随着互联网逐渐渗入传统文化产业领域，文化产业内部结构也正在发生深刻变化，互联网文化产业在文化产业中的比重也将越来越大。同时，多网、多终端市场的形成需要大量内容服务，这些都是文化产业发展的新机会。未来，基于互联网的文化产业，比如演出直播模式、众筹股权投资与新的文化金融模式、对接线下的营销与传播、大明星合作引导"粉丝经济"的模式等都将大有可为。

如果说文化产业是新经济的引擎，那么"互联网＋文化产业"就是文化产业的心脏。"互联网＋文化产业"通过对科学、技术、文化、艺术等的全面集聚，以及对政治、经济、社会的广泛辐射，正在成为文化产业的核心门类。

### ※ 分析案例　为什么综艺流量越来越高？

在"限娱令""限广令""限外令"等多效政策联手作用下，传统卫星电视台的节目发展受到了严重的限制，而视频网站却如鱼得水，发展路径不断拓宽，其内容模式和传播模式不断得到用户和广告主的认可。以爱奇艺、优酷土豆、腾讯视频、芒果 TV 为首的网络视频网站几乎包揽了所有综艺节目的播出权，如优酷土豆与《极限挑战》、爱奇艺与《奔跑吧兄弟》《中国新歌声》的合作以及有湖南卫视唯一指定播放权的芒果 TV，"差异化"也成为视频网站制胜的

辩论类综艺《奇葩说》宣传海报

《明星大侦探3》剧情宣传海报

核心战略。网台合作是实现差异化的重要途径。与电视台合作，二者达到资源互通、传播力互补，是近两年来视频网站发展的主流趋势之一。

同时，自 2014 年至今，电视节目甚至影视剧都不再是卫星电视的专属，视频网站从内容播放平台转为内容生产平台，并成功突围传统电视台节目。据不完全统计，2016 年我国视频平台自制网综有 95 档，成为全球网综产量第一大国，2017 年依据各平台的招商计划，自制网综 197 档，其中 2017 上半年，各大视频网站已播出的自制综艺共有 47 档，相较于 2016 年上半年涨幅高达 74%。爱奇艺以 15 档自制综艺领跑，腾讯视频和优酷土豆分别以 13 档和 8 档同样交出了不错的答卷。

互动玩法升级

在传统卫星电视节目中，观众只是被动接受节目内容，一般是在观看完节目后才能对节目进行评价，而在网综节目中，网友们边看视频边参与游戏、发起弹幕，真实实现了网络平台的实时性。由优酷土豆独播的《女神的新衣》主打"边看边买"模式，与天猫合作，内容即广告，实现了综艺节目与电子商务的产业联动，为"消费娱乐化"创造了新的想象空间。

高品质多类型

于网络视频平台而言，满足用户对视频内容的多元化需求是其突围的成功之道。近年，网综节目由少到多，观众分众化越来越明显，与电视台的线性传播不同，网综的受众一般都是青年精英类，他们年轻，受教育程度高，对综艺节目的要求高、需求广。除了脱口秀类、访谈类、播报评论类等传统节目，以《奇葩说》为代表的辩论类、以《火星情报局》为代表的社会调查类等节目在节目内容与节目形式上紧跟社会热点和时代步伐。《明星大侦探 3》以先导片

网综《中国有嘻哈》

网综《拜托了冰箱》

网综《明日之子》

首播五天破亿元、豆瓣口碑评分 9.6 分成为口碑、流量双丰收的黑
马网综,以明星扮演侦探与嫌疑人,通过设置主题场景和搜证查证,
最终找出凶手的方式开创了网综推理真人秀的先河。与前两季相比
的架空布景不同,《明星大侦探 3》采用全实景拍摄,在制作上更加
精良,第一案关注校园暴力事件,以娱乐节目的形式带动观众反思
社会,体现节目的人文关怀。

无缝软性营销

网综发展至今,已经脱下了"小成本、粗制作"的外衣,不少
综艺从成本投入到制作都越来越具有实力,吸引的冠名费越来越多,
投资品牌也越来越多元化。今年,各大卫视纷纷爆出多档综艺招商
遇冷,东方卫视《极限挑战》冠名费已达 4 亿元,不少投资商把目
光投向了更加新鲜有活力的网综市场。与传统电视综艺不同的是,
网络自制本身具有极强的灵活性,使得节目中"插播广告"也变得
妙趣横生,"互联网 +"能够让品牌产生系列化延伸、跨媒体延伸、
品牌合作延伸,从而创造出更多商业价值。

2017 年,视频网站继续开启网综霸屏模式,腾讯视频《拜托了
冰箱》《明日之子》进一步发力,优酷土豆推出《火星情报局》,芒
果 TV 推出《爸爸去哪儿第 5 季》《明星大侦探 3》、爱奇艺相继推出
《奇葩说》《中国有嘻哈》……除此之外,各大视频平台自制网剧《河
神》《白夜追凶》等凭借精湛的技术和优质的剧本,吸引了大规模
的流量,平台自制不断创新制作方式和内容形式、涵盖不同领域、
抢占年轻受众,使得传统电视台受到严重挤压。加上移动互联网
时代的到来,平台自制的综艺节目、电视剧等将在未来几年受到
强烈追捧,年轻观众将更加乐衷于年轻化、方便化、有趣化的平
台自制项目。

扫码听书

第三节
如何利用科技文化融合发展产业

2014 年《国务院关于推进文化创意和设计服务与相关产业融合发展的若干意见》提出，促进文化产业与科技的融合。包括移动互联网在内的数字文化产业得到了政府的支持，我们可以把数字创意产业看作"科技＋文化"催生出的产业。数字创意产业分为数字内容和创意设计两大类，包含在线教育、虚拟现实、影视、游戏、动漫、网络文学、工业设计、人居环境设计八大细分领域。可以看到，我们上面说的狭义上的 IP 所包含的四大行业影视、游戏、动漫、文学全部包含在内。

文化产业的发展在不断提醒我们，文化产业越来越依赖于互联网与科技，新技术正在引领传统文化产业走向创新发展之路。人工智能等技术已经慢慢从文化产品或服务的点睛之笔，变成带动文化产业发展的巨大引擎。"科技＋文化"，体现在了文化产业的方方面面。下面，我们来进行详细说明。

### 11.3.1 科技＋传统文化

科技与传统文化的结合是传统文化发展和保护的重要出路。首先，科技对于物质文化遗产与非物质文化遗产的保存、保护与抢救

动画纪录片《帝陵》

纪录片《舌尖上的中国》剧照

脑力竞赛类综艺《最强大脑》

电影《比利·林恩的中场战事》

有相当重要的作用，修复、仿制、修补、控温等技术使物质文化遗产得到了很好的保护与开发，而录音、拍摄、直播等形式也保证了非物质文化遗产不会消失，也有利于后人观摩，例如敦煌莫高窟的90个洞窟利用三维重建技术实现了数字化处理。

其次，科技能够传承和传播传统文化，以电视节目为例，《舌尖上的中国》《鉴宝》等节目使传统文化通过电子设备呈现在观众面前，不仅传播了传统文化，还塑造了一定的文化品牌。

最后，利用现代科技可以实现传统文化的产业转型。传统文化特别是文化制造业存在耗时长、产业性低下、浪费资源等弊端，以河南禹州钧瓷为例，原先的钧窑制作都是家庭作坊制，由于各种条件限制，有"十窑九不全"之称，而随着对钧窑烧制升温曲线的掌握和烧制方法由煤烧变为液化气烧，钧窑产业化速度极大加快，还研制出了新的釉色。

### 11.3.2　科技＋影视作品

科技与演艺娱乐的融合，主要表现在拍摄手法和拍摄内容上。李安《比利·林恩的中场战事》以每秒120帧、4K解析度、3D立体效果的拍摄给观众带来了一场惊艳的视觉盛宴；《帝陵》在制作中创新性地使用了微缩景观技术，通过实景和电脑特技合成影像，运用壁画动画技术、手绘动画技术、微雕动画技术、三维动画技术等实现了独特的编年体史诗动画纪录片。未来，4K、3D、高帧率、高动态、广色域、立体环绕音响等手段将大大提升观众的视听质量和观影感受。

在内容上，2017年暑期档，泛科技类综艺节目异军突起，《我是未来》《加油！向未来第2季》等节目让众人耳目一新，脑力竞赛类节目《最强大脑》2017年也加入了人脑与百度人工智能PK的环节。

东湖 VR 小镇

### 11.3.3 科技 + 艺术品

科技以前所未有的速度改变着艺术品的创作手段和观众的体验世界。2016 年初，"未来艺术实验室"在京首发，以信息智能匹配和数据智能交互为手段，融合先进的科学技术与先锋的思维观念，展示与推介实验室生成的新艺术，观众可以通过传感器和各类设备与作品进行互动；谷歌艺术计划与世界各地博物馆合作，利用谷歌街景技术拍摄各个博物馆内部实景，并且以超高解析像拍摄馆内历史名画，供全球网民欣赏和观摩。

目前，谷歌艺术计划提供了来自 151 家博物馆的超过三万件艺术作品的高分辨率图，成为人们理想的艺术收藏与观看工具。同时，艺术品的科技化吸引了一大批青年艺术家聚集在一起，从而产生了一系列的创意产业园区。

### 11.3.4 科技 + 产业园区

科技的融入为传统的文化产业园区带来了新的发展路径和新的产业核心，越来越多以科技为核心的文化产业园区出现，加速了文化产业的产业化。以 VR 技术为例，2017 年中国首个 VR 小镇落户合肥，这也是国家首例"PPP ＋ VR ＋特色小镇"的模式。合肥 VR 小镇主要发展 VR 研发与交易功能、VR 体验与消费功能，以及公共服务和生活居住功能，项目整体建设内容包括 VR 体验轴、滨水观光休闲带、VR 创业社区、VR 企业社区、云计算社区、创意产业社区六大板块。

据不完全统计，我国已有十几个省市开始谋划或已经进行 VR 产业发展规划，VR 小镇、VR 产业基地、VR 孵化基地纷纷兴建。此外，微电影小镇、地学创意园、云计算小镇等与科技相关的文化产业园区层出不穷，例如我们前面讲的云栖小镇就是云计算科技与文化创意产业园区融合发展的代表。

学霸君 APP

粉笔公考 APP

扇贝英语 APP

宁波方特东方神画主题乐园

### 11.3.5 科技＋教育行业

随着直播视频技术、移动互联网技术和 LBS（地理位置定位技术）在教育产业中的频繁使用，教育 O2O 模式、直播网校等相继出现，粉笔公考、扇贝英语、学霸君等一系列 APP 不断丰富教育的内容与途径。以人工智能为核心的"新科技＋教研创新"的融合，基于 VR、AR 的仿真实验室，基于认知计算的复杂决策辅助以及高级机器人技术的陪伴、教学机器人等产品，将掀起一次新的教育创业浪潮。

此外，科技与公益相融合，人工机器人、电子书、多功能交流工具等帮助贫困地区儿童、自闭症儿童更好地接受教育，改变自身现状，帮助他们实现个人价值。

### 11.3.6 科技＋旅游行业

现如今，旅游产业与科技融合已经越来越深入，无论是旅游演艺业还是旅游项目的器材，都十分重视科技的运用。特别是具有时尚、创意元素的旅游产业更是十分注重科技的融入，以方特梦幻乐园为例，目前公司已经研发了十余种以 VR 为表现形式的特种电影技术，是国内唯一拥有环幕 4D 电影、环境 4D 影片、球幕电影、天幕、巨幕、水幕、实景等多类型、全系列的特种电影开发商，并在数字图像、影视特技、网络通信、仿真与机器人以及自动控制等领域实现了自主技术的积累。

除了传统旅游景区借助科技的力量实现了更好的效果，一大批科学圣地也在慢慢转变为旅游胜地。2017 年，国家旅游局、中国科学院共同发布了"首批中国十大科技旅游基地"，酒泉卫星发射基地、三峡水利枢纽工程、中国科技馆等科技圣地纷纷位列其中。

加勒比海盗之沉落宝藏之战

Disney Movies VR 应用图

### 11.3.7 科技 + 文化装备

科技与文化的融合不仅仅表现在丰富数字文化创意的内容和形式，还表现在一系列数字文化创意技术和装备。VR、直播作为新兴产业，堪称 2016 年创投圈杀出的黑马。据不完全统计，2016 年全球（主要以中国为主）VR、AR 行业投融资事件共 90 起，同比增长率高达 233.3%。

2016 年全球可穿戴产业领袖峰会上，专家认为"身体传感网络，智能织物"等是可穿戴设备未来的方向。用户可以通过各种高科技装备或设备，实现人机互动，从而体验场景、感受文化。

※ **分析案例 迪士尼：为什么文化企业如此看重科技？**

在迪士尼的百年历史中，它带给人们的不仅仅是妙趣横生的动画片作品和花样百出的主题乐园，还有成功的企业管理经验、丰富的品牌并购案例和切实的营销方案等。迪士尼虽然以文化起家，但是其背后的科技含量同样令人惊艳，堪称国际科技文化企业的标杆企业。

在主题乐园方面，迪士尼公司有几千名梦想工程师，包括科学家、工程师、作家和艺术家，他们帮助设计开发迪士尼主题乐园。以上海迪士尼乐园中的"加勒比海盗之沉落宝藏之战"为例，这是迪士尼梦想工程师们有史以来设计过的最复杂的项目之一，包含了两种不同的技术。一是 DISH（数字化沉浸式实验室）技术，当人们进入这个实验室后，四个投影仪会把工程师的 3D 建模投递到墙壁上，于是人们仿佛身临其境地感受到了场景；另一种技术就是 BIM（基于模型的信息化管理）技术，迪士尼梦想工程师们将其运用到观众看得见的地方，例如项目中栩栩如生的杰克船长是通过 3D 灯光投影制作而成的。

魔法长凳

在 APP 开发方面，迪士尼 20 世纪 90 年代就追了一波虚拟现实的风潮。2015 年，迪士尼把 AR 技术和儿童画图结合起来，希望通过科技激发儿童的美术兴趣与创造力，儿童在纸上对卡通形象进行颜色填充时，智能设备里的 APP 通过摄像头扫描，运用一些算法创建出相应的 3D 建模，并与儿童的创作叠加显示，儿童通过对比和描摹激发自身的创造力。2016 年，迪士尼开发的《Disney Movies VR》应用上架，其中包含了其旗下的大部分热门影片，并且在 APP 中设置了一个互动性的虚拟公园，用户通过 VR 头盔体验主题公园场景，并且在运动捕捉系统的动作识别下与虚拟主题公园进行互动。

在设备开发上，2017 年 7 月迪士尼公开了魔法长凳（Magic Bench）项目。在"魔法长凳"项目中，用户不需要佩戴相关设备或者智能手机，只需要坐在长凳上，看着一个显示他们坐在那里画面的大型显示屏，就可以看到各种卡通人物与其一起坐在长凳上。摄像头和景深传感器的使用使系统实现了用户定位和动画形象的置景。2017 年 9 月，在德国柏林消费电子展（IFA 2017）上，联想与迪士尼合作的一款由智能手机驱动的增强现实头戴设备——LenovoMirage，全球首发。此前，联想与迪士尼联合开发由《星球大战》改编的 AR 游戏——《星球大战：绝地挑战》，将 LenovoMirage 设备与装有该游戏的智能手机结合后，给用户带来了无与伦比的游戏体验。

迪士尼成就的一点点"奇迹"，就蕴含了大量的科技。迪士尼董事长兼 CEO 艾格自上任以来就十分关注技术创新，他主张迪士尼的三大核心战略为创意内容、国际扩张和技术创新。2014 年，他就提出："科技将会带我们进入一个沉浸式的文化娱乐世界。AR 和 VR 将从根本上改变我们的文化娱乐体验。最终，科技的意义在于将我们连接起来，而不是疏远；它是一个让更多人产生更紧密联系的工具。"

《星球大战》首映礼

迪士尼鼓励科技创新，容忍科技开发中经常出现的一系列失败问题。以迪士尼动画工作室为例，技术人员占工作人员的四分之一左右，他们不仅仅负责项目的运作，还负责自主研发，更新动画制作技术软件。迪士尼"IP＋科技＋文化"的三位一体发展让这个长老级别的文化企业在世界竞争之林之中立于不败之地，丰富的创意内容和不断升级的技术手段也是迪士尼的制胜法宝。

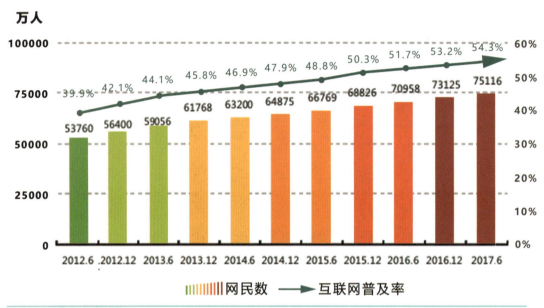

2017 年中国网民规模和互联网普及率

**小结**

扫码听书

根据《2017年中国互联网络发展状况统计报告》提供的数据，截止到2017年6月，我国网民规模达到7.51亿，半年共计新增网民1992万人，互联网普及率为54.3%，互联网已经进入稳健发展的状态。目前，我国文化产业与互联网的融合主要体现在广告营销的环节上，与科技的融合虽然出现了多种多样的新物种，但还有很大的发展空间。文化企业要在"互联网+"思维的指导下，运用互联网的优势和科技的作用，为用户提供更优质、更丰富的产品和服务，不断进行产业延伸、完善产业链。

无论是文化产品还是文化服务，其核心价值就是"内涵意义"。文化产业从项目开发之初，就应该确定自己的品牌文化内涵，始终如一地向消费者传达产品的内涵意义，一边不遗余力地传递文化内涵，一边与消费者产生心理共鸣与情感互动。之所以各个行业都要被赋予文化价值，是因为文化能够引起消费者的心理共鸣，从而对品牌产生"信任"。

文化产业由于本身就具备强烈的文化标签，所以关于"文化+"的工作比其他行业更好执行，也更具有说服力。而当今社会，除文化产业以外其他产业也纷纷赋予自己的产品与服务一定的文化内涵，以丧文化为标签的丧茶红茶饮品、以熊本熊为标签的熊本市、以主题设计为标签的主题酒店……文化不仅仅体现在文化产业上，也慢慢渗透到其他行业中，"文化+"成为经济发展的重要推动力。

2017年10月，马化腾到访康奈尔科技学院，认为"无论AI和科技怎么进步，文化都是无法替代的。哪怕未来技术会大量替代人类的工作和技能，人类大脑对于内容、文化的思考和创新是无法被替代的"。

文化产业在利用"互联网+"与"科技+"时，要格外注意文化的基础性作用。从艺术本质和文化意蕴上看，科技与互联网等高科技的运用只能在一定程度上作为工具、手段来助推文化产业各个环节的运作，来实现文化传播、挖掘文化内涵，而不是本末倒置，成为文化产业发展的目的。只一味重视互联网注意力与科技噱头，而忽视了本身的文化内涵，将会得不偿失。

# CHAPTER
## 第十二章

文化产业
# "智"达上市宏图伟业

WISE TO BE LISTED COMPANY
IN CULTURAL INDUSTRY

扫码听书

　　近年来，文化企业通过上市实现宏图伟业的越来越多。据新元文智统计数据显示，截至 2016 年 8 月底，上市文化企业数量达 215 家，其中 2016 年新增 15 家。在这 15 家中，14 家文化企业通过 IPO 上市，1 家文化企业借壳上市，融资规模 131.73 亿元。较 2015 年同期，上市数量同比下降 31.82%，但单个企业 IPO 上市融资均额显著增长，总融资规模同比增加 17.51%，是 2015 全年上市融资额的 1.03 倍。

　　第一梯队中，以万达影院、华谊兄弟、中南传媒等为代表的 A 股呈现稳中增长的趋势。根据媒至酷团队发布的《2016 年度传媒上市公司绩效数据报告》，文化企业各个行业在资本市场的占有率已经出现了一家独大的特征。而第二梯队如三七互娱、城市传媒等企业的增速也同样不容小觑。众多数据显示，上市文化企业 IPO 融资能力显著提升，文化行业内外重组并购的现象增多，文化企业上市的前景广阔。

**"智"达上市宏图伟业　让企业实现颠覆性崛起**

　　文化产业是新常态下经济增长的重要动力，随着经济发展方式的转变和产业结构的优化升级，文化产业在国民经济中所占的比重将越来越重，相应的金融支持也就更加多样。不仅仅是文化企业，其他传统企业纷纷试图与文化融合，"文化＋"的投资概念更加丰富。产业外延的扩大、资本市场改革的进一步深入、上市财务门槛条件的降低极大地拓宽了文化企业的融资渠道。

　　中国资本市场已经走过了二十多年，证券市场在宏观调控与市场调整下也逐渐完善，越来越多的企业参与资本市场的资源争夺。而在有些场合，我们仍然会听到"没钱的公司才上市""上市就是为了圈钱"的言论。的确，上市的首要目的就是募集资金，上市虽然

◆◆ 统计样本：105 家上市公司，五大子行业

本报告以 105 家传媒上市公司为样本，根据主营业务构成，将全部公司细分为五大子行业，分别为动漫游戏类 32 家，影视传媒类 24 家，新闻出版类 22 家，营销传媒类 17 家，广播电视类 10 家。

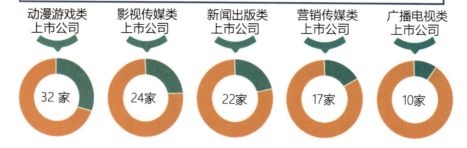

| 动漫游戏类上市公司 | 影视传媒类上市公司 | 新闻出版类上市公司 | 营销传媒类上市公司 | 广播电视类上市公司 |
| --- | --- | --- | --- | --- |
| 32 家 | 24家 | 22家 | 17家 | 10家 |

◆◆ 龙头公司总资产占比超 10%，呈现"一家独大"特征

五大子行业中，完美世界总资产占所有动漫游戏类上市公司总资产的 12.28%；东方明珠总资产占所有广播电视类上市公司总资产的 23.72%；中文传媒总资产占所有新闻出版类上市公司总资产的 10.62%；分众传媒总资产占所有营销传媒类上市公司总资产的 13.81%；万达电影总资产占所有影视传媒类上市公司总资产的 10.89%。

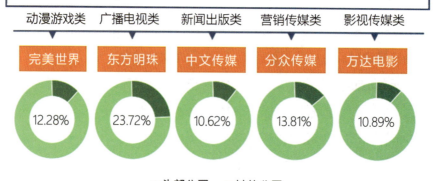

| 动漫游戏类 | 广播电视类 | 新闻出版类 | 营销传媒类 | 影视传媒类 |
| --- | --- | --- | --- | --- |
| 完美世界 | 东方明珠 | 中文传媒 | 分众传媒 | 万达电影 |
| 12.28% | 23.72% | 10.62% | 13.81% | 10.89% |

■ 头部公司　■ 其他公司

《2016 年度传媒上市公司绩效数据报告》部分数据

不是企业融资的唯一途径，却是最佳途径之一。上市对于企业尤其对于民营企业来说，更是一次脱胎换骨的大换血。正是因为上市有着如此的魔力，无数企业家都在为"到纳斯达克敲钟"而孜孜不倦地奋斗着。

我们很欣喜地看到，越来越多的创业者摈弃了传统的"天使论""政府论"等观点，以一个理性、客观的角度审视自身发展状况，为企业的战略性发展进行高瞻远瞩的谋略，通过内生积累和企业奋斗，在资本市场更大的舞台上实现了企业的颠覆性崛起。同时，我们也可以看到很多企业发展到一定规模后便沾沾自喜，他们同样拥有优质的项目、高等的人才和良好的经营，但是由于对资本市场的敌视、排斥、恐惧等心理，故步自封、停滞不前，最终丧失了企业实现质变的最好时机。

传统意义上的上市就是IPO（首次公开募股），即企业通过证券交易所公开面向社会增发股票，来募集企业发展资金。对于企业来说，上市不仅仅意味着能够解决企业的资金问题，还意味着企业的"脱胎换骨"，使企业有更强竞争力与实力，产生不可估量的社会效应与经济效益。对于企业家来说，企业上市在一定程度上就是商业成功的标志。当然，上市还有很多企业内部的原因，例如家族企业二代创始人无力管理公司、创始人产生分歧、创始人对成功的追求等。我们举个很简单的例子，在《中国合伙人》中，黄晓明扮演的成东青之所以最后同意公司上市，也是跟他当年在美国被拒签无数次的经历有关，而公司上市后，在美国上市的非美国公司董事可以拿到十年无限次的签证，这是企业家的"面子"问题。

扫码听书

第一节

如何辨别上市利弊

"上市"这个词对于企业来说并不陌生，很多企业从创办之初就有着"上市梦"，当企业发展到一定规模后，关于企业该不该上市、什么时候上市的问题又成为企业内部的重要分歧，企业上市后的股权分配、经营管理等同样遭受着企业内外各个行业的关注。对于上市，有些企业刻意放大它的"利"，有些企业则不自觉关注它的"弊"。就我国经济市场来说，一般企业上市是利大于弊的，那么，企业上市到底有什么"利"，又有什么"弊"呢？

### 12.1.1　企业上市的好处

企业上市不仅能够为企业带来脱胎换骨的改变，一支好的股票还能够对企业管理层、股票市场、广大股民和经济发展带来巨大的影响。在这里，我们重点讲的是企业上市给企业自身带来的好处都有哪些。

募集大量资金：首先，上市本身就能够带来大量的补充资金；其次，上市有利于企业调整财务结构；最后，上市可以降低企业的财务杠杆，减轻企业的现金流压力。以文化产业为例，文化产业的众多行业都是"烧钱"的行业，与其他传统企业相比，文化产业有着独特的阶段性资金需求和资金周转期。文化企业在成长期和扩张前期往往出现只投入不产出的现象。在影视产业中，由于影视剧的制作周期长、需要资金多，从最初资金投入到最后资金回笼一般需要一年以上的时间，故存在资金的收支不平衡现象，上市能够极大程度地缓解企业的资金压力。

电影《中国合伙人》 剧照

另外，上市公司可以进行股权质押融资。对于一般企业而言，由于其股权缺乏流动性，没有相对活跃的市场和切实的市场报价，因此金融机构无法判断企业进行股权抵押后是否能够挽回成本，因而不接受股权质押。但上市公司的股权在二级市场有着活跃的市场和报价，因此一旦违约，金融机构可以委托二级市场出售股权，有效控制了风险。

调整公司结构：对于股东来说，公司上市能够创造巨大的财富。随着公司的上市，股东可以在资本市场中自由买卖股票，收回创业投资与回报。对于想要离开公司或急需资金的股东来说，上市能够为他们的套现提供很好的机会，也为风险资本的退出机制建立了有效的渠道。

同时，上市公司通过面向员工进行股票认购和赠送，对员工有着极大的吸引力，像我们之前讲到华为的案例，华为至今尚未上市，但是员工股权激励已经有相当好的成效。对于上市公司而言，股权激励机制将更能够留住人才，增强员工的凝聚力，激发员工的工作热情。

打造品牌优势：公司上市能够迅速扩大企业的知名度，实现品牌效应。无论是对合作方还是对人才来说，上市公司给人的直观印象就是意味着企业拥有相对雄厚的实力和一定的社会影响力。特别是在人才招聘上，即使上市公司的薪酬不一定高于同行业，但考虑到职业规划、品牌溢价和职业稳定等方面的因素，上市公司显然更加具有吸引力。

另外，当企业进入金融紧缩周期时，上市公司申请银行支持时会更容易一些。原因非常直观，在企业资本扩张时，企业充满活力，贷款需求较多，同时也具备一定的还款能力，此时，企业贷款的选择性较多；而当企业进入金融紧缩周期时，由于企业自身发展滞缓，

张普然老师项目地考察与指导

缺乏风险承担能力与外部增信能力，同时对资金的需求也不再，那么这时，银行的业务也出现了滞缓的局面。因此上市公司更容易得到银行的青睐，这种现象在早期资本市场也时常出现。

吸引优惠政策：上市公司对于政府来说是主要的创收来源，一般情况下，上市公司都是地方经济的重要支柱和地方就业的主要场所，特别在我国国内，当一些上市公司处于资金链断裂或者管理不善、经营乏力之时，一些地方政府都会出面与金融机构进行协调，帮助上市公司渡过难关，而普通公司很难有这样的待遇。

在金融机构方面，上市公司以更低的成本获取金融资本。一方面，企业能够上市，说明企业在资金容量、经营业绩和财务管理等方面都在同行业中更具实力和竞争力，承担财务风险能力也相对较强。另一方面，上市在一定程度上能够解决企业与金融机构的信息不对称，以及由此造成的信用成本问题。在我国，由于资本市场还不够完善，信用缺失和信息延迟等问题尚未解决，而上市公司上市后需要定期按照规定进行信息披露，接受审计机构的审计，因此其企业信息在市场中更具有完整性和真实性，对于金融机构来说也是一种担保。

### 12.1.2　企业上市的代价

任何事物都有两面性，企业上市也是。网易创始人丁磊曾说："上市就像是裸奔。"上市绝不是单纯的资本积累那么简单，而是一项异常复杂的商业工程。在这项工程中，若是有一砖一瓦没有搭建好，就会导致"烂尾"，成为"豆腐渣工程"，企业上市光鲜亮丽的背后隐藏着企业上市的代价。

信息的透明化：上市公司要按照规范进行企业信息的披露，被迫公开有关资料，这些资料包括财务数据、交易关系、股本变化等。

张普然老师全国各地经验分享

这让企业在运作中不得不规范化，否则在社会公众和新闻媒体的关注下，敏感的企业事件将严重影响企业的利益与发展，这样，规范化运作又使企业的运营不得不耗费更多精力，导致经营成本上升。

上市花费巨大：中国满足上市条件的企业有很多，然而资本市场的容量有限，有一部分原因是企业上市是一件耗时、耗力、耗财的事，企业担心将时间和精力用在上市上，给中介机构支付了一大笔辅导费后上市却没有成功。

控制权被削弱：很多民营企业不愿意上市，也是因为担心自己的劳动成果被别人占有。企业上市后很可能导致原始股东的股权稀释和控制权的削弱，甚至出现原股东的控制权被夺走。这种案例我们在生活中屡见不鲜，由于变成公众公司，公司创始人或管理者很难一人掌控全局。

更容易被收购：企业上市后，对企业虎视眈眈的收购方可能通过二级市场收购获得企业股份，收购方不仅可以通过并购获得自身的成长，而且随着收购方实力的壮大，甚至还会与原始股东争夺控制权。

业绩压力增大：企业上市后，由以前的对企业负责变成了对股民负责，股价的稳定增长会给股民带来收益，但是股价的下跌也会严重影响企业效益与企业声誉。股民对利润和增长率有一定的要求，给管理层带来短期业绩压力。为了维持股价，管理层不得不采取各种措施来维持业绩，有些企业甚至不惜财务造假。有些企业为了迎合股民和媒体的胃口，造成了一些决策上的失误，给企业带来了更大的麻烦。

企业受到关注：在互联网时代下，企业上市赚足了眼球，广大投资者和新闻媒体时刻关注着企业的发展和企业的财务管理，企业的领导层应该时刻注意自己的言行举止，大股东的退出、企业领导

苏宁运营总部

管理不当等问题出现时难免波及股票市场，企业需要建立相应的危机处理机制。

### ※ 分析案例　中小企业如何成功上市？

苏宁于 1990 年创办于南京，经过二十多年的发展，已经成为中国电商行业的领跑者，经营商品涵盖家电、百货、日用品、图书、虚拟产品等综合品类，成为拥有线下实体门店最多的电商。线上苏宁易购位居国内 B2C 前三，2013 年，苏宁电器股份有限公司更名为苏宁云商集团股份有限公司，这意味着苏宁的经营业态也相应发生了变化。2017 年 8 月，全国工商联发布"2017 中国民营企业500 强"榜单，苏宁控股以 4129.51 亿元的年营业收入名列第二。

2004 年苏宁在深圳证券交易所中小企业版正式上市，首次募集资金接近 4 亿元人民币，上市首日以 32.7 元的收盘价引起了大众的一片哗然。苏宁作为中国家电连锁在深交所中小板上市的第一股，凭借着它出色的表现，已经成为中小板的领军人物。

融资结构的调整

从 2004 年苏宁上市以来，股票融资在苏宁融资结构中占据着重要的比重。苏宁上市以后并没有选择发行债券进行融资，而是继续通过股权进行融资，很大程度上是因为股权融资的成本较低。苏宁一直是基金高度控盘的股票，从苏宁历年财务报表可以看到，2009 年以前，苏宁一直实施着高比例的送转股以及一定数量的现金分红，而从 2010 年以后，现金分红的比例明显增加，一定程度上维护了中小股东的利益。

经营收益的增加

上市后，企业的收益与规模获得质的飞跃。苏宁的营业收入从2004 年的 9 亿元达到 2013 年的 1052 亿元，不到十年的时间，苏

苏宁电器大楼

宁得到了高速的扩张。资本的扩张带来了企业规模的迅速发展。苏宁上市的第二年，线下门店的增长速度基本上可以维持在一天能够开 1.7 家门店，这是一个相当惊人的数字。同时，股票股利减少了公司现金的流出，保证了企业规模扩张所需要的一定的现金流。

品牌效应的扩大

与其他企业一样，上市给企业带来了巨大的品牌效应，苏宁从一个默默无闻的民营企业到全国闻名的电商巨头，离不开上市对广大投资者产生的吸引力和对广大消费者产生的口碑效应。"上市不仅为我们募集了资金，还有很重要的一点，就是为我们带来了起码需要上亿元广告费才能达到的宣传效果。正如一辆优质的赛车换上了'法拉利'徽标所能得到的关注一样！"孙为民用赛车理论来形容上市为苏宁带来的品牌效应。

苏宁电器上市后，既兼顾了各方利益，又实现了企业的迅速扩张。苏宁通过现代化的管理机制和规范化的运作模式，合理利用募集到的资金，实现了跨越式发展，股价屡创新高，并且得到了大股东和股民们的认可。随着与阿里巴巴的战略深度合作，苏宁已经开始了从成本中心向利润中心转移的转型之路。

苏宁从开始筹划上市到在深交所中小企业板上市用了五年时间，苏宁副总裁孙为民说："现在国内市场存在着'闻民企色变'的现象，对民企的包容度仍然比较低，所以民企选择上市仍然是一把双刃剑，上市带来的广告效应可以放大企业的业绩，同时也可以放大负面影响。在这种情况下，上市半年来，企业如履薄冰。"

扫码听书

**第二节**

如何把控上市节点

企业在上市之前，一定要清楚地了解上市的利与弊，确定自己是否能够承担上市的"利"，是否能够正确处理上市的"弊"，才能做到上市后"不以物喜，不以己悲"。前面我说企业上市是一项商业工程，那么接下来，企业上市这项工程的天时、地利、人和就变得尤为重要，也就是企业的上市时机是否成熟、企业的上市市场是否正确和企业自身是否已经做好了上市的前期准备。

由于股市瞬息万变，企业要在什么时候上市才能得到利益最大化十分重要。很多企业把上市时间一推再推，其实就是感觉上市的时机尚未成熟。企业要判断自身发展和外部环境是否是上市的最佳时机，把握准了时机，才可以更好地进行上市规划。

### 12.2.1　企业内部环境

就企业内部而言，要满足以下几个方面：

企业治理结构规范：企业治理结构的规范化是各大交易所十分关注的问题。如果企业仅仅是为了上市而上市，在短期内重组企业的内部结构，将有限责任公司改造成股份有限公司，以达到上市公司在公司治理结构方面的要求，那只是形式上的转变，甚至有可能耗费了大量的成本却达不到相应的要求，得不偿失。

商业机密较少：由于信息的披露使企业信息透明化，企业如果在经营中还有什么不方便向外界透露的信息，暂时不宜上市。同时，由于信息披露，如果竞争对手根据企业的公开信息，给企业造成一些负面影响和麻烦，对企业也十分不利。

企业不需要迅速做出重大决策：很多特殊行业或者企业经营的某个阶段由于需要经常会做出迅速决策，这时候不适合上市。因为上市公司的组织结构决定了企业的重大问题要经过董事会甚至股东大会的批准，但是股东大会一般情况下要提前三十天通知各股东，这样一折腾，可能商机就已经消失了。

企业发展到一定阶段：我鼓励企业发展到一定阶段，并且要保证上市收益大于上市成本的情况下进行上市规划。很多处于初创期和竞争期的企业为了上市而上市，这些企业由于自身发展不完善、业务不稳定、缺乏持续盈利的能力，即使上市了也未必能够吸引足够的投资者，甚至得不偿失，浪费了大量的上市成本。

### 12.2.2　企业外部环境

就企业外部而言，企业要考虑当时的股票整体市场的氛围和同期上市企业的质量。一般情况下，股票市场会出现冷和热两种状态，好的市场氛围和投资者的积极乐观情绪能够使股票的估值更高。同期上市企业的情况可以给企业在上市时做参照，如果同期上市企业的质量较高，那么投资者对你的企业期望也就较高，从而形成较高的IPO价格。

企业要理性审视自身发展，客观分析当时所处的资本市场，有理有据、有条不紊地进行上市工作，切不可一时冲动、激进冒失。

## 第三节 如何选择上市市场

企业解决了"什么时候上市"的问题，下一步就要考虑"在哪上市"的问题了。一般情况下，企业会按照规模、资金容量、经营能力等方面的情况，选择与自己企业相匹配的上市市场，不会"高攀"，也不会"低就"。

中国环境下，上市分为中国公司在中国境内证券交易所（如上海、深圳证券交易所）上市、中国公司直接到境外证券交易所（如纽约证券交易所、纳斯达克证券交易所等）上市以及中国公司间接到境外证券交易所上市三种方式。

通常意义上，我们所说的主板是指上海证券交易所和深圳证券交易所的主板，而中小板、创业板是深圳证券交易所的范畴，新三板独立于沪深交易所之外。下面我们重点介绍中小企业可选择的上市市场，其中包括中小板、创业板以及新三板。

### 12.3.1 中小企业板

中小板是创业板的一种过渡，市场代码以 002 为开头。在 2004 年，深圳证券交易所为了鼓励自主创新，而在主板市场内设立了中小企业聚集板块，就是中小企业板块。

中小板块上市的基本条件、程序与主板市场完全一致，根据 2004 年发布的《深圳证券交易所设立中小企业板块实施方案》，中小板的运行按照"两个不变"和"四个独立"的原则进行。"两个不变"，即中小企业板块运行所遵循的法律、法规和部门规章，与主板市场相同；中小企业板块的上市公司符合主板市场的发行上市条件

| 项目 | 新三板 | 创业板 | 主板 |
|---|---|---|---|
| 主体资格 | 非上市股份公司 | 依法设立且合法存续的股份有限公司 | 依法设立且合法存续的股份有限公司 |
| 经营年限 | 存续满两年 | 持续经营时间在三年以上 | 持续经营时间在三年以上 |
| 盈利要求 | 具有持续经营能力 | 最近两年连续盈利，最近两年净利润累计不少于1000万元且持续增长。（或）最近一年盈利，且净利润不少于500万元，最近两年营业收入增长率均不低于30% | 最近三个会计年度净利润均为正数且累积超过3000万元 |
| 资产要求 | 无限制 | 最近一期末净资产不少于2000万元，且不存在未弥补亏损 | 最近一期末无形资产（扣除土地使用权、水面养殖权和采矿权等后）占净资产的比例不高于20% |
| 股本要求 | 无限制 | 发行后股本总额不少于3000万元 | 发行前股本总额不少于人民币3000万元 |
| 主营业务 | 主营业务突出 | 最近两年内未发生重大变化 | 最近三年内未发生重大变化 |
| 实际控制人 | 无限制 | 最近两年内未发生变更 | 最近三年内未发生变更 |
| 董事及管理层 | 无限制 | 最近两年内未发生重大变化 | 最近三年内未发生重大变化 |
| 成长性及创新能力 | 无限制 | "两高五新"企业 | 无限制 |
| 投资人 | 具备相应风险识别和承担能力的特定投资者 | 有两年投资经验的投资者 | 无限制 |
| 信息披露之定期报告 | 年报和半年报 | 年报、半年报和季报 | 年报、半年报和季报 |
| 备案或审核 | 备案制 | 审核制 | 审核制 |

主板、创业板和新三板（"新的"新三板）运行机制的比较

和信息披露要求。"四个独立"，即中小企业板块属于主板市场，同时实行运行独立、监察独立、代码独立、指数独立的独立管理。

中小板主要针对具有较好成长性、较高科技含量和较小流通股本规模的企业，上市条件有持续经营时间应当是三年以上，三个会计年度净利润均为正数且累计超过 3000 万元人民币等，对企业的独立性、规范性和财务会计条件都有较高的标准。

截至 2018 年 6 月 27 日，深圳证券交易所中小企业板上市公司 916 家，总市值达 87086.07 亿元。文化产业中上市中小板的企业有长城影视、慈文传媒、美盛文化等公司。中小企业板块的进入门槛较高，接近主板市场，它作为深圳证券交易所的补充，有着深圳证券交易所的组织管理系统和交易系统，只是在上市标准上有所差别。

### 12.3.2 创业板

创业板，顾名思义，就是给创业型企业提供上市融资的股票市场。在创业板上市的公司一般都是从事新兴产业的行业，具有较强的成长性，上市企业一般为规模小、成立时间短、业绩较好的企业。

在股本要求上，创业板的上市公司股本规模较小，但是对业务要求相对严格，申请在创业板发行上市的企业只能经营一种业务。根据国内创业板的相关要求，发行前股本不少于 2000 万元，发行后不少于 3000 万元。相对于主板市场发行后股本总额不低于 5000 万元来说，创业板降低了上市的门槛，而相应地对企业的业务、产品和战略都有严格的要求。

在营运记录及盈利要求方面，国内创业板要求企业须具备两年业务记录，发行人最近三年主业务和管理层没有发生重大变化，实际控制人没有发生变更；同时要求最近一个会计年度净利润为正数，净利润以扣除非经常性损益前后较低者为计算依据。并且规定在最近两年内无重大违法行为，财务会计文件无虚假记载。为了增强国

张普然老师全国各地经验分享

内创业板市场的竞争和吸引力，吸引更多的企业上市，上市条件可以考虑进一步放松，对于一些实力较强的企业，甚至只要求一年的经营记录并且不设盈利要求，考虑到很多网络企业在创立初期并不盈利，对其盈利可以不做要求。

截至 2018 年 6 月 27 日，深圳证券交易所创业板共上市公司732 家，总市值达 47137.96 亿元。在创业板上市的文化企业有宋城演艺、华谊兄弟、光线传媒等。申请在创业板上市的企业应该满足的条件有很多，由于内容繁杂，我们在这里就不展开了，大家可以通过官网网络、电话咨询等方式了解具体事项。

### 12.3.3 新三板

2006 年，中关村科技园区非上市股份公司进入代办转让系统进行股份报价转让，三板市场由"旧三板"转入"新三板"。新三板重点针对创新型、创业型、成长型中小微企业发展业务，以中小投资者为主，是中小微企业与产业资本的服务媒介。

新三板的上市条件有企业依法设立且续满两年（有限公司整体改制可以连续计算）具有持续经营能力、主板券商推荐并持续督导等，除此之外，新三板对资产要求没有硬性要求，是门槛最低的一种上市市场。

新三板全名叫股权转让系统，是场外交易场所（OTC），新三板企业上市叫作挂牌，不能称为 IPO，实行的是主办券商制度。新三板实际上对于企业上市来说是最实际的事，由于目前 IPO 排队企业多、IPO 之前停摆一年等情况，很多企业就容易熬不住，对盈利、对融资需求都产生了一定的影响。如今，我国有很多企业选择先在新三板挂牌，在有了一些管理和融资经验以后，再考虑转板 IPO，例如我们前面讲的开心麻花娱乐文化传媒股份有限公司就是这么做的。新三板也是文化企业特别是中小型企业上市的一块重地，华强方特、唐人影视、嘉行传媒等众多文化企业都选择了新三板上市。

**第四节 如何落实上市工作**

解决了上市的天时和地利问题，企业就进入了前期筹备阶段。前期筹备在企业上市过程中十分重要，企业上市一定不能打"没准备的仗"，管理者必须了解上市前的工作要点，进行与上市相关的各项工作的统筹。

### 12.4.1　企业上市前的准备工作

第一，设立上市小组。上市对于企业来说是一件大事，企业要想顺利上市，要做的工作既繁多又细致，所以最好能够设立一个专门负责上市的部门或机构，来全权负责企业上市的大小事宜。一般来说，需要从财务部、公关部、行政部等部门抽离人手，并有一个部门经理。

第二，寻找中介机构。上市过程中涉及的中介机构包括保荐人（主承销商）、财务顾问、法律顾问、资产评估机构等。保荐人及主承销商负责股票的承销发行和上市推荐，并且起草发行方案、章股说明书、发行实施细则等，然后组织实施；财务顾问也就是聘请证监会认可的会计师事务所对企业的财务进行审核并且起草资产验证报告和审计报告；法律顾问即法律事务所要负责起草法律意见书、公司章程和相关文件，帮助公司理清法律关系；资产评估机构则是负责对公司的资产进行评估。

第三，进行股份制改组。重组结果会直接决定企业的治理结构是否满足上市条件，以及是否能够获得一个较高的 IPO 价格。这既是企业上市的客观要求，也是企业股东关心的问题。企业要依据即

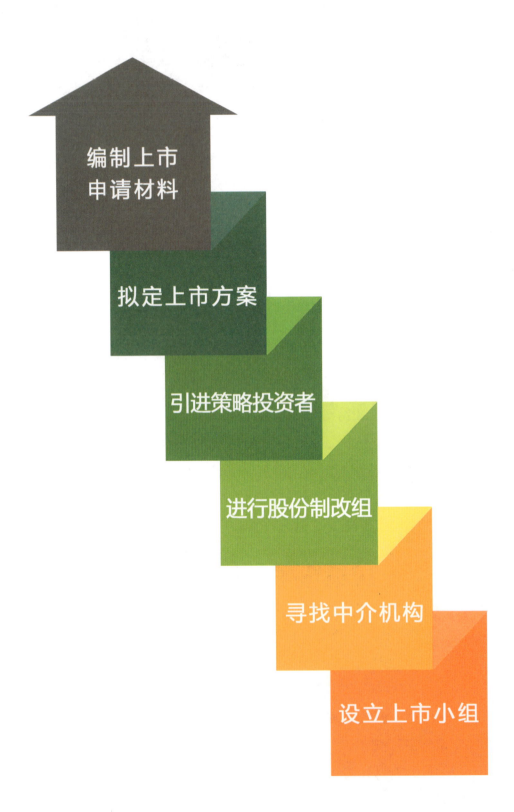

编制上市申请材料

拟定上市方案

引进策略投资者

进行股份制改组

寻找中介机构

设立上市小组

企业上市前的准备工作

将上市的板块对公司治理结构的要求，找出不符合要求的地方，主要是注册业务内容、人事构架等方面，然后按照要求加以规范。

第四，引进策略投资者。对于中小企业来说，由于企业注册资本少、企业规模小，为了达到交易所对企业上市的市值要求，也为了吸引更多的股东，一般会在上市之前进行私募资金来融资，引进一些策略性投资人，不仅能够募集到更多的资金，也有助于企业的改制和重组。

第五，拟定上市方案。上面的工作完成后，企业要在保荐人等各个中介机构的合作下，拟定上市方案。一般要拟定一个详细的上市时间表，企业按照上市时间表进行工作进度的把控和人员的调配。

第六，编制上市申请材料。一方面，企业要按照上市板块市场的上市规则，提交相关文件；另一方面，要向中国证监会提交正式申报材料。在申请材料中，要认真展示两年或三年的持续盈利记录，也就是我们常说的漂亮的财务报表。此外，还要重视企业优势、企业持续发展能力和战略性指标等方面的描绘，因为这些都是证监会非常关注的内容。

### 12.4.2 企业申报中的重要问题

总体来说，在 IPO 审核中，证监会发审委主要关注的问题有以下几个方面：

企业的历史与资本背景。企业在上市前，很多企业信息都是不公开的，一旦上市以后，为了保证购买企业股份的投资人的权益，证监会发审委就要清晰了解企业资金来源和创业历史等，来确定企业资产是否正当，上市后是否有持续盈利的能力。

第一，企业是否具有独立性。要求企业能够独立生存，而不是依靠关联企业、兄弟公司或者大股东等其他因素而生存。独立性包

神州电脑

括企业的人员独立、财务独立、业务独立等方面。

第二，企业的核心竞争力是否明确。对于上市公司来说，首先要求公司的业绩良好，良好的业绩才能实现上市企业的持续盈利。而业绩的保持离不开企业的核心竞争力，证监会发审委会关注要考察的企业与同行业即将上市的企业相比有什么优势。

第三，企业的财务状况是否合法。证监会发审委不仅仅会按照上市的必要条件规定企业的资产和财务情况，还关心企业是否依法纳税，企业的财务报表是否真实等问题。

第四，企业的战略规划是否清晰。企业拿了股东的钱后，要用这些钱干什么、怎么干，都要有清晰明确的规划，应该制定募集资金投资项目的可行性报告，原则上募集资金要围绕企业的主业开展。

最后，企业在向有关部门提交要求的文件后，就是等待审批了。等待审批的这段时间，申请人、保荐人和相关中介机构还随时准备接受讯问。

### ※ 分析案例　神舟电脑：为什么四次冲击 IPO 失败？

神舟电脑成立于 2001 年，是一家以 IT、IA 为主，以电脑技术开发为核心，集研发、生产、销售于一体的企业，创立以来，一直走的是低成本领先与平民化营销的战略，成为仅次于联想的中国 PC 品牌。

神舟电脑自成立不久便开始对股票市场跃跃欲试，从 2005 年到 2012 年，七年的时间里，神舟电脑四次进军 IPO，四次铩羽而归。2005 年，神舟电脑控股公司新天下集团赴香港上市，但由于公司人事频繁变动而流产；2008 年，神舟电脑冲击深圳证券交易所中小企业板，但由于金融危机对公司造成了巨大的影响，公司处于激烈竞争之中，利润下滑，上市计划最终搁浅；2011 年，神

神州电脑

舟电脑转投创业板，在很多人看来，以神舟电脑的资质选择创业板上市，多少有些"大材小用"，然而上市申请因财务问题又被发审委拒绝；2012 年，创业板发审委终于通过了神舟电脑的 IPO 申请，神舟电脑却放弃自查，最终与 IPO 擦肩而过。至今，神舟电脑的上市大业仍然没有实现，神舟电脑董事长吴海军"第一富豪梦"迟迟未能成真。

神舟电脑四进四出，屡战屡败，归其原因，是企业对上市的规则和时机把握不够，也就是我们前面所说的，对"天时、地利、人和"的判断不到位。

企业自身发展判断不足

尽管神舟电脑长期以来销量都居高不下，但是并不代表有着持续的盈利。一直以来，神舟电脑都是通过低价竞争的策略来获得市场份额。一方面，神舟电脑的质量一直遭受着消费者的诟病；另一方面，低价竞争导致利润下降，神舟电脑的利润和年净增长率都不及同行企业。再加上 PC 市场越来越不景气，而神舟电脑的主营业务就是 PC 硬件建设，本身已不在创业板的"两高六新（成长性高、科技含量高；新经济、新服务、新农业、新材料、新能源和新商业模式）"范围之内。以上种种，导致神舟电脑的持续盈利能力和核心竞争力并不明显，尚未达到能够自信站在上市市场的时机。

企业治理结构不完善

神舟电脑第三次失败很大程度上是因为企业的治理结构并不达标。神舟控股股东为新天下集团，持有神舟电脑股份的 83.52%，而新天下集团的股东吴海军及其母亲分别持有 91.3% 和 8.7% 的出资额，也就是说，即使神舟电脑发行新股，吴海军的持股比例仍然高达 83.47%，占据绝对控制权。而创业板强调的是通过企业治理结构的完善保护中小股东的利益。

企业业务能力屡遭质疑

神舟电脑四次上市给大众留下了"很缺钱""急于求成"的印象。2011 年，神舟电脑被拒的理由包括公司净利润与经营现金流存在明显差异，未能合理解释存货周转率逐年下降但毛利率逐年上升现象等。据悉，2011 年神舟电脑深圳总部四家工厂已经有两家处于生产滞缓状态，但是综合毛利率仍然比联想高出 3.59 个百分点，遭到了行业内外的质疑。特别是在第三次被拒绝之后，神舟电脑惊人地一年痊愈，第二年发审委通过了 IPO 申请后，神舟电脑并没有如期提交自查报告，最终导致终止审查，很多人猜测很可能是其"粉饰"业绩造成的。神舟电脑上市屡遭诟病后，投资者对其信任大打折扣，上市之路更加崎岖而漫长。

神舟电脑四次冲击 IPO 未果，给资本界带来了深深的震撼，也给了我们很大的启发。企业在上市时，不仅仅要理解上市的相关规章制度，还要深入实质，根据自身发展情况，找准时机，做好前期筹备工作。

# 小结

近年来，文化产业高温不降，大量资本和人力资源涌入文化产业，国家政府积极推行一系列政策助力文化产业的发展，着力推动文化产业投融资体系建设，文化部早在 2011 年就下发了《关于推进文化企业境内上市有关工作的通知》，并联合证监会、沪深证券交易所建立了文化企业的上市辅导机构，定期对上市文化企业进行辅导，建设文化企业上市资源储备库，形成了"储备一批、培育一批、申报一批、发行一批"的梯次格局，有序搭建了资本市场的"文化板块"。

随着文化体制改革的推进、我国股票市场的发展壮大，以及创业板、新三板的推出，文化企业的融资渠道进一步拓宽，文化企业的上市门槛也逐渐放低。这将进一步激发文化企业通过资本市场做强做大的信心。当然，上市并不意味着成功，文化企业无论在上市前还是上市后，都应该"胆大心细"，警惕市场竞争，重视企业改制，完善企业结构，寻找持续增长点，实现企业的经济效益和企业管理者的人生价值。

张普然老师全国各地经验分享

扫码听书

**后记**

传承中华文化　复兴华夏文明

　　从起初我决定以文字的形式传达关于文化产业的见解时，我就深深感受到了肩膀上的沉沉重量。这本书在我百忙之中倾注了我诸多的心血，从动笔到封笔，我把自己的千思万绪汇集到笔尖再传达出来，写完之时有恍若隔世之感。

　　本书为大家提供了一套具有一定建设性的文化产业实施策略，从项目、资本、人才、平台等方面，力图能够切实帮助广大文化产业从业者解决文化产业实施中的十二大难题，可以说是一本文化产业的落地手册。

　　这本书强调的是"智"，即文化产业运营中的各个环节都应该是充满智慧和创意的思想，旨在帮助大家打破思维定式、突破思维瓶颈，为文化产业的发展寻找更多更好的突破口。这与文化产业本身的属性是相同的，"智慧"和"文化"，都是我们人类特有的珍贵资源，能把智慧运用在文化上，所创造出来的价值是不可估量的。

　　这些年，我走遍祖国的江河湖海和名胜古迹，真实地感受到了中国传统文化的博大精深和源远流长。出于对祖国的热爱、对中华文明的崇拜和对文化产业的追求，我很有幸，从事了我的梦想、爱好和事业都能在此实现的行业，我在文化产业这条路上孜孜不倦地前行，我也希望尽自己的一份微薄之力，为更多的文化产业从业者

复兴文明·中国文化产业实战经验分享会历届合影

答疑解惑，助中国文化产业有更广阔的明天。

需要做以说明的是，本书图片的著作权联系工作难度较大，尽管我们进行了各种努力，但由于时间仓促，仍未能与部分作者取得联系，在此我们表示诚挚的歉意。请相关作者见书后速与我们联系，以便及时奉寄稿酬。

张普然
于 2019 年 4 月

复兴文明·中国文化产业实战经验分享会历届合影